思想的・睿智的・獨見的

經典名著文庫

學術評議

丘為君　吳惠林　宋鎮照　林玉体　邱燮友
洪漢鼎　孫效智　秦夢群　高明士　高宣揚
張光宇　張炳陽　陳秀蓉　陳思賢　陳清秀
陳鼓應　曾永義　黃光國　黃光雄　黃昆輝
黃政傑　楊維哲　葉海煙　葉國良　廖達琪
劉滄龍　黎建球　盧美貴　薛化元　謝宗林
簡成熙　顏厥安（以姓氏筆畫排序）

策劃　**楊榮川**

五南圖書出版公司 印行

經典名著文庫

學術評議者簡介（依姓氏筆畫排序）

- 丘為君　美國俄亥俄州立大學歷史研究所博士
- 吳惠林　美國芝加哥大學經濟系訪問研究、臺灣大學經濟系博士
- 宋鎮照　美國佛羅里達大學社會學博士
- 林玉体　美國愛荷華大學哲學博士
- 邱燮友　國立臺灣師範大學國文研究所文學碩士
- 洪漢鼎　德國杜塞爾多夫大學榮譽博士
- 孫效智　德國慕尼黑哲學院哲學博士
- 秦夢群　美國麥迪遜威斯康辛大學博士
- 高明士　日本東京大學歷史學博士
- 高宣揚　巴黎第一大學哲學系博士
- 張光宇　美國加州大學柏克萊校區語言學博士
- 張炳陽　國立臺灣大學哲學研究所博士
- 陳秀蓉　國立臺灣大學理學院心理學研究所臨床心理學組博士
- 陳思賢　美國約翰霍普金斯大學政治學博士
- 陳清秀　美國喬治城大學訪問研究、臺灣大學法學博士
- 陳鼓應　國立臺灣大學哲學研究所
- 曾永義　國家文學博士、中央研究院院士
- 黃光國　美國夏威夷大學社會心理學博士
- 黃光雄　國家教育學博士
- 黃昆輝　美國北科羅拉多州立大學博士
- 黃政傑　美國麥迪遜威斯康辛大學博士
- 楊維哲　美國普林斯頓大學數學博士
- 葉海煙　私立輔仁大學哲學研究所博士
- 葉國良　國立臺灣大學中文所博士
- 廖達琪　美國密西根大學政治學博士
- 劉滄龍　德國柏林洪堡大學哲學博士
- 黎建球　私立輔仁大學哲學研究所博士
- 盧美貴　國立臺灣師範大學教育學博士
- 薛化元　國立臺灣大學歷史學系博士
- 謝宗林　美國聖路易華盛頓大學經濟研究所博士候選人
- 簡成熙　國立高雄師範大學教育研究所博士
- 顏厥安　德國慕尼黑大學法學博士

經典名著文庫 210

歌德談話錄

Gespräche mit Goethe

〔德〕約翰・彼得・愛克曼（Johann Peter Eckermann） 輯錄
朱光潛 譯 張炳陽 導讀

經典永恆・名著常在

五十週年的獻禮・「經典名著文庫」出版緣起

總策劃 楊榮川

閱讀好書就像與過去幾世紀的諸多傑出人物交談一樣——笛卡兒

五南，五十年了。半個世紀，人生旅程的一大半，我們走過來了。不敢說有多大成就，至少沒有凋零。

五南忝爲學術出版的一員，在大專教材、學術專著、知識讀本出版已逾壹萬參仟種之後，面對著當今圖書界媚俗的追逐、淺碟化的內容以及碎片化的資訊圖景當中，我們思索著：邁向百年的未來歷程裡，我們能爲知識界、文化學術界做些什麼？在速食文化的生態下，有什麼值得讓人雋永品味的？

歷代經典・當今名著，經過時間的洗禮，千錘百鍊，流傳至今，光芒耀人；不僅使我們能領悟前人的智慧，同時也增深加廣我們思考的深度與視野。十九世紀唯意志論開創者叔本華，在其〈論閱讀和書籍〉文中指出：「對任何時代所謂的暢銷書要持謹慎的態度。」他覺得讀書應該精挑細選，把時間用來閱讀那些「古今中外的偉大人物的著作」，閱讀那些「站在人類之巔的著作及享受不朽聲譽的人們的作品」。閱讀就要「讀原著」，是他的體悟。他甚至認為，閱讀經典原著，勝過於親炙教誨。他說：

「一個人的著作是這個人的思想菁華。所以，儘管一個人具有偉大的思想能力，但閱讀這個人的著作總會比與這個人的交往獲得更多的內容。就最重要的方面而言，閱讀這些著作的確可以取代，甚至遠遠超過與這個人的近身交往。」

爲什麼？原因正在於這些著作正是他思想的完整呈現，是他所有的思考、研究和學習的結果；而與這個人的交往卻是片斷的、支離的、隨機的。何況，想與之交談，如今時空，只能徒呼負負，空留神往而已。

三十歲就當芝加哥大學校長、四十六歲榮任名譽校長的赫欽斯（Robert M. Hutchins, 1899-1977），是力倡人文教育的大師。「教育要教眞理」，是其名言，強調「經典就是人文教育最佳的方式」。他認爲：

「西方學術思想傳遞下來的永恆學識，即那些不因時代變遷而有所減損其價值的古代經典及現代名著，乃是眞正的文化菁華所在。」

這些經典在一定程度上代表西方文明發展的軌跡，故而他爲大學擬訂了從柏拉圖的《理想國》，以至愛因斯坦的《相對論》，構成著名的「大學百本經典名著課程」。成爲大學通識教育課程的典範。

歷代經典．當今名著，超越了時空，價值永恆。五南跟業界一樣，過去已偶有引進，但都未系統化的完整舖陳。我們決心投入巨資，有計劃的系統梳選，成立「經典名著文庫」，希望收入古今中外思想性的、充滿睿智與獨見的經典、名著，包括：

- 歷經千百年的時間洗禮，依然耀明的著作。遠溯二千三百年前，亞里斯多德的《尼各馬科倫理學》、柏拉圖的《理想國》，還有奧古斯丁的《懺悔錄》。
- 聲震寰宇、澤流遐裔的著作。西方哲學不用說，東方哲學中，我國的孔孟、老莊哲學，古印度毗耶娑（Vyāsa）的《薄伽梵歌》、日本鈴木大拙的《禪與心理分析》，都不缺漏。
- 成就一家之言，獨領風騷之名著。諸如伽森狄（Pierre Gassendi）與笛卡兒論戰的《對笛卡兒沉思錄的詰難》、達爾文（Darwin）的《物種起源》、米塞斯（Mises）的《人的行爲》，以至當今印度獲得諾貝爾經濟學獎阿馬蒂亞・森（Amartya Sen）的《貧困與饑荒》，及法國當代的哲學家及漢學家朱利安（François Jullien）的《功效論》。

梳選的書目已超過七百種，初期計劃首爲三百種。先從思想性的經典開始，漸次及於專業性的論著。「江山代有才人出，各領風騷數百年」，這是一項理想性的、永續性的巨大出版工程。不在意讀者的眾寡，只考慮它的學術價值，力求完整展現先哲思想的軌跡。雖然不符合商業經營模式的考量，但只要能爲知識界開啓一片智慧之窗，營造一座百花綻放的世界文明公園，任君遨遊、取菁吸蜜、嘉惠學子，於願足矣！

最後，要感謝學界的支持與熱心參與。擔任「學術評議」的專家，義務的提供建言；各書「導讀」的撰寫者，不計代價地導引讀者進入堂奧；而著譯者日以繼夜，伏案疾書，更是辛苦，感謝你們。也期待熱心文化傳承的智者參與耕耘，共同經營這座「世界文明公園」。如能得到廣大讀者的共鳴與滋潤，那麼經典永恆，名著常在。就不是夢想了！

二〇一七年八月一日 於

五南圖書出版公司

目錄

四月二日（戰士才有能力掌握最高政權；「古典的」與「浪漫的」之區別；
評貝朗瑞入獄）……217
四月三日（愛爾蘭解放運動；天主教僧侶的陰謀詭計）……219
四月六日（日耳曼民族個人自由思想的利弊）……220
四月七日（拿破崙擺布世界像彈鋼琴；他對《少年維特》的重視）……221
四月十日（洛蘭的畫達到外在世界與內心世界的統一；歌德學畫的經驗）……223
四月十二日（錯誤的志向對藝術有弊也有利）……226
九月一日（靈魂不朽的意義；英國人在販賣黑奴問題上言行不一致）……227
十二月六日（《浮士德》下卷第二幕第一景）……229
■一八三〇年……233
一月三日（《浮士德》上卷的法譯本；回憶伏爾泰的影響）……234
一月二十七日（自然科學家須有想像力）……235
一月三十一日（歌德的手稿、書法和素描）……235
同日（談彌爾頓的《參孫》）……237
二月三日（回憶童年的莫札特）……237
同日（歌德譏誚邊沁老年時還變成過激派，說他自己屬改良派）……238
三月十四日（談創作經驗；文學革命的利弊；就貝朗瑞談政治詩，並為自己

在普法戰爭中不寫政治詩辯護）……240
三月十七日（再次反對邊沁過激，主張改良；對英國主教罵《維特》不道德的反擊；現實生活比書本的教育影響更大）……250
三月二十一日（「古典的」和「浪漫的」：這個區別的起源和意義）……256
八月二日（歌德對法國七月革命很冷淡，而更關心一次科學辯論：科學上分析法與綜合法的對立）……257
十月二十日（歌德同聖西門相反，主張社會集體幸福應該以個人幸福為前提）……260
■一八三一年……263
一月十七日（評《紅與黑》）……264
二月十三日（《浮士德》下卷寫作過程；文藝須顯出偉大人格和魄力，近代文藝通病在纖弱）……264
二月十四日（天才的體質基礎；天才最早出現於音樂）……268
二月十七日（作者在不同的發展階段看事物的角度不同，須如實反映；《浮士德》下卷的進度和程序以及與上卷的基本區別）……269
二月二十日（歌德主張在自然科學領域裡排除目的論）……272
三月二日（Daemon〔精靈〕的意義）……274

三月八日（再談「精靈」）……276
三月二十一日（法國青年政治運動；法國文學發展與伏爾泰的影響）……277
三月二十七日（劇本在頂點前須有介紹情節的預備階段）……279
五月二日（歌德反對文藝為黨派服務，讚揚貝朗瑞的「獨立」品格）……280
五月十五日（歌德立遺囑，指定愛克曼編輯遺著）……281
五月二十五日（歌德對席勒的《華倫斯坦》的協助）……283
六月六日（《浮士德》下卷脫稿；歌德說明借助宗教觀念的理由）……284
六月二十日（論傳統的語言不足以表達新生事物和新的思想認識）……287
六月二十七日（反對雨果在小說中寫醜惡和恐怖）……290
十二月一日（評雨果的多產和粗製濫造）……290
■一八三二年……293
二月十七日（歌德以米拉波和他自己為例，說明偉大人物的卓越成就都不是靠天才而是靠群眾）……294
三月十一日（歌德對《聖經》和基督教會的批判）……297
幾天以後（歌德談近代以政治代替了希臘人的命運觀；他竭力反對詩人過問政治）……304

導讀

一代文學巨匠歌德的學思簡述

國立臺北教育大學語文與創作學系退休教授　張炳陽

一、前言

《歌德談話錄》的原德文書名是《與晚年歌德的談話》（*Gespräche mit Goethe in den letzten Jahren seines Lebens*, 1823-1832），作者爲愛克曼（Johann Peter Eckermann, 1792-1854）。愛克曼（請參考本書附錄一）比歌德（Johann Wolfgang von Goethe, 1749-1832）年輕四十三歲，可以算是歌德的兒孫輩。愛克曼出生於貧窮家庭，小時候無法受正常的教育，但是他長大後努力學習並力爭上游，二十五歲進入漢諾威文科中學，二十八歲進入哥廷根大學學習法律。愛克曼因爲仰慕歌德的學養和文學成就，他於一八二三年五月從哥廷根徒步到威瑪拜訪歌德，歌德非常歡迎這位年輕人，留他住在威瑪，後來成爲歌德的私人祕書，一直到一八三二年歌德去世爲止。歌德很喜歡愛克曼，認爲他是一位溫文儒雅、通情達理、純潔正直的人，歌德晚年所以能順利完成他的自傳《詩與眞》（*Dichtung und Wahrheit*）和《浮士德》第二部是受到愛克曼極大的鼓勵。

愛克曼與歌德前後相處有九年，他將歌德的日常言行詳細而忠實地記錄下來，歌德曾經閱讀過這些紀錄稿，肯定其中的記述，並且交代在他過世後可以出版。《歌德談話錄》於一八三六年在萊比錫出版，剛出版時有二卷（請參考本書附錄二），並在一八四三年增補第三卷（請參考本書附錄三）。這三卷書總共約有數十萬字，其中所談論的一些人物、事件和學問似乎與現代世界較無重要關係，因此一九一二年在德國柏林的書店就有重編的選本出版，篩選全書的精華，這可更清楚看到歌德思想的永恆面貌，朱光潛所翻譯的這本《歌德談話錄》應該也是直接或間接源自這個選本。

在中譯本中，除了談話的本文之外，在書後有三個〈附錄〉和中譯者的〈譯後記〉，讀者或許可以先行閱讀，這對讀者在閱讀本書時會有幫助。〈附錄一〉是作者愛克曼的自我介紹，〈附錄二〉是原書前兩卷的作者原序，〈附錄三〉是作為補編的第三卷的作者原序；最後是本書中譯者朱光潛的〈譯後記〉。朱光潛的〈譯後記〉分四部分：一、關於本書的性質；二、歌德時代的德國文化背景；三、歌德《談話錄》中一些基本的主題思想，這一部分譯者談到的主題有：㈠世界觀和思想方法，㈡天才論，㈢文藝觀，㈣古典主義、浪漫主義和現實主義；四、關於選、譯、注。朱光潛詳盡的〈譯後記〉對本書而言就已經是一篇絕佳的導讀文章，讀者可以先行閱讀。本〈導讀〉則簡述歌德一些重要的學思經歷，希望能增加讀者在閱讀本書時對歌德有更多的理解。

二、歌德早年性格的形塑

歌德於一七四九年出生於德意志神聖羅馬帝國（一五一二至一八〇六年）的自由市美因河畔的法蘭克福，當時的德意志民族並未形成真正統一的國家，所謂的「帝國」是由大部分比較鬆散的小邦組成，其中最強大的邦是普魯士。歌德的父系輩大都是一般的平民或農民，而母系輩則大都為知識分子。歌德很喜愛他的故鄉法蘭克福，視之為他少年時代成長的精神文化的故鄉。美麗的美因河、高聳的大教堂和勤勉勞動的市民，都是他少年時代的永恆回憶。歌德生長在父嚴母慈的家庭，父親性格對自己和對他人都極爲嚴謹而內斂，具有重理智的性格，歌德曾自述自己在晚年似乎愈來愈像自己的父親。但是，母親卻生性活潑、開朗而外向，具有樂觀的性格，歌德曾自述自己氣質中的詩的因素是受母親說寓言故事能力的影響。

歌德幼小的時候就接受家庭教師的啟蒙教育，特別是學習古代語言，例如拉丁文、希臘文。歌德八歲時就能翻譯拉丁文，十歲時就能閱讀荷馬史詩、維吉爾和奧維德的著作。歌德後來又學習希伯來文（聖經舊約的語文）和幾種近代語文，例如英文、法文和義大利文，這對他後來到義大利的旅遊提供了便利，並且在幾十年後，當拿破崙入侵並占領德意志土地時，在一八〇八年十月他與拿破崙有過深度交流的會面。

歌德在十六歲（一七六五年）入學萊比錫大學學習法律，萊比錫是一座商業城市，是個貿易繁榮、生活富裕的城市，它的建築充滿著法國的洛可可藝術風格，當時的德意志帝國流行法國的新古典主義，這些都吸引歌德成爲一個文藝的愛好者。隨著歌德交友圈的擴大，他逐漸對課堂的法學，甚至是語言文學失去熱情，尤其當他認識了幾位古典主義的藝術家之後，歌德對洛可可藝術就逐漸失去了興趣。萊比錫不像他的故鄉法蘭克福只是個繁榮的商業城市，它還充滿著學術與藝術的濃郁氛圍，這些都影響歌德的後來作爲文化人的生涯發展。歌德在一七六九年曾經寫信給他的繪畫老師談到那個時期的生活：「我現在正在研究哲學……我常常深入到對眞理的認識之中……一位大學者很少同時是一位大哲學家。」當時「哲學」一詞與「科學」或「學術」的內含有很大的重疊，有時這些語詞甚至是同義詞。因此這也預見後來的歌德除了在文學創作上，也走上科學研究的道路，尤其對自然之研究，歌德一生都把自然當成一本單純而眞實的書在閱讀和研究。

三、時代背景的影響

歌德在萊比錫大學從一七六五年學習到一七六八年時，因生了重病而回故鄉法蘭克福養病。回到家鄉的這段期間，因爲慈愛的母親是個虔誠的宗教信仰者，這吸引了病中的歌德對母親所表現出的美德的注意，形成了後來歌德所謂的「美的靈魂」這一概念，同時也形成歌德自己對信仰的獨特觀點，就是不跟隨傳統基督教的教條主義，而是同情敬虔派（Pietismus）。基督教的敬虔派強調宗教信仰是：個人以虔誠和敬畏之心面對上帝，並且過聖潔的生活。後來在宗教上，歌德也受到理性主義者史賓諾莎（Spinoza, 1632-1677）的泛神論的影響，他又閱讀了一些宗教神祕主義的著作，因此往往在理性主義與非理性主義之間搖擺不定。歌德的宗教觀的形成對他後來的文學創作有很深遠的影響，例如，《普羅米修斯》或是《浮士德》等作品，都表現出人類與上帝和魔鬼都具有像似性。

歌德在病癒後，於一七七〇年離開故鄉法蘭克福前往史特拉斯堡繼續學習，在那裡待了約一年半的時間。這段時間對歌德往後的學思生涯有很大的影響。第一是，歌德參觀教堂後認識到哥特式建築的宏偉。哥特式建築是具日耳曼民族風格的建築，是中世紀建築的主流，尤其是教堂，並爲之後的文藝復興時期所繼承。黑格爾（Hegel, 1770-1831）在《美學講演錄》認爲哥特式建築是屬浪漫型藝術，也是最具基督教精神的建築。第二是，歌德在這段時間與赫德（Johann Gottfried Herder, 1744-1803）的結識。赫德當時已經是一位有名的作家、思想家，他教導歌德用歷史的眼光觀察世界，教導歌德人類進化的概念，並且要重視古代民歌和民歌的蒐集，尤其是希伯來文學，這對歌德後來的詩風有很大的引導作用。赫德和歌德兩人後來成爲狂飆運動（Sturm und Drang）的先驅，狂飆運動是德國啟蒙運動的持續和發展，在創作的手法上主張浪漫主義、歌頌自然、強調民族文學。赫德鼓勵歌德研究荷馬和莎士比亞的著作，因受赫德的影響，歌德就徹底遠離了洛可可藝術。

歌德在大學沒有獲得法學博士（der Doctor juris），而是得到等同博士的許可法律授課學位（der Lizentiat der Rechte）。之後歌德在法蘭克福擔任陪審法庭的律師共四年（一七七一至一七七五年），在這段期間歌德創作了一些詩與戲劇，也包括小說《少年維特的煩惱》（一七七四）。在一七七五年威瑪公爵卡爾・奧古斯特（Karl August, 1757-1828）邀請歌德到威瑪，奧古斯特的年齡小歌德八歲，他熱中藝術、文學和科學，希望歌德到威瑪能對他的城邦的文化有所助益。歌德接受邀請，並且決定長期居留。除了幫忙奧古斯特行政工作之外，歌德也從事許多藝術活動。事實上，歌德在威瑪居住直到奧古斯特過世那一年（一八二八）才移往多倫堡隱居，這一年歌德已經七十九歲了。

四、宮廷行政與文藝創作的負擔

一七七六年歌德正式進入威瑪宮廷成爲奧古斯特的樞密院參事官，幾乎投入全部國家的行政管理活動，相當於宰相的工作。一開始他很活躍於參與政事，但逐漸發現很多工作事與願違，並非事事順心，也遇到許多阻礙。後來歌德在很多方面就更爲謹小慎微，變得十分內向了。這似乎是文化人介入政治活動的普遍現象。內心的痛苦難以表達，處於這種狀況的歌德只能訴諸大自然，並表現在抒情詩上，其中最有名的一首創作於一七八〇年九月的詩〈遊客的夜歌〉：

頂峰之上
一片安靜，
樹梢之上
毫無風的影子；
林中鳥兒寂然無聲
等待，你不久
也要安息。

這一首小詩顯示，環境的衝擊、阻逆愈大，歌德傾向自然的寧靜、安穩之心愈加潛沉，彷彿內心裡面有一個不可震動的國。總之，歌德在威瑪期間既是精力充沛的大臣，且已經成爲一個才華洋溢的詩人。

歌德於一七八六年前往義大利旅遊，前後約有兩年之久，遊遍整個義大利的重要景點，包括羅馬、維羅納、威尼斯、那不勒斯、西西里島等地，參觀了各地的博物館、建築物、畫廊和神廟，甚至連龐貝城的廢墟和維蘇威火山，他都就近觀察。在義大利期間，歌德除了從事自然科學的研究，尤其植物學方面，歌德最主要還是從事文藝創作，他既畫畫，也寫詩，在義大利逗留期間他的文藝創作極爲豐富，除了一些詩作外，也包括了部分的《浮士德》和《威廉・邁斯特》的材料累積。歌德對於羅馬是依依不捨的，這時他第一次感受到自己是個藝術家，渴望自己成爲藝術家，對於重返威瑪從事宮廷的行政工作他倒有點擔心，恐怕會妨礙他的藝術創作，但他畢竟還是要回去的。歌德於一七八八年回到威瑪。

五、歌德與席勒的交流

在一七九四年耶拿（Jena）舉行的一次「自然研究會」中歌德與席勒（Schiller, 1759-1805）結識，兩人開始了終生的友誼。席勒是一位愛做哲學思考的詩人或詩人哲學家，他在一七八一年發表了劇本《群盜》，一七八四年劇本《陰謀與愛情》。席勒從一七九〇年開始研究哲學，尤其是康德哲學，在一七九三年他已經發表了不少美學作品，例如〈論美〉、〈關於審美對象的各種斷想〉、〈秀美與尊嚴〉、〈論激情〉、〈論崇高I〉、〈論崇高II〉。歌德曾說，席勒比他有生活的智慧，更善於接人待物，他和席勒的結交完全有一些神靈在驅使著。兩人相知相惜，這種交往可謂心靈相通的「神交」。繼赫德之後，席勒可以說是第二位影響歌德最大的思想家，他和席勒的交往更是持續到後者去世。歌德和席勒兩人友誼的成長，深化了兩人在思想和學問互相滲透和影響。席勒有著理想主義（idealism）的傾向，沉溺於普遍性的觀念；而歌德有著現實主義（realism）的傾向，習慣於具個別性的自然。兩人雖然有著差異性的思想性格，但是因爲都能容忍與對方的差異，在經過彼此不斷地交談與通信，雙方的思想交流都帶給對方純潔的友情享受和眞正的益處。兩人經常糾正對方的極端傾向，特別是席勒影響歌德從自然科學的研究中回到詩歌的創作，而歌德減弱了席勒沉溺於哲學的思辨。

歌德的寫實主義不單是停留在純粹的寫實，歌德說，當他在觀察事物時，他是澈底的寫實主義者，他不會對當前所觀察的事物加以增減，但是當他運用心靈創作時，他自己全然是個理想主義者，對於當前的事物他不問其本身如何，而只問這個對象是否符合它的概念。這表示，歌德也因席勒的影響，向理想主義靠近一大步。而席勒自己也在歌德的影響下不再只是一個純粹的理想主義者，而向自然感官事物靠近一步。席勒曾對歌德說，詩人和藝術家之所以能成爲詩人和藝術家，是因爲他們能超越現實主義又能不離開感官世界。所謂「超越現實主義」就是進入「理想世界」，也就是進入觀念世界、思想世界。所以在兩人互相思想交流中，彼此愈來愈靠近，兩人所使用的名稱變得不重要了，就如歌德自己也說：「席勒的理想主義和我的現實主義絕對不是互相違背的，而是互相融合的。」

六、歌德在創作理念的貢獻

《歌德談話錄》這本書的內容極爲豐富，它記錄了歌德晚年有關哲學、美學、文學、宗教、政治和自然科學的種種理解。歐洲在十七世紀經過了啟蒙運動之後，隨後在德國興起狂飆運動和浪漫主義思潮，哲學和文學、藝術互相影響，彼此融合，可以說是德國文化史上的高峰，席勒和歌德在文藝美學上的互融互攝是時代精神的一個實例。席勒是康德哲學的跟隨者，在自然觀上，歌德的態度也接近康德批判哲學的自然目的性，歌德曾說，他對於自然的理解與康德的思想相合。從十八世紀到十九世紀，這一段時間可以說是德國哲學、文學、藝術等等文化活動的最高峰，是後世無法超越的極致。

歌德主張文藝必須從客觀現實出發，現實生活提供詩的材料和內容，但是詩人必須經過主體心靈活動將這些材料變成帶有普遍性的詩意的東西。也就是說，詩創作是將具體性（特殊）的東西展現爲具有觀念性（普遍）的意義，亦即，在個別性中應蘊含有普遍的意義，這就是所謂的「藝術典型」，或者是歌德所提及的「特徵」（das Charakteristische）、「理想」（das Ideal）或「意蘊」（das Bedeutende）。康德在談「美是道德善的象徵」時說：「象徵是理性概念透過反思之類比作爲感性化的間接表現」，而所謂的「反思之類比」涉及到「反思的判斷力」，也就是先有個別者，再從中尋求普遍性，然後又將個別者歸屬其下的一種判斷力。這是一種由下而上的歸類能力，也就是在具體個別物中透過關係的相等（即：類比），從中展現出其普遍性。

文學藝術創作都應該從個別的人或物中創造出其中所要傳達的普遍性，康德稱此爲「象徵」，歌德所謂的「特徵」、「理想」或「意蘊」與康德的「象徵」接近。這三個詞的內含都很接近「典型」，而康德所謂的「象徵」則意義更廣，內含更豐富。中文「典型」一詞是譯自英文 type，這個英文字源自希臘字 τύπος，意指「形式」、「外形」，它和另一個希臘字 ἰδέα（idea）意思有部分重疊，ideal（理想）一詞就是由 idea 一詞衍生的。因此，「典型」和「理想」是密切相關，可以互換使用。

席勒和歌德在時空上的交會，在文藝思想史或美學史上釋放出璀璨的光芒。對於一般（普遍性）與特殊（個別性）是歌德和席勒極爲關心的詩創作問題，也是一個美學核心的觀念。歌德曾經在與席勒的通信中表達他的看法：「詩人究竟是爲一般而尋找特殊，還是爲特殊而尋找一般，這會造成不同的結果。根據前者會產生寓意詩，其中特殊只作爲一個例釋或典型才有價值。但是根據後者的創作特別適合詩的本質，他表現出一種特殊，並不指涉到一般，誰若能生動地把握住這個特殊，誰就會同時獲得一般。」

寓意（Allegorie）是將個別物轉變成概念（Begriff, concept），再將概念轉變成具體形象。而象徵（Symbol）是將個別物轉變成觀念（Vorstellung, idea），再將觀念轉變成具體形象。「概念」是抽象的普遍性，而「觀念」是具體的普遍性，後者可以稱爲「意象」。寓意可以說是爲一般尋找特殊，象徵則是在特殊中顯現出一般。歌德顯然同意康德所主張的「美是道德善的象徵」，康德這裡所謂的「道德善」可以指社會生活中的理想。

歌德在一八二三年十月二十九日的《談話錄》中說：

> 藝術的真正生命在於對個別特殊事物的掌握和描述。此外，作家如果滿足於一般，任何人都可以照樣模仿；但是如果寫出個別特殊，旁人就無法模仿，因為沒有親身體驗過。你也不必擔心個別特殊引不起同情共鳴。每種人物性格，不管多麼個別特殊，每一件描繪出來的東西，從頑石到人，都有些普遍性；因此各種現象都經常復現，世間沒有任何東西只出現一次。到了描述個別特殊這個階段，人們稱為「寫作」（Komposition）的工作也就開始了。

一八二三年

威瑪，一八二三年六月十日（初次會見）[1]

我來這裡已有幾天了，今天第一次訪問歌德，他很熱情地接待了我。我對他的印象很深刻，我把這一天看作我生平最幸福的一天。

昨天我去探問，他約我今天十二點來見他。我按時去訪問。他的僕人正等著引我去見他。

房子內部給我的印象很愉快，不怎麼豪華，一切都很高雅和簡樸。陳列在臺階上的那些複製的古代雕像，顯出歌德對造型藝術和古希臘的愛好。我看見底樓一些內室裡婦女們來來往往地忙著。有一個漂亮的小男孩，是歌德的兒媳婦奧提麗的孩子，他不怕生，跑到我身邊來，瞪著大眼瞧我的面孔。

我向四周瞟了一眼。僕人打開一間房間的門，我就跨過上面嵌著 *Salve*[2] 字樣的門檻，這是我會受到歡迎的預兆。僕人引我穿過這間房，又打開另一間較寬敞的房間，叫我在這裡等一會兒，等他進去報告主人我已到了。這間房間很涼爽，地板上鋪著地毯，陳設著一張深紅色長沙發和幾張深紅色椅子，顯得很爽朗。房裡一邊擺著一架鋼琴，壁上掛著各色各樣的繪畫和素描。透過對面敞開著的門，可以看見裡面還有一間房間，壁上也掛著一些畫。僕人就是穿過這間房間進去報告我已來到。

---

1 原文每次談話都沒有標題。日期後面放在括弧裡的標題是譯者為讀者方便起見新加的，以後仿此。

2 拉丁文：敬禮。

不多一會兒歌德就出來了，穿著藍上衣，還穿著正式的鞋。多麼崇高的形象啊！我感到突然一驚。不過他說話很和藹，馬上消除了我的局促不安。我和他一起坐在那張長沙發上。他的神情和儀錶使我驚喜得說不出話來，縱然說話也說得很少。

他一開頭就談起我請他看的手稿說：「我是剛放下你的手稿才出來的。整個上午我都在閱讀你這部作品，它用不著推薦，它本身就是很好的推薦。」他稱讚我的文筆清楚，思路流暢，一切都安放在堅牢的基礎上，是經過周密考慮的。他說：「我很快就把它交出去，今天就寫信趕郵班寄給柯達[3]，明天就把稿子另包寄給他。」我用語言和眼光表達了我的感激。

接著我們談到我的下一步的旅行。我告訴他我的計畫是到萊茵區找一個適當的住處，寫一點新作品，不過我想先到耶拿，在那裡等候柯達先生的回信。

歌德問我在耶拿有沒有熟人，我回答說，我希望能和克涅伯爾先生[4]建立聯繫。歌德答應寫一封介紹信給我隨身帶去，保證我會受到較好的接待。

接著歌德對我說：「這很好，你到了耶拿，我們還是近鄰，可以隨便互訪或通信。」

我們在安靜而親熱的心情中在一起坐了很久。我觸到他的膝蓋，依依不捨地看著他，忘記了說話。他的褐色面孔沉著有力，滿面皺紋，每一條皺紋都有豐富的表情！他的面孔顯得高尚而堅定，寧靜而偉大！他說話很慢，很鎮靜，令我感到面前彷彿就是一位老國王。可以看出他有自信心，超

---

3 柯達（Cotta, 1764-1832），耶拿的出版商，歌德和席勒的著作都先由他出版。

4 克涅伯爾（Knebel, 1744-1834），早年也在威瑪宮廷任職，是和歌德有長久交誼的一位作家。

然於世間毀譽之上。接近他，我感到說不出的幸福，彷彿滿身塗了安神油膏，又像一個備嘗艱苦，許多長期的希望都落了空的人，終於看到自己最大的心願獲得了滿足。

接著他提起我給他的信，說我說得對，一個人只要能把一件事說得很清楚，他也就能把許多事都說得清楚。他說：「不知道這種能力怎樣由此及彼地轉化。」接著他告訴我：「我在柏林有很多好朋友。這幾天我正在考慮替你在那裡想點辦法。」

他高興地微笑了，接著他指示我這些日子在威瑪應該看些什麼，答應請克萊特祕書替我當嚮導。他勸我特別應去看看威瑪劇院。他問了我現在的住址，說想和我再晤談一次，找到適當的時間就派人來請。

我們很親熱地告別了。我感到萬分幸福。他的每句話都表現出慈祥和對我的愛護。[5]

一八二三年六月十九日（給愛克曼寫介紹信到耶拿）

我本來打算今天去耶拿。但是昨天歌德勸我在威瑪住到星期天，搭郵車去。他昨天替我寫了

5 在以下幾次晤談中，歌德叫愛克曼在威瑪長住下來，替他搜編早年在報刊上發表的一些評論文。從此愛克曼就成了歌德的文藝學徒，同時也是他的私人祕書，幫助他編輯他的著作。

幾封介紹信，其中有一封是給弗洛曼[6]一家人的。他告訴我：「這家人所交遊的人會使你滿意。我在他們那裡參加過許多愉快的晚會。尚・保羅、蒂克、施萊格爾兄弟[7]以及其他德國名人都到過那裡，都感到很愉快。就是到現在，那裡還是學者、藝術家和其他知名人士經常聚會的場所。過幾星期之後，請寫信讓我知道你的情況，對耶拿的觀感如何，信寄到馬林巴德[8]，我已吩咐我的兒子當我不在家時要常去看望你。」

歌德對我這樣細心照顧，使我非常感激。我從一切方面都感到歌德待我如家人，將來也還會如此。我因此感到幸福。

耶拿，一八二三年九月十八日（對青年詩人的忠告）[9]

昨天在歌德回到威瑪之前，我很幸運又和他晤談了一個鐘頭。這次他說的話非常重要，對我簡直是無價之寶，使我終生受益不盡。凡是德國青年詩人都應該知道這番對他們也會有益的忠告。

6 弗洛曼（K. Frommann, 1765-1837），耶拿的出版商，他家是文人聚會的場所。

7 這些都是耶拿浪漫派有名的文人。其中的施萊格爾兄弟詳見下文。

8 現屬捷克斯洛伐克，歌德有時去暫住幾天。

9 這是愛克曼到了耶拿之後據回憶記下來的。第一句疑有誤，因為歌德在九月十五日已從馬林巴德回到威瑪了。

歌德一開始就問我今年夏天寫過詩沒有。我回答說，寫了一些，但是總的說來，我對作詩還缺乏興致或樂趣。歌德就勸我說：「你得當心，不要寫大部頭作品。許多既有才智而又認眞努力的作家正是在貪圖寫大部頭作品上吃虧受苦，我在這一點上也吃過苦頭，認識到它對我有多大害處。我扔到流水裡去的作詩計畫不知有多少哩！如果我把可寫的都寫了，寫上一百卷也寫不完。

「現實生活應該有表現的權利。詩人由日常現實生活觸動起來的思想情感都要求表現，而且也應該得到表現。可是如果你腦子裡老在想著寫一部大部頭的作品，此外一切都得靠邊站，一切思慮都得推開，這樣就要喪失掉生活本身的樂趣。爲著把各部分安排成爲融貫完美的巨大整體，就得使用和消耗巨大精力；爲著把作品表達於妥當的流利語言，又要費大力而且還要有安靜的生活環境。倘若你在整體上安排不妥當，你的精力就白費了。還不僅此，倘若你在處理那樣龐大的題材時沒有完全掌握住細節，整體也就會有瑕疵，會受到指責。這樣，作者儘管付出了辛勤的勞力和犧牲，結果所獲得的也不過是困倦和精力的癱瘓。反之，如果作者每天都抓住現實生活，經常以新鮮的心情來處理眼前事物，他就總可以寫出一點好作品，即使偶爾不成功，也不會有多大損失。

「姑且舉柯尼斯堡的奧古斯特．哈根[10]爲例。他本是一位很有才能的作家，你讀過他的《奧爾弗里特和李辛娜》那部詩沒有？那裡有些片段是寫得很出色的，例如波羅的海風光以及當地的一些具體細節。但這都是些漂亮的片段，作爲整體來看，這部詩卻不能使任何人滿意。可是他費了多大

---

10 哈根（Hagen, 1797-1880），當時一位浪漫派青年詩人。歌德在《藝術與古代》上發表過對哈根的《奧爾弗里特和李辛娜》這部敘事詩的評論，勸告作者從現實生活出發寫些小題目。

氣力，簡直弄得精疲力竭了。現在他還在寫一部悲劇哩！」

說到這裡，歌德笑了笑就停住了。我趁機插話說，如果我沒有弄錯，他在《藝術與古代》上就勸告過哈根只選些小題目來寫。歌德回答說：「是呀，我確實勸告過他。但是我們這些老年人的話誰肯聽呢？每個人都自信有自知之明，因此，有許多人澈底失敗了，還有許多人長期在迷途中亂竄。可是現在卻沒有時間去亂竄了。在這一點上我們老年人是過來人，如果你們青年人願意重蹈我們老年人的覆轍，我們的嘗試和錯誤還有什麼用處呢？這樣，大家就無法前進了。我們老一輩子走錯路是可以原諒的，因爲我們原來沒有已鋪平的路可走。但是對入世較晚的一輩人要求就要更嚴格些，他們不應該老是摸索和走錯路，應該聽老年人的忠告，馬上踏上征途，向前邁進。向著某一天終於要達到的那個終極目標邁步還不夠，還要把每一步驟都看成目標，使它作爲步驟而起作用。

「請你把我這番話牢記在心上，看它對你是否也適用。我並不是怕你也會走錯路，不過我的話也許可以幫助你快一點跨過對你還不利的這段時期。如果你目前只寫一些小題目，抓住日常生活提供給你的材料，趁熱打鐵，你總會寫出一點好作品來。這樣，你就會每天都感到樂趣。你可以把作品先交給報刊或印成小冊子發表，但切莫遷就旁人的要求，要始終按照自己的心意寫下去。

「世界是那樣廣闊豐富，生活是那樣豐富多彩，你不會缺乏作詩的動因。但是寫出來的必須全是應景即興的詩[11]，也就是說，現實生活必須既提供詩的機緣，又提供詩的材料。一個特殊具體的

---

11 原文 Gelegenheitsgedichte 照字面譯是「應機緣而寫的詩」，類似我國詩中的「即興詩」，不過「即興」側重詩人的主觀興致，歌德則主要是指從客觀情境出發。姑譯爲「應景即興的詩」，以求主客兩面俱到。這一段

情境透過詩人的處理，就變成帶有普遍性和詩意的東西。我的全部詩都是應景即興的詩，來自現實生活，從現實生活中獲得堅實的基礎。我一向瞧不起空中樓閣的詩。

「不要說現實生活沒有詩意。詩人的本領，正在於他有足夠的智慧，能從慣見的平凡事物中見出引人入勝的一個側面。必須由現實生活提供作詩的動機，這就是要表現的要點，也就是詩的眞正核心；但是據此來熔鑄成一個優美的、生氣灌注的整體，這卻是詩人的事了。號稱『自然詩人』的傅恩斯坦[12]是你所熟識的。他以種植酵母花爲題寫出一首很好的詩。我勸他用各行手工業——特別是紡織工業——的題材來寫一些歌，我敢說他寫這方面的詩歌會獲得成功，因爲他從青年時代起就和這些手工藝匠人在一起生活，對手工藝這一行懂得很透澈，對他所要使用的材料有充分的掌握。寫小題材的優點正在於你只須描繪你所熟悉的事物。至於寫大部頭的詩，情況卻不同。那就不免要把各個部分都按計畫編織成爲一個完整體，而且還要描繪得維妙維肖。可是在青年時代對事物的認識不免片面，而大部頭作品卻要有多方面的廣博知識，人們就在這一點上要跌跤。」

談話扼要地說明了歌德的現實主義文藝觀點，值得特別注意。

---

12 傅恩斯坦（Fürnstein, 1783-1841），一位寫農藝和手工藝的詩人。歌德在《藝術與古代》上發表的〈論德國自然詩人〉一文裡也提到這位作者，希望他仿照英國詩人的「織工歌」（可能指托瑪斯·胡德反映工人疾苦的詩），寫些關於紡織工藝的詩。

「自然詩」發源於英國，愛克曼想寫「四季」詩，當然也受到英國詩人湯姆遜（詳見第三〇五頁註十五）的啟發。當時英國詩對德國詩壇的影響很大。歌德自己就特別推尊莎士比亞和拜倫。

我告訴歌德，我想寫一部大部頭的詩，用一年四季爲題材，把各種行業和娛樂都編織進去。歌德回答說：「這正是我剛才說的那種情況。你可以在許多片段裡寫得很成功，但是涉及你也許還沒有認眞研究過、還不大熟悉的事物，你就不會成功。你也許寫漁夫寫得很好，寫獵戶卻寫得很壞。如果有些部分失敗了，整體就會顯得有缺陷，不管其他部分寫得多麼好，這樣你就寫不出什麼完美的作品。但是你如果把那些個別部分分開，單挑其中你能勝任的來寫，你就有把握寫出一點好作品來了。

「我特別勸你不要單憑自己的偉大的創造發明[13]，因爲要創造發明就要提出自己對事物的觀點，而青年人的觀點往往還不夠成熟。此外，人物和觀點都不能作爲詩人的特徵反映而同詩人相結合，從而使他在下一步創作中喪失豐滿性。最後還有一點，創造發明以及安排和組織方面的構思要費多少時間而討不到好處，縱使作品終於完成了。

「如果採用**現成的**題材，情況就大不相同，工作就會輕鬆些。題材既是現成的，人物和事蹟就用不著新創了，詩人要做的工作就只是構成一個活的整體[14]。這樣，詩人就可以保持自己的完滿性，因爲用不著再從他本身補充什麼了。他只須在表達方面費力，用不著花費創造題材所需要的那麼多的時間和精力了。我甚至勸人採用前人已用過的題材。例如伊菲革涅亞這個題材不是用過多次了

---

13 原文 Erfindung，原義爲「尋找」和「發現」，一般指創造發明，這裡指不用現成題材，單憑想像去虛構題材。現成題材有兩種，一種是現實生活提供的，一種是從前人留傳下來的傳說。

14 或：灌注生命於整體。

嗎?可是產生的作品各不相同,因爲每個作家對同一題材各有不同的看法,各按自己的方式去處理。[15]

「我勸你暫時擱起一切大題目。你掙扎這麼久了,現在是你過爽朗愉快生活的時候了。寫小題材是最好的途徑。」

我們一面談著,一面在室內踱來踱去。因爲我極欽佩歌德說的每句話都是眞理,只能始終表示贊同。每走一步,我都感到比前一步輕鬆愉快,因爲我應該招認,我過去心想的但沒有想清楚的一些大計畫,一直是我的不小的精神負擔。現在我把這些大計畫拋開了,等到透過鑽研世界情況,掌握了有關題材的每個部分之後再說。目前先以愉快的心情就某一題材或某一部分陸續分別處理。

聽了歌德的話,我感到長了幾年的智慧。結識了這位眞正的大師,我在靈魂深處感到幸福。今冬我從他那裡學到了很多的東西。單是和他接觸也會使我受到教益,儘管他有時並未說出什麼重要的話。在默然無語時,他的風度和品格對我就是很好的教育。[16]

---

15 伊菲革涅亞,荷馬史詩中希臘東征主將阿伽門農的女兒。她的遭遇,希臘悲劇詩人歐里庇德斯寫過,後來十七世紀法國悲劇詩人拉辛又寫過。歌德本人也根據歐里庇德斯的作品,寫了一部較合近代口味的悲劇《伊菲革涅亞在奧利斯》。這三部悲劇都是西方名著。此外還有些詩人和音樂家也用過這個題材。

16 這是歌德向青年詩人所進的忠告:第一要從小處著手,不要很早就想寫大部頭作品;其次要從現實生活出發,不要過信自己的獨創能力,單憑想像去虛構題材。題材最好是用現成的。哪怕是日常慣見的平凡事物,只要經過詩人的處理,熔鑄成爲一種完美的有生命的整體,它就會顯出普遍性和詩意。這就是歌德的現實主義的文藝觀點。

一八二三年十月二十九日（論藝術難關在掌握個別具體事物及其特徵）

今晚我去看歌德，他正在點燈。我看到他心情很振奮，眼光反映著燭光閃閃發亮，全副表情顯得和藹、堅強和年輕。

我跟他在室內踱來踱去，他一開始就提起我昨天送請他看的一些詩。

他說：「我現在懂得了你在耶拿時爲什麼告訴我，你想寫一篇以四季爲題材的詩。我勸你寫下去，馬上就從寫冬季開始。你對自然事物像有一種特別的感覺和看法。

「對你的那些詩，我只想說兩句話。到你現在已經達到的地步，你就必須闖藝術的眞正高大的難關了，這就是對個別事物的掌握。你必須費大力掙扎，使自己從**觀念**（Idee）中解脫出來。你有才能，已經走了這麼遠，現在你**必須**做到這一點。你最近去過提夫爾特[17]，我想就出這個題目給你做。你也許還要再去三四次，把那地方仔細觀察過，然後才能發現它的特徵，把所有的母題（motive）[18]集攏起來。你須不辭辛苦，對那地方加以深入澈底的研究，這個題目是值得費力研究的。我自己本來老早就該運用這種題材了，只是我無法這樣辦，因爲我親身經歷過一些重大的時局，全副精神都投入那方面去了，因而侵擾我的個別事物過分豐富了。但是你作爲一個陌生人來到這裡，關於過去，你可以請教當地堡寨主人，自己要探索的只是現在的突出的、具有意義的東

---

17 威瑪附近的一個鄉村。

18 關於母題，詳見第六十三、六十四頁正文和註五。

西。」

我答應要試著照辦，但是不敢諱言這個課題對於我像是離得很遠而且也太難。他說：「我知道這個課題確實是難，但是藝術的眞正生命正在於對個別特殊事物的掌握和描述。此外，作家如果滿足於一般，任何人都可以照樣模仿；但是如果寫出個別特殊，旁人就無法模仿，因爲沒有親身體驗過。你也不用擔心個別特殊引不起同情共鳴。每種人物性格，不管多麼個別特殊，每一件描繪出來的東西，從頑石到人，都有些普遍性；因此各種現象都經常復現，世間沒有任何東西只出現一次。」

歌德接著又說：「到了描述個別特殊這個階段，人們稱爲『寫作』（Komposition）的工作也就開始了。」

這話我乍聽還沒有懂得很清楚，不過沒有提問題。我心裡想，他指的也許是現實和理想的結合，也就是外形和內在本質的結合。不過他指的也許是另一回事。歌德於是接著說：

「還有一點，你在每首詩後應註明寫作日期。」我向他發出質疑的眼光，想知道註日期有什麼重要性。他就說：「這樣就等於同時寫了你的進度日記。這並不是小事。我自己多年來一直這樣辦，很知道它的好處。」[19]……

19 在這篇談話裡，歌德勸愛克曼要從抽象的觀念中解脫出來，須掌握個別特殊事物，顯出它的特徵。

一八二三年十一月三日（關於歌德的遊記；論題材對文藝的重要性）

……………

我於是把話題轉到一七九七年歌德經過法蘭克福和斯圖加特去瑞士的遊記。他最近把這部遊記手稿三本交給我，我已把它仔細研究過了。我提到當時他和邁爾[20]對造型藝術題材問題思考得很多。

歌德說：「對，還有什麼比題材更重要呢？離開題材還有什麼藝術學呢？如果題材不適合，一切才能都會浪費掉。正是因為近代藝術家們缺乏有價值的題材，近代藝術全都走上了邪路。我們大家全都在這方面吃過虧；我自己也無法否定我的近代性。」

他接著說：「藝術家們很少有人看清楚這一點，或是懂得什麼東西才使他們達到安寧。舉例來說，人們用我的〈漁夫〉[21]為題來作畫，沒有想到這首詩是畫不出來的。這首民歌體詩只表現出水的魔力，在夏天引誘我們下去游泳，此外便別無所有，這怎麼能畫呢？」

我提到我很高興從上述遊記裡看出他對一切事物都有興趣，並且把一切事物都掌握住了：山岡的形狀和地位以及上面各種各樣的石頭；土壤、河流、雲、空氣、風和氣候；還有城市及其起源和

---

20 邁爾（I. H. Meyer, 1760-1832），《古希臘造型藝術史》的作者，對西方崇拜古典藝術的風氣有很大影響。歌德和黑格爾都很推崇他。

21 這是一首抒情謠曲。關於詩與畫的界限，可參看萊辛的《拉奧孔》。

發展、建築、繪畫、戲院、市政、警察、經濟、貿易、街道的格局、各色各樣的人、生活方式、特點，乃至政治和軍備等等數不清的項目。

歌德回答說：「不過你看不到一句話涉及音樂，因爲我對音樂是外行。每個旅遊者對於在旅途中應該看些什麼，他的要旨是什麼，應該胸有成竹。」

…………

我告訴歌德說，……我現在已逐漸擺脫我已往愛好理想和理論的傾向，逐漸重視現實情況的價値了。

歌德說：「若不是那樣，就很可惜了。我只勸你堅持不懈，牢牢地抓住現實生活。每一種情況，乃至每一頃刻，都有無限的價値，都是整個永恆世界的代表。」

過了一會兒，我把話題轉到提夫爾特以及描繪它時應採取的方式。我說這是一個複雜的題目，很難給它一個恰當的形式。我想最方便的方式是用散文來寫。

歌德說：「要用散文來寫的話，這個題目還不夠有意義。號稱教訓詩和描寫詩的形式大體上或可採用，但還不夠理想。你最好寫上十來首用韻的短詩來處理這種題材，音律和形式可以隨不同方面和不同景致而變化多端，不拘一格，用這種辦法可以把整體描繪得晶瑩透澈。」我馬上表示接受這個很適當的忠告。歌德接著又說，「對了，你爲什麼不來搞一次戲劇方式，寫一點和園丁的談話呢？用這種零星片斷可以使工作輕鬆一些，而且把題材具有特徵的各個方面都顯示出來。至於塑造一個無所不包的巨幅整體總是困難的，一般不易產生什麼完滿的作品。」

一八二三年十一月十四日（論席勒醉心於抽象哲學的理念使他的詩受到損害）

……

話題轉到戲劇方面，明天席勒的《華倫斯坦》[22]要上演，因此我們就談起席勒來。

我說，我對席勒有一種特別的感覺。讀他的長篇劇作中某些場面，我倒眞正喜歡，並且感到驚贊。可是接著就碰上違反自然眞實的毛病，讀不下去。就連對《華倫斯坦》也還是如此。我不免想，席勒對哲學的傾向損害了他的詩，因爲這種傾向使他把理念看得高於一切自然，甚至消滅了自然。凡是他能想到的，他就認爲一定能實現，不管它是符合自然，還是違反自然。

歌德說：「看到那樣一個有卓越才能的人自討苦吃，在對他無益的哲學研究方面煞費苦心，眞叫人惋惜。洪堡[23]把席勒在爲玄學思維所困擾的日子裡寫給他的一些信帶給我看了。從這些信裡可以看出席勒當時怎樣勞心焦思，想把感傷詩和素樸詩完全區別開來。[24]他替感傷詩找不到基礎，這使他說不出來地苦惱。」這時歌德微笑著說：「好像沒有素樸詩做基礎，感傷詩就能存在一樣，感

---

22 《華倫斯坦》，席勒戲劇代表作，寫十七世紀封建騎士和農民聯合反羅馬教廷和神聖羅馬帝國皇帝的鬥爭。

23 威廉・洪堡（W. Humboldt, 1767-1835），普魯士政治家、語言學家、文學史家，柏林大學的創辦人，和席勒與歌德都是好友。

24 席勒所謂「素樸詩」就是古典主義和現實主義的詩，「感傷詩」就是浪漫主義的詩。歌德認爲近代感傷詩仍須導源於古代素樸詩。詳見第二五七頁註三十三。

傷詩也是從素樸詩生長出來的。」

歌德接著說：「席勒的特點不是帶著某種程度的不自覺狀態，彷彿在出於本能地進行創作，而是要就他所寫出的一切東西反省一番。因此他對自己作詩的計畫總是琢磨來，琢磨去，逢人就談來談去，沒有個完。他近來的一些劇本都一幕接著一幕地跟我討論過。

「我的情況卻正相反，我從來不和任何人，甚至不和席勒，談我作詩的計畫。我把一切都不聲不響地放在心上，往往一部作品已完成了，旁人才知道。我拿寫完了的《赫爾曼與竇綠苔》[25]給席勒看，他大為驚訝，因為我從來沒有就寫這部詩的計畫向他洩漏過一句話。

「但是我想聽一聽你明天看過《華倫斯坦》上演之後對它會怎麼說。你會看到一些偉大的人物形象，給你意想不到的深刻印象。」[26]

一八二三年十一月十五日（《華倫斯坦》上演）

晚間我到劇院第一次看《華倫斯坦》上演。歌德沒有誇大。印象很深刻，打動了我的內心深

---

25 歌德詩作，寫田園生活，並反映法國革命時期萊茵區被法軍占領後情況。

26 席勒與歌德齊名，兩人交誼最深而性格迴異。席勒比歌德年輕，但一八〇五年就已去世，所以沒有直接出現在這本《談話錄》的場面裡。可是《談話錄》談到席勒的話很多，比較重要的都選譯出來了。

處。演員們大多數受過席勒和歌德親身教導他們的影響，他們把劇中重要人物的整體擺在我眼前，同時使我想像到他們各自的個性，這是單靠閱讀所不能辦到的。因此這部劇本對我產生了不同尋常的效果，一整夜都在我腦子裡盤旋。

一八二四年

……………

一八二四年一月二日（莎士比亞的偉大；《維特》與時代無關）

我們談到英國文學、莎士比亞的偉大以及生在這位詩壇巨人之後的一切劇作家的不利處境。

歌德接著說：「每個重要的有才能的劇作家都不能不注意莎士比亞，都不能不研究他。一研究他，就會認識到莎士比亞已把全部人性的各種傾向，無論在高度上還是在深度上，都描寫得竭盡無餘了，後來的人就無事可做了。只要心悅誠服地認識到已經有一個深不可測、高不可攀的優異作家在那裡，誰還有勇氣提筆呢！

「五十年前，我在我親愛的德國的處境當然要好一點。我可以很快就把德國原有的作品讀完，它們夠不上使我長久欽佩乃至注意。我很早就拋開德國文學及其研究，轉到生活和創作上去了。這樣，我就在我的自然發展途程上一步一步地邁進，逐漸把自己培養到能從事創作。我在創作方面一個時期接著一個時期都獲得成功。在我生平每一發展階段或時期，我所懸的最高理想從來不超過我當時的力所能及。但是我如果生在英國作一個英國人，在知識初開的幼年，就有那樣豐富多彩的傑作以它們的全部威力壓到我身上來，我就會被壓倒，不知怎麼辦才好。我就會沒有輕鬆而新穎的勇氣向前邁進，就要深思熟慮，左右巡視，去尋找一條新的出路。」

我把話題引回到莎士比亞，說：「如果以某種方式把莎士比亞從英國文學的氛圍中單抽出來，假想把他作爲一個孤立的人放在德國文學裡來看，那就不免要驚贊那樣偉大的人物眞是一種奇蹟。但是如果到英國他的家鄉去找他，而且設身處地地把自己擺在莎士比亞時代裡，對莎士比亞的同時代的和後起的那些作家進行一番研究，呼吸一下班．強生、瑪森格、馬婁、博蒙特和弗勒喬[1]等人所吹的那股雄風，那麼，莎士比亞固然仍顯得是個超群出眾的雄強而偉大的人物，可是我們卻會得到一種信念：莎士比亞的許多天才奇蹟多少還是人力所能達到的，有不少要歸功於他那個時代的那股強有力的創作風氣。」[2]

歌德回答說：「你說的完全對。看莎士比亞就像看瑞士的群山。如果把瑞士的白峰移植到紐倫堡大草原中間，我們就會找不到語言來表達對它的高大所感到的驚奇。不過如果到白峰的偉大家鄉去看它，如果穿過它周圍的群峰如少女峰、玫瑰峰……之類去看它，那麼，白峰當然還是最高的，可是就不會令人感到驚奇了。

「再者，如果有人不相信莎士比亞的偉大多半要歸功於他那個偉大而雄強的時代，他最好只想一下這樣一個問題：這樣令人驚奇的現象在一八二四年今天的英國，在今天報刊紛紛鬧批評、鬧分裂的這種壞日子裡，能否出現呢？

「產生偉大作品所必不可少的那種不受干擾的、天真無瑕的、夢遊症式的創作活動，今天已不

---

1 這五位都是莎士比亞時代的著名劇作家，其中班．強生擅長喜劇，馬婁擅長嚴肅劇，以《浮士德博士的悲劇》聞名。

2 愛克曼很少發表反對歌德的意見，但是當他發表不同的意見時，他的意見往往是比較正確的。這是一個例子。他對歌德的顏色說也提出過一些比較合理的批評。同時值得注意的是，歌德在發現批評中肯時，他也就馬上採納。

復可能了。今天我們的作家們都要面對群眾。每天在五十個不同地方所出現的評長論短以及在群眾中所掀起的那些流言蜚語，都不容許健康的作品出現。今天，誰要是想避開這些，勉強把自己孤立起來，他也就完蛋了。透過各種報刊的那種低劣的、大半是消極的挑剔性的美學評論，一種『半瓶醋』的文化滲透到廣大群眾之中。對於進行創作的人來說，這是一種妖氛，一種毒液，會把創造力這棵樹從綠葉到樹心的每條纖維都澈底毀滅掉。

「在最近這兩個破爛的世紀裡，生活本身已變得多麼孱弱呀！我們哪裡還能碰到一個純眞的、有獨創性的人呢！哪裡還有人有足夠的力量能做個誠實人，本來是什麼樣就顯出什麼樣呢？這種情況對詩人卻產生了不利的影響；外界一切都使他懸在虛空中，腳踏不到實地，他就只能從自己的內心生活裡去汲取一切源泉了。」

接著話題轉到《少年維特》，歌德說：「我像鵜鶘一樣，是用自己的心血把那部作品哺育出來的。其中有大量的出自我自己心胸中的東西、大量的情感和思想，足夠寫一部比此書長十倍的長篇小說。我經常說，自從此書出版之後，我只重讀過一遍，我當心以後不要再讀它，它簡直是一堆火箭彈！一看到它，我心裡就感到不自在，生怕重新感到當初產生這部作品時那種病態心情。」

我回想起歌德和拿破崙的談話[3]，在歌德沒有出版的稿件中我曾發現這次談話的簡單紀錄，勸過歌德把它再寫詳細些。

3 參看第二二一頁。

我說：「拿破崙曾向你指出《維特》裡有一段話在他看來是經不起嚴格檢查的，而你當時也承認他說得對，我非常想知道所指的究竟是哪一段。」

歌德帶著一種神祕的微笑說：「猜猜看吧。」

我說：「我猜想那是指綠蒂既不告訴阿爾博特，也沒有向他說明自己心裡的疑懼，就把手槍送交維特那一段話。你固然費大力替這種緘默找出了動機，但是事關營救一個朋友生命的迫切需要，你所給的動機是站不住腳的。」

歌德回答說：「你這個意見當然不壞，不過拿破崙所指的究竟是你所想的那一段還是另一段，我認爲還是不說出爲好，反正你的意見和拿破崙的意見都是正確的。」

我對《維特》出版後所引起的巨大影響是否眞正由於那個時代，提出了疑問。我說：「我很難贊同這種流傳很廣的看法。《維特》是劃時代的，只是由於它出現了，並不是由於它出現在某一個具體的時代。《維特》即便在今天第一次出現，也還是劃時代的，因爲每個時代都有那麼多的不期然而然的愁苦，那麼多的隱藏的不滿和對人生的厭惡，就某些個別人物來說，那麼多對世界的不滿情緒，那麼多個性和市民社會制度的衝突（如在《維特》裡所寫的）。」

歌德回答說：「你說得很對，所以《維特》這本書直到現在還和當初一樣對一定年齡的青年人發生影響。我自己也沒有必要把自己青年時代的陰鬱心情歸咎於當時世界一般影響以及我閱讀過的幾部英國作家的著作。使我感到切膚之痛的、迫使我進行創作的、導致產生《維特》的那種心情，毋寧是一些直接關係到個人的情況。原來我生活過，戀愛過，苦痛過，關鍵就在這裡。

「至於人們談得很多的『維特時代』，如果仔細研究一下，它當然與一般世界文化過程無關，它只涉及每個個別的人，個人生來就有自由本能，卻處在陳腐世界的窄狹圈套裡，要學會適應它。幸運遭到阻撓，活動受到限制，願望得不到滿足，這些都不是某個特殊時代的，而是每個人都碰得著的不幸事件。假如一個人在他的生平不經過覺得《維特》就是爲他自己寫的那麼一個階段，那倒很可惜了。」[4]

一八二四年一月四日（歌德的宗教觀點和政治觀點）

今天晚飯後歌德和我一起翻閱拉斐爾的畫冊。歌德經常溫習拉斐爾，以便經常和最好的作品打交道，練習追隨著偉大人物的思想而思想。他勸我也下這種功夫。

---

4 《少年維特的煩惱》是一部書信體和自傳體的愛情小說，一七七四年出版，繼劇本《葛茲．馮．伯利欣根》（一七七一）之後，使歌德在西歐立享盛名，特別是青年一代人，多由於「維特熱」而弄得神魂顛倒，穿維特式的服裝，過維特式的生活，甚至仿效維特自殺。歌德也因此而受到當時保守派、特別是天主教會的痛恨和攻擊。一般西方文學史家把維特所代表的頹廢傾向稱作「世紀病」。歌德在這篇談話裡卻否認維特與時代有關，說產生《維特》的陰鬱心情只涉及個人的特殊遭遇。這當然是錯誤的。個人不能脫離一定的時代、社會和階級而超然懸在眞空裡。歌德的看法，正代表著西方資產階級上升時期正開始流行的個人至上的自我中心觀點。同時他還認爲《維特》在任何時代都會產生巨大的影響，也就是說它是不朽的作品。這種看法的基礎還是「普遍人性論」。維特是「垮掉的一代」的前身，就連「垮掉的一代」現在也不會爲《維特》發狂了。

後來我們談到《胡床集》，特別是其中的〈壞脾氣〉一卷。[5]這是一些發洩他胸中對敵人的憤恨的短詩。

他接著說：「我還是很有節制的。如果我把心中的煩惱全都傾吐出來，這裡的幾頁就會變成一整本書。

「人們對我根本不滿意，老是要我把老天爺生我時給我的這副面目換成另一個樣子。人們對我的創作也很少滿意。我一天又一天、一年又一年地用全副精神創作一部新作品來獻給世人，而人們卻認爲他們如果還能忍受這部作品，我爲此就應向他們表示感謝。如果有人讚賞我，我也不應慶賀自己，把這種讚賞看作是理所應得的，人們還期待我說幾句謙虛的話，表示我這個人和我這部作品都毫無價值。但這就違背我的性格，假如我要這樣僞裝來撒謊，我就要變成一個可憐的惡棍了。我既然有足夠的堅強性格來顯出自己的全部眞相，人們就認爲我驕傲，直到今天還是如此。

「無論在宗教方面、科學方面，還是在政治方面，我一般都力求不撒謊，有勇氣把心裡所感到的一切照實說出來。

「我相信上帝，相信自然，相信善必戰勝惡，但是某些虔誠的人士認爲這還不夠，還要我相信

5 《胡床集》，全名是《西東胡床集》。十四世紀波斯詩人哈菲茲把他的詩集稱爲《胡床集》，歌德模仿哈菲茲作了一些哲理和愛情的短詩，名爲《西東胡床集》，分十二部分，其中一部分是〈壞脾氣〉卷，大半是對批評者的反擊。

三就是一和一就是三[6]，這就違背了我心靈中的眞實感，而且我也看不出這對我有絲毫益處。

「我發現牛頓關於光和顏色的學說是錯誤的，並且有勇氣來駁斥這個普世公認的信條，這對我就變成了壞事。我認識到眞正的純潔的光，我認爲我有責任來爲它進行鬥爭。可是對立的那一派卻在鄭重其事地力圖把光弄成昏暗，因爲他們揚言：陰影就是光的一個組成部分。我這樣把它表達出來，好像很荒謬，可是事實確是如此。因爲他們說過，各種顏色（這些本是陰影和濃淡造成的）就是光本身，換句話說，就是時而這樣折損、時而那樣折損的光線。」[7]

歌德富於表情的面孔上展開帶有諷刺意味的微笑，停了一會兒，他又說：

「現在再談政治方面！我說不出我在這方面遭到多少麻煩。你看過我的《受鼓動的人》沒有？」

我回答說：「爲著出你的全集新版本，我昨天才第一次讀到。這部劇本沒有寫完，我深感遺憾。不過就未完成的樣子來看，每個思想正常的人都會贊同你的心情。」

歌德接著說：「那是我在法國革命時期寫的，在某種程度上可以把它看成當時我的政治信仰的

---

6 基督教認爲上帝、聖靈和基督是三位一體。

7 歌德畢生致力於科學研究，顏色學是他經常引以自豪的。過去流行的是牛頓的光由各種顏色組合而成的說法，其根據主要是分光三稜鏡。歌德反對此說，認爲光是獨立自足的，不是由各種顏色組合成的。單是光也不能產生顏色。要產生顏色，須有光與影在變化上的配合。此外，人眼要求變化，也會看到實際不存在的顏色。

自供。我把伯爵夫人作爲貴族代表放在這部劇本裡，透過她嘴裡說出的話，我表達了貴族是應該怎樣想的。那位伯爵夫人剛從巴黎回國，她是法國革命過程的一個親眼見證。她從法國革命中吸收了不壞的教訓。她深信人民儘管受壓迫，但是壓不倒的；下層階級的革命暴動都是上層階級不公正行爲造成的後果。她說，『凡是我認爲不公正的行爲，我今後決心盡力避免，並且無論在宮廷裡還是在社會上，凡是遇到旁人有不公正的行爲，我都要照實說出我的意見。遇到不公正的行爲，我絕不再緘口無言，儘管人家罵我是個民主派。』」

歌德接著說：「我想這種心情是完全值得欽佩的。這當時是、現在還是我自己的心情。作爲報酬，人們給我扣上各種各樣的帽子，我就不必提了。」

我回答說：「只要讀過你的《艾格蒙特》[8]，就可以看出你的思想。我不知道有哪部德國劇本講人民自由比你這部劇本講得更多了。」

歌德接著說：「人們有時不願如實地看我，寧願避開一切可以顯示我的眞相的那些光的角度。說句眞心話，席勒比我更是一個貴族，但是說話比我遠爲愼重，卻很幸運被人看作人民的一個特別好的朋友。我衷心爲他慶幸，我想到我以前許多人的遭遇也不比我好，就聊以自慰了。

「說我不能做法國革命的朋友，這倒是眞話，因爲它的恐怖行動離我太近，每日每時都引起我的震驚，而它的有益後果當時還看不出來。此外，當時德國人企圖人爲地把那些在法國出於必要而

8 《艾格蒙特》，歌德的一部宣傳民族獨立和民主思想的劇本。

發生的場面搬到德國來，對此我也不能無動於衷。

「但是我也不是專制統治的朋友。我完全相信，任何一次大革命都不能歸咎於人民，而只能歸咎於政府。只要政府辦事經常公正和保持警惕，及時採取改良措施來預防革命，不要苟且因循，拖延到非受制於下面來的壓力不可。這樣，革命就絕不會發生。

「我既然厭恨革命，人家就把我叫做『現存制度的朋友』。這是一個意義含糊的頭銜，請恕我不接受。現存制度如果賢明公正，我就沒有什麼可反對的。現存制度如果既有很多好處，又有很多壞處，還是不公正、不完善的，一個『現存制度的朋友』就簡直無異於『陳舊腐朽制度的朋友』了。

「時代永遠在前進，人世間事物每過五十年就要換一個樣子。在一八〇〇年還很完善的制度，到了一八五〇年，也許就已變成有毛病的了。

「還有一點，對於一個國家來說，只有植根於本土、出自本國一般需要，而不是猴子式模仿外國的東西，才是好的。對於某一國人民處在某一時代是有益的營養，對於另一國人民也許就是一種毒藥。所以想把不植根於本土、不適應本國需要的外國革新引進來，這種企圖總是愚蠢的；而一切有這種意圖的革命總是不成功的，因為這種革命沒有上帝支持，上帝對這種胡作非為是要制止的。但是一國人民如果確有大改革的實際需要，上帝就會站在他們一邊，這種改革就會成功。上帝顯然曾站在基督和他的第一批門徒一邊，因為新的博愛教義當時是人民的需要；上帝也顯然曾站在路德[9]一邊，因為清洗被僧侶竄改過的教義也還是一種需要。以上這兩種偉大力量卻都不是現存制度的朋友，毋寧說，都生動地滲透著一種信念：陳舊的酵母必須拋開，不能再讓不眞實、不公正的邪惡事物這樣流行和存在下去。」[10]

一八二四年一月二十七日（談自傳續編）

歌德對我談起他的自傳續編[11]，他現在正忙著做這項工作。他提到，他敘述這部分晚年時期不能像在《詩與眞》裡談少年時期那樣詳細。他說：「對於這晚年時期，我要做的毋寧是一種年表：其中出現的與其說是我的生活，毋寧說是我的活動。一般說來，一個人最有意義的時期是他的發展

9 馬丁．路德（M. Luther, 1483-1546）是反對天主教會、建立新教的著名宗教改革家，不過他的改革很不澈底。

10 這篇談話值得特別注意，因為這是歌德全部思想活動的兩面性的縮影。對於法國資產階級革命，歌德和當時許多帶有進步思想的詩人和學者一樣，開始是表示歡迎的，到了雅各賓專政時期就表示失望和厭恨。關於歌德這位偉大詩人和德國庸俗市民的兩面性，最好細讀恩格斯的《詩歌和散文中的德國社會主義》中批判卡爾．格律恩《從人的觀點論歌德》的部分。

11 自傳即下文的《詩與眞》。愛克曼正在幫助歌德編輯這部作品。

時期，而對於我來說，這個時期已隨著那幾卷詳細記述的《詩與眞》的完成而結束了。此後我和世界的衝突就開始了，這種衝突只有在所產生的結果方面才能引起興趣。

「還有一層，一個德國學者的生平算得什麼呢？就我的情況來說，生平有些或許算是好的東西是不可言傳的，而可以言傳的東西又不值得費力去傳。此外，哪裡有聽眾可以讓我懷著樂趣向他們來敘述自己的生平呢？

「當我現在回顧我的早年和中年時，我已到了老年，想起當年和我一樣年輕的人們之中沒有剩下幾個了，我總聯想到一個靠近游泳場的避暑旅館。初住進這種旅館，你很快就結識一些人，和他們成了朋友，這些人已早來了一些時候，再過幾個星期就要回去了。別離的心情是沉重的。接著你又碰上第二代人，你和他們在一起生活過一些時候，彼此很親密。可是這批人也離開了，留下你孤單單一個人和第三代人同住。他們剛來你卻正要離開，和他們打不上什麼交道。

「人們通常把我看成一個最幸運的人，我自己也沒有什麼可抱怨的，對我這一生所經歷的途程也並不挑剔。我這一生基本上只是辛苦工作。我可以說，我活了七十五歲，沒有哪一個月過的是眞正的舒服生活。就好像推一塊石頭上山，石頭不停地滾下來又推上去。我的年表將是這番話的很清楚的說明。要我積極活動的要求內外交加，眞是太多了。

「我的眞正的幸運在於我的詩的欣賞和創作，但是在這方面，我的外界地位給了我幾多干擾、限制和妨礙！假如我能多避開一些社會活動和公共事務，多過一點幽靜生活，我會更幸福些，作爲詩人，我的成就也會大得多。但是在發表《葛茲》和《維特》之後不久，從前一位哲人的一句話就在我身上應驗了：『如果你做點什麼事來討好世人，世人就會當心不讓你做第二次。』

「四海馳名，高官厚祿，這些本來是好遭遇。但是我儘管有了名譽和地位，我還是怕得罪人，對旁人的議論不得不保持緘默。這樣辦，我倒占了便宜，使我知道旁人怎樣想而旁人卻不知道我怎樣想；否則，那就是開不高明的玩笑了。」

一八二四年二月二十二日（談模仿普尚的近代畫）

……

後來我們一同觀看了法國某畫館裡近代畫家作品的許多銅版複製品。這些畫所表現的創造才能幾乎一律軟弱。在四十幅之中只看到四五幅好的。其中一幅畫一個姑娘在寫情書，一幅畫一個婦人待在一間標明出租而從來也沒有人去租的房子裡，一幅畫捕魚，一幅畫聖母像前的音樂家們。另外一幅風景畫是模仿普尚[12]的，還不算壞。看到這幅畫時，歌德說：「這樣的畫家們從普尚的風景畫裡獲得了某種一般概念，就著手畫起來。我們對這種畫不能說好，也不能說壞。它們不算壞，因爲從其中每個部分可以約略看出所根據的藍本是很高明的。但是你也不能說它們好，因爲它們照例缺乏普尚所表現出的畫家自己的那種偉大人格。詩人中間也有類似的情況，例如他們模仿莎士比亞的高華風格，就會搞得不像樣子。……」

12 尼古拉・普尚（N. Poussin, 1594-1665）是以風景畫著名的法國畫家。

一八二四年二月二十四日（學習應從實踐出發；古今寶石雕刻的對比）

今天午後一點鐘去看歌德。……他對我說：「你趁著寫那篇評論的機會研究了一番印度情況，你做得很對，因為我們對自己學習過的東西，歸根到底，只有能在實踐中運用得上的那一部分才記得住。」

我表示贊同，告訴他說，我過去在大學裡也有過這樣的經驗，對於教師在講課時所說的話，只記住了按我的實踐傾向可以用得上的那一部分，凡是我不能在實踐中運用的東西我全忘了。我說，我過去聽過赫倫[13]的古今歷史課，到現在對此已一無所知了。但是如果為著寫劇本我去研究某一時期的歷史，我學過的東西就記得很牢固了。

歌德說：「一般地說，他們在學校裡教的東西太多了，太多了，而且是些無用的東西。一些個別的教師把所教的那門課漫無邊際地鋪開，遠遠超出聽課者的實際需要。在過去，化學和植物學的課都屬於醫科，由一位醫生去教就行了。現在這些課目都已變成範圍非常廣泛的學問，每一門都要用畢生精力來學，可是人們還期望一個醫生對這兩門都熟悉！這種辦法毫無好處；一個人不能騎兩匹馬，騎上這匹，就要丟掉那匹。聰明人會把凡是分散精力的要求置之度外，只專心致志地去學一門，學一門就要把它學好。」

歌德接著把他寫的關於拜倫的《該隱》[14]的短評拿給我看。我讀了很感興趣。

13 阿諾德·赫倫（A. Heeren, 1760-1842），哥廷根大學歷史教授。

14 《該隱》，拜倫用《舊約》裡該隱殺兄的故事反對信仰上帝的一部悲劇。

他說：「由此可以看到，教會的教條不足以影響像拜倫那樣的人的自由心靈，他透過這部作品，力圖擺脫過去強加於他的一種教義。英國僧侶們當然不會為此感謝他。我不會感到驚訝，如果他將來繼續寫與此類似的聖經題材，例如不放過像所多瑪和蛾摩拉的毀滅[15]之類的題目。」

在這番文學方面的議論之後，歌德把我的注意力引到造型藝術方面去，讓我看他在前一天已經讚賞過的那塊寶石雕刻，看見它的樸素的構圖，我感到欣喜。我看到一個人從肩上卸下一只沉重的壺來倒水給一個男孩喝。那男孩看到壺還太高，喝起來不方便，水也流不出，他把一雙小手捧住壺，抬頭望著那個人，彷彿要求他把壺放斜一點。

歌德問我：「喂，你喜歡它吧？我們近代人對這樣一派自然素樸的作品也會感到它極美；對它是怎樣造成的我們也有些認識和概念，可是自己卻造不出來；因為我們靠的主要是理智，總是缺乏這樣迷人的魅力。」

接著我們看柏林的勃蘭特[16]所雕的一塊徽章，雕的是年輕的忒修斯[17]在從一塊大石頭下取出他父親的武器。姿勢有些可取之處，但是四肢顯得使力不夠，不能掀開那樣重的石頭。這位年輕人用一手捉住兵器，另一手掀石頭，這也像是一個缺點，因為按照自然的道理，他應該先掀去石頭，然後才取兵器。歌德接著說：「作為對照，我想讓你看一塊古代寶石雕刻，用的是同樣的題材。」

---

15 所多瑪和蛾摩拉兩城的毀滅，見《舊約．創世記》第十八和第十九兩章。
16 勃蘭特（H. F. Brandt, 1789-1845），德國刻徽章的名匠。
17 忒修斯，傳說中的雅典王子，類似赫拉克勒斯的大力士。

他叫他的僕人去拿來一只裝著幾百個古代寶石雕刻複製品的盒子，這些都是他遊覽義大利時從羅馬帶回來的。我看到古希臘人處理同樣的題材，但是和上面說的那塊差別多麼大！這位青年人在使盡全副力量去推那塊石頭，他也能勝任。因爲石頭已掀起，很快就要倒到一邊去了。他把全身力量都放在那塊沉重的大石頭上，只把眼光盯住躺在石頭下面的兵器。

我們看到這種處理方式非常自然眞實，都很欣喜。

歌德笑著說：「邁爾經常說，『但願思維不那麼艱難！』」歌德接著又說：「不幸的是，並不是一切思維都有助於思想；一個人必須生性正直，好思想才彷彿不招自來，就像天生的自由兒童站到我們面前，向我們喊：『我們在這裡呀。』」[18]

一八二四年二月二十五日（詩的形式可能影響內容：歌德的政治觀點）

今天歌德讓我看了他的兩首很值得注意的詩。它們在傾向上都是高度倫理性的，但是在一些個

---

18 這篇談話的前部分值得特別注意。歌德針對當時西方教育傳統提出一些根本性的改革，第一是學以致用，學習必須從實踐出發；其次是不應把課程「漫無邊際地鋪開」，不切合實際需要，應該專心致志地學一門，學一門就要把它學好。但是傳統勢力一向很頑強，隨著近代科學技術的發展，西方資產階級學校的課程不是精簡了，而是日益煩瑣了。歌德的勸告沒有人肯聽。

別的母題上卻不加掩飾地自然而眞實，一般人會把這種詩稱爲不道德的。因此他把這兩首詩保密，不想發表。

他說：「如果神智和高度教養能變成一種公有財產，詩人所演的角色就會很輕鬆，他就可以始終澈底眞實，不致害怕說出最好的心裡話。但是事實上他經常不免在一定程度上保持緘默，他要想到他的作品會落到各種各樣人的手裡，所以要當心過分的坦率會惹起多數老實人的反感。此外，時間是一個怪物，像一個有古怪脾氣的暴君，對人們的言行，在每個世紀裡都擺出一副不同的面孔。對古希臘人是允許說的話，對我們近代人就是不允許的、不適宜的。本世紀二十年代的英國人就忍受不了生氣蓬勃的莎士比亞時代英國人所能忍受的東西，所以在今天有必要發行一種家庭莎士比亞集[19]。」

我接著他的話說，形式也有很大關係。那兩首詩中，有一首是用古代語調和音律寫的，比起另一首就不那麼引起反感。其中一些個別的母題當然本身就易引起反感，但是全篇的處理方式卻顯得宏偉莊嚴，使我們感到彷彿回到古希臘英雄時代，在聽古代一個雄壯的人說話。至於另一首，卻是用阿里奧斯托[20]的語調和音律寫的，就隨便得多了。它敘述的是現代的一件事，用的是現代語言，赤裸裸地呈現在我們面前，一些個別的大膽處就驚人得多了。

歌德說：「你說得對，不同的詩的形式會產生奧妙的巨大效果。如果有人把我在羅馬寫的一

---

19 改編過的通俗本，刪去不合近代人胃口的部分。

20 阿里奧斯托（Ariosto），十五世紀義大利的大詩人，敘事詩《瘋狂奧蘭多》的作者。

些挽歌體詩的內容用拜倫在《唐璜》[21]裡所用的語調和音律翻譯出來，通體就必然顯得是靡靡之音了。」

法國報紙送進來了。法軍在昂顧勒姆公爵率領之下對西班牙進行的戰役已告結束，歌德對此很感興趣。他說：「我應該讚賞波旁王室走了這一步棋。因爲透過這一步棋，他們贏得了軍隊，從而保住了國王的寶座。這個目的現在算是達到了。那位戰士懷著對國王的忠貞回國了。從他自己的勝利以及從人數眾多的西班牙大軍的覆沒，他認識到服從一人和服從眾人之間的差別。這支法軍保持住了它的光榮傳統，表明了從此它本身就夠英勇，沒有拿破崙也能征服敵人。」

接著歌德的思路轉回到較早期的歷史，對三十年戰爭中的普魯士軍隊談得很多。在弗里德里希大帝[22]率領之下，那支軍隊接連不斷地打勝仗，因而嬌生慣養起來了，終於由於過度自信，打了許多敗仗。當時全部細節對歌德都如在目前，我對他那樣好的記憶力只有欽佩。

他接著說：「我出生的時代對我是個大便利。當時發生了一系列震撼世界的大事，我活得很長，看到這類大事一直在接二連三地發生。對於七年戰爭、美國脫離英國獨立、法國革命、整個拿破崙時代、拿破崙的覆滅以及後來的一些事件，我都是一個活著的見證人。因此我所得到的經驗教訓和看法，是凡是現在才出生的人都不可能得到的。他們只能從書本上學習上述那些世界大事，而

---

21 拜倫的《唐璜》是一部諷刺詩，它把流利的口語納入打諢的詩律中，寫得很生動。詳見第一七一—一七二頁正文和註八十。

22 弗里德里希大帝即弗里德里希二世（1712-1786），一七四〇至一七八六年的普魯士國王。

那些書又是他們無法懂得的。

「今後的歲月將會帶來什麼，我不能預言；但是我恐怕我們不會很快就看到安寧。這個世界上的人生來就是不知足的；大人物們不能不濫用權力，廣大群眾不能滿足於一種不太寬裕的生活狀況而靜待逐漸改進。如果能把人的本性變得十全十美，生活狀況也就會十全十美了。但是照現在這個樣子看，總會是搖來擺去，永無休止；一部分人吃苦而另一部分人享樂；自私和妒忌這兩個惡魔總會作怪，黨派鬥爭也不會有止境。

「最合理的辦法是每個人都推動他本行的事業，這一行是他生下來就要幹而且經過學習的，不要妨礙旁人做他們的分內事。讓鞋匠守著他的楦頭，農人守著他的犁頭。國王要懂得怎樣治理國家，這也是一行需要學習的事業，不懂這一行的人就不應該插手。」

歌德接著談到法國報紙說：「自由派可以發表言論，如果他們的話有理，我們願意聽聽。但是保皇派手掌行政大權，發表議論就不相宜，他們應該拿出來的是行動。他們可以動員軍隊前進，下令執行斬首刑和絞刑，這都是他們的分內事。但是在官方報紙上攻擊輿論而爲自己所採取的措施進行辯護，就不適合他們的身分。如果聽眾都是國王，掌行政大權的人們才可以參加議論。」

他接著談到他自己：「就我自己生平的事業和努力來說，我總是按照保皇派的方式行事。我讓旁人去嘀咕，自己卻幹自己認爲有益的事。我巡視了我的領域中的事，認清了我的目標。如果我一個人犯了錯誤，我還可以把它改正過來；如果我和三個或更多的人一起犯了錯誤，那就不可能糾正，因爲人多意見也就多了。」

⋯⋯⋯⋯

……

一八二四年二月二十六日（藝術鑑賞和創作經驗）

接著歌德用和藹的口吻向我說：「有一次我向演員伯考也發過這樣的脾氣。他拒絕扮演《華倫斯坦》中一個騎士，我就告訴他說，『如果你不肯演這個角色，我就自己去演。』這話生了效，因爲他們在劇院裡對我都很熟識，知道我在這類問題上不會開玩笑，知道我夠倔強，說了話就算數，會幹出最瘋狂的事來。」

我就問：「當時你當眞要去演那個角色嗎？」

他說：「對，我當眞要去演，而且會比伯考先生演得高明些，我對那個角色比他懂得透。」

接著我們就打開畫冊，來看其中一些銅版刻畫和素描。歌德在這個過程中對我很關心，我感覺到他的用意是要提高我的藝術鑑賞力。他在每一類畫中只指給我看完美的代表作，使我認識到作者的意圖和優點，學會按照最好的思想去想，引起最好的情感。他說：「這樣才能培養出我們所說的鑑賞力。鑑賞力不是靠觀賞中等作品而是要靠觀賞最好作品才能培育成的。所以我只讓你看最好的作品，等你在最好的作品中打下牢固的基礎，你就有了用來衡量其他作品的標準，估價不至於過高，而是恰如其分。我指給你看的是某一類畫中的最好作品，使你認識到每一類畫都不應輕視，只要有一個才能很高的人在這類畫中登峰造極，他的作品總是令人欣喜的。例如這幅法國畫家的作品是屬於『豔情』（galant）類的，在這一類畫中是一幅傑作。」

歌德把這幅畫遞給我，我看到很歡喜。畫的是消夏別墅中一間雅致的房子，門窗戶扇都向花園敞開著，可以看到其中有些很標緻的人物。有一位三十歲左右的婦人手裡捧著樂譜坐著，像是剛剛唱完歌。稍後一點，坐在她旁邊的是一個十五歲左右的姑娘。後窗臺邊站著另一位少婦，手裡拿著一管笛子，好像還在吹。這時一個少年男子正走進來，那幾位女子的眼光便一齊射到他身上。他好像打斷了樂歌，於是微微鞠躬表示道歉；那些少婦和顏悅色地聽著。

歌德說：「這幅畫在『豔情』意味上比得上卡爾德隆[23]的任何作品。這類作品中最優秀的代表作你已看到了。現在你看下面這一類畫怎樣？」

說這話時，他把著名的動物畫家羅斯[24]的一些版畫遞給我看。畫的全是羊，在各種情況中現出各種姿態。單調的面孔和醜陋蓬亂的毛，都畫得維妙維肖，和真的一樣。

歌德說：「我每逢看到這類動物，總感到有些害怕。看到牠們那種局促、呆笨、張著口像在做夢的樣子，我不免同情共鳴，害怕自己也變成一隻羊，並且深信畫家自己也變成過羊。羅斯彷彿滲透到這些動物的靈魂裡去，分享牠們的思想和情感了，所以能使牠們的精神性格透過外表皮毛而逼真地顯露出來，這無論如何都會使人驚贊的。由此可以看出一個才能高的藝術家能創造出多麼好的作品，如果他抓住和他本性相近的題材不放。」

我問他：「這位畫家是否也畫過貓、狗和虎狼，也一樣維妙維肖呢？如果他有本領能滲透到動物靈魂裡去，和動物一樣思想，一樣動情感，他能否以同樣的真實去處理人的性格呢？」

---

23 卡爾德隆（Calderon, 1600-1681），十七世紀西班牙最大的劇作家。

24 羅斯（I. H. Roos, 1631-1685），德國畫家。

歌德說：「不行，你說的那些題材都不屬於羅斯的領域，他只孜孜不倦地畫山羊、綿羊、牛之類馴良的吃草的動物。這些動物才屬於他的才能所能駕馭的範圍，他畢生都只在這方面下功夫。在這方面他畫得好！他對這類動物情況的同情是生來就有的，他生來就對這類動物的心理有認識，所以他對牠們的身體情況也別具慧眼。其他動物對他就不那麼通體透明，所以他就既沒有才能也沒有動機去畫牠們。」

聽到歌德這番話，我就回想起許多類似的情況，它們再度生動地浮現在我心眼前。例如他不久以前還向我說過，眞正的詩人生來就對世界有認識，無須有很多經驗和感性接觸就可以進行描繪。他說過：「我寫《葛茲．馮．伯利欣根》時才是個二十二歲的青年，十年之後，我對我的描繪眞實還感到驚訝。我顯然沒有見過或經歷過這部劇本的人物情節，所以我是透過一種預感（Antizipation）才認識到劇中豐富多彩的人物情境的。

「一般說來，我總是先對描繪我的內心世界感到喜悅，然後才認識到外在世界。但是到了我在實際生活中發現世界確實就像我原來所想像的，我就不免生厭，再沒有興致去描繪它了。我可以說，如果我要等到我認識了世界才去描繪它，我的描繪就會變成開玩笑了。」

另一次他還說過：「在每個人物性格中都有一種必然性，一種承續關係，和這個或那個基本性格特徵結合在一起，就出現某種次要特徵。這一點是感性接觸就足以令人認識到的，但是對於某些個別的人來說，這種認識可能是天生的。我不想追究在我自己身上經驗和天生的東西是否結合在一起。但是我知道這一點：如果我和一個人談過一刻鐘的話，我（在作品中）就能讓他說上兩個鐘頭。」

談到拜倫，歌德也說過，世界對於拜倫是通體透明的，他可以憑預感去描繪。我對此提出一種疑問：拜倫是否能描繪，比如說，一種低級動物，因爲我看他的個性太強烈了，不會樂意去體驗這種對象。歌德承認這一點，並且說，只有所寫對象和作者本人的性格有某些類似，預感才可以起作用。我們一致認爲預感的窄狹或寬廣是與描繪者的才能範圍大小成正比的。

我接著說：「如果您老人家說，對於詩人，世界是生成的，您指的當然只是內心世界，而不是經驗的現象世界；如果詩人也要成功地描繪出現象世界，他就必須深入研究實際生活吧？」

歌德回答說：「那當然，你說得對。……愛與恨，希望與絕望，或是你把心靈的情況和情緒叫做什麼其他名稱，這整個領域對於詩人是天生的，他可以成功地把它描繪出來。但是詩人不是生下來就知道法庭怎樣判案，議會怎樣工作，國王怎樣加冕。如果他要寫這類題材而不願違背眞相，他就必須向經驗或文化遺產請教。例如在寫《浮士德》時，我可以憑預感知道怎樣去描繪主角的悲觀厭世的陰暗心情和葛麗卿[25]的戀愛情緒，但是例如下面兩行詩：

缺月姍姍來，
淒然凝淚光。

---

25 葛麗卿是浮士德騙姦而終於遺棄的鄉村姑娘。下面所引的兩行詩見《浮士德》上卷〈巫婆之夜〉部分。這裡的引文與原詩略有出入。

就需要對自然界的觀察了。」

我說：「不過《浮士德》裡沒有哪一行詩不帶著仔細深入研究世界與生活的明確標誌，讀者也絲毫不懷疑那整部詩只是最豐富的經驗的結果。」

歌德回答說：「也許是那樣。不過我如果不先憑預感把世界放在內心裡，我就會視而不見，而一切研究和經驗都不過是徒勞無補了。我們周圍有光也有顏色，但是我們自己的眼裡如果沒有光和顏色，也就看不到外面的光和顏色了。」[26]

一八二四年二月二十八日（藝術家應認真研究對象，不應貪圖報酬臨時草草應差）

歌德說：「有些高明人不會臨時應差寫出膚淺的東西，他們的本性要求對他們要寫的題目安安靜靜地進行深入的研究。這種人往往使我們感到不耐煩，我們不能從他們手裡得到馬上就要用的東西。但是只有這條路才能導致登峰造極。」

---

26 歌德的「預感」說和他的從客觀現實出發的基本原則是互相矛盾的。如果說預感是一種「天生的」認識，那就是赤裸裸的先驗論。如果說預感要憑所寫對象和詩人自己的性格有某種類似，那就要進行一定程度的憑已知推未知的推理或類比推理。歌德在這個問題上似沒有想清楚。值得注意的是，愛克曼的疑問實際上就是駁斥。從這篇談話中也可以看出，愛克曼有時圍繞一個專題把多次談話結合一起。

我把話題轉到蘭貝格[27]。歌德說：「他當然完全是另一種藝術家，具有眞正的才能，他的臨時應差的本領沒有別人能比得上。有一次在德勒斯登，他叫我出個題目給他畫。我出的題目是阿伽門農從特洛伊回家，剛下車要跨進家門檻，心裡就感到彆扭。[28]你會承認，這是一個極難畫的題目。如果要另一位藝術家畫這個題目，他就會要求有深思熟慮的機會。但是我的話剛出口，蘭貝格就畫起來了，而且可以看出他馬上清楚地懂得了題目的要旨，這使我十分欽佩。我不否認，我很想得到蘭貝格的幾幅素描。」

我們又談到一些其他畫家。他們用很輕易膚淺的方式進行創作，以致落入俗套（Manier）。

歌德說：「俗套總是由於想把工作做完，對工作本身並沒有樂趣。一個有眞正大才能的人卻在工作過程中感到最高度的快樂。羅斯孜孜不倦地畫山羊和綿羊的毛髮，從他畫的無數細節中可以看出，他在工作過程中享受著最純眞的幸福，並不想到要把工作做完了事。

「才能較低的人對藝術本身並不感到樂趣；他們在工作中除掉完工後能賺多少報酬以外，什麼也不想。有了這種世俗的目標和傾向，就絕不能產生什麼偉大的作品。」

27 蘭貝格（Ramberg, 1763-1840），德國畫書籍插圖的畫家，愛克曼從他學過畫。

28 阿伽門農是希臘遠征特洛伊的統帥，他打了十年仗，回家後就遭到他的妻子及其姦夫的謀殺。

一八二四年三月三十日（體裁不同的戲劇應在不同的舞臺上演；思想深度的重要性）

今晚在歌德家裡，只有我和他在一起。我們東拉西扯地閒聊，喝了一瓶酒。我們談到法國戲劇和德國戲劇的對比。

歌德說：「在德國聽眾中很難見到在義大利和法國常見的那種純正的判斷。在德國特別對我們不利的是把性質不同的戲劇都亂放在一個舞臺上去演出。例如在同一個舞臺上，我們昨天看的是《哈姆雷特》，今天看的是《斯塔波爾》，明天我們欣賞的是《魔笛》，後天又是《新的幸運兒》。[29]這樣就在聽眾中造成判斷的混亂，把不倫不類的東西混在一起，就使聽眾不知怎樣去理解和欣賞。此外，聽眾中各有各的要求和願望，總是愛到經常得到滿足的地方去求滿足。今天在這棵樹上摘得無花果，明天再去摘，摘到的卻是黑刺莓，這就不免掃興了。愛吃黑刺莓的人會到荊棘叢中去找。

「席勒過去曾打過一個很好的主意，要建築一座專演悲劇的劇院，每週專爲男人們演一部劇本。但是這個辦法需要有很多的人口，我們這裡條件很差，辦不到這一點。」

接著我們談到伊夫蘭和科策布。就這兩人的劇本所用的體裁範圍來說，它們受到了歌德的高度

29 《哈姆雷特》是莎士比亞的著名悲劇。《斯塔波爾》全名是《斯塔波爾執掌帝國的政事》，是一八一九年在維也納上演的一部丑角戲。《魔笛》是奧地利大音樂家莫札特所譜的一部歌劇。《新的幸運兒》是德國劇作家繆洛（W. Müller, 1767-1833）的作品。所舉四種作品彼此懸殊很大。

讚賞。[30]歌德說：「正由於一般人不肯嚴格區分體裁種類的毛病，這些人的劇本往往受到不公平的譴責。我們還要等待很長的時間，才會再見到這樣有才能的通俗作家哩。」

……………

歌德接著談到普拉頓[31]的一些新劇本。他說：「從這些作品裡可以見出卡爾德隆的影響。它們寫得很俏皮，從某種意義來說，也很完整；但是它們缺乏一種特殊的重心，一種有分量的思想內容。它們不能在讀者心靈中激起一種深永的興趣，只是輕微地而且暫時地觸動一下心弦。它們像浮在水面的軟木塞，不產生任何印象，只輕飄飄地浮在水面。

「德國人所要求的是一定程度的嚴肅認眞，是思想的宏偉和情感的豐滿。正是由於這個緣故，席勒受到普遍的高度評價。我絕對不懷疑普拉頓的才能，但是也許由於藝術觀點錯誤，他的才能在這些劇本裡並沒有顯示出來，而顯示出來的是豐富的學識、聰明勁兒、驚人的巧智以及許多完善的藝術手腕；但這一切都還不夠，特別是對我們德國人來說。

「一般說來，作者個人的人格比他作爲藝術家的才能對聽眾要起更大的影響。拿破崙談到高乃依時說過，『假如他還活著，我要封他爲王！』——拿破崙並沒有讀過高乃依的作品。他倒是讀過

30 伊夫蘭（Iffland, 1759-1814）和科策布（Kotzebue, 1761-1819）是新起的通俗劇作家，他們反對歌德和席勒的古典主義，作品比較輕鬆俏皮。歌德對他們有好評，足見他的雅量。

31 普拉頓（Platen, 1796-1835）是當時新派詩人兼劇作家，但對歌德頗尊敬，同海涅打過筆墨官司。

拉辛的作品，卻沒有說要封他為王。[32]拉封丹[33]也受法國人的高度崇敬，但並不是因為他的詩的優點，而是因為他在作品中所表現的人格的偉大。」

……………

一八二四年四月十四日（德國愛好哲學思辨的詩人往往艱深晦澀；歌德的四類反對者；歌德和席勒的對比）

一點鐘左右，我陪歌德出去散步。我們談論了各種作家的風格。

歌德說：「總的說來，哲學思辨對德國人是有害的，這使他們的風格流於晦澀，不易了解，艱深惹人厭倦。他們愈醉心於某一哲學派別，也就愈寫得壞。但是從事實際生活、只顧實踐活動的德國人卻寫得最好。席勒每逢拋開哲學思辨時，他的風格是雄壯有力的。我正在忙著看席勒的一些極有意思的書信，看出了這一點。德國也有些有才能的婦女能寫出眞正頂好的風格，比許多著名的德

32 高乃依和拉辛都是十七世紀法國最大的悲劇作家，前者的特長在內容方面的愛國主義和英雄主義，後者的特長在詩藝方面的語言精練而高華。對這兩位法國新古典主義劇作家的藝術成就，歌德並不讚賞，談話中很少提到他們。

33 拉封丹是十七世紀法國詩人，以寓言詩著名。

國男作家還強。

「英國人照例寫得很好，他們是天生的演說家和講究實用的人，眼睛總是朝著現實的。

「法國人在風格上顯出法國人的一般性格。他們生性好社交，所以一向把聽眾牢記在心裡。他們力求明白清楚，以便說服讀者；力求饒有風趣，以便取悅讀者。

「總的來說，一個作家的風格是他的內心生活的準確標誌。所以一個人如果想寫出明白的風格，他首先就要心裡明白；如果想寫出雄偉的風格，他也首先就要有雄偉的人格。」

歌德接著談到一些反對他的敵手，說這種人總是源源不絕的。他說：「他們人數很多，不難分成幾類。第一類人是由於愚昧，他們不了解我，根本沒有懂得我就進行指責。這批爲數可觀的人在我生平經常惹人厭煩；可以原諒他們，因爲他們根本不認識自己所做的事有什麼意義。第二批人也很多，他們是由於妒忌。我透過才能所獲得的幸運和尊榮地位引起他們吃醋。他們破壞我的聲譽，很想把我搞垮。假如我窮困，他們就會停止攻擊了。還有很多人自己寫作不成功，就變成了我的對頭。這批人本來是些很有才能的人，因爲被我壓住，就不能寬容我。第四類反對我的人是有理由的。我既然是個人，也就有人的毛病和弱點，這在我的作品中不免要流露出來。不過我認眞促進自己的修養，孜孜不倦地努力提高自己的品格，不斷地在前進，有些毛病我早已改正了，可是他們還在指責。這些好人絕對傷害不到我，因爲我已遠走高飛了，他們還在那裡向我射擊。一般說來，一部作品既然脫稿了，我對它就不再操心，馬上就去考慮新的寫作計畫。

「此外還有一大批人反對我，是由於在思想方式和觀點上和我有分歧。人們常說，一棵樹上很難找到兩片葉子形狀完全一樣，一千個人之中也很難找到兩個人在思想情感上完全協調。我接受了這個前提，所以我感到驚訝的倒不是我有那麼多的敵人，而是我有那麼多的朋友和追隨者。我和整個時代是背道而馳的，因爲我們的時代全在主觀傾向籠罩之下，而我努力接近的卻是客觀世界。我的這種孤立地位對我是不利的。

「在這一點上，席勒比我占了很大的便宜。有一位好心好意的將軍曾明白地勸我學習席勒的寫作方式。我認識席勒的優點比這位將軍要清楚，就向他分析了一番。我仍然悄悄地走自己的老路，不去關心成敗，儘量不理會我的敵手們。」[34]

……………

一八二四年五月二日（談社交、繪畫、宗教與詩；歌德的黃昏思想）

歌德責怪我沒有去訪問這裡一個有聲望的人家。他說：「在這一冬裡，你本可以在那家度過許多愉快的夜晚，結識一些有趣的陌生人。不知由於什麼怪脾氣，你放棄了這一切。」

……………

我說：「我通常接觸社會，總是帶著我個人的愛好和憎恨以及一種愛和被愛的需要。我要找到

34 歌德意識到在標榜主觀主義的浪漫時代自己力圖從客觀現實出發所處的孤立地位；但是他沒有意識到，他並沒有擺脫他的時代的影響，他的作品大部分實際上都是自傳，就足以證明他畢竟是浪漫時代的產物。

生性和我融洽的人，可以和他結交，其餘的人和我無關。」

歌德回答說：「你這種自然傾向是反社會的。文化教養有什麼用，如果我們不願用它來克服我們的自然傾向？要求旁人都合我們的脾氣，那是很愚蠢的。我從來不幹這種蠢事。我把每個人都看作一個獨立的個人，可以讓我去研究和了解他的一切特點，此外我並不向他要求同情共鳴。這樣我才可以和任何人打交道，也只有這樣我才可以認識各種不同的性格，學會爲人處世之道。因爲一個人正是要跟那些和自己生性相反的人打交道，才能和他們相處，從而激發自己性格中一切不同的方面使其得到發展完成，很快就感到自己在每個方面都達到成熟。你也該這樣辦。你在這方面的能力比你自己所想像的要大，過分低估自己是毫無益處的，你必須投入廣大的世界裡，不管你是喜歡還是不喜歡它。」

我細心聽取了這番忠告，決定盡可能地照著辦。

傍晚時歌德邀我陪他乘馬車出去溜達一下。我們走的路穿過威瑪上區的山岡，可以眺望西邊的公園。樹已開花，白樺的葉子已長滿了，芳草如茵，夕陽的光輝照在上面。我們找到帶有畫意的樹叢，流連不捨。我們談到開滿白花的樹不宜入畫，因爲構不成一幅好圖畫，正如長滿葉子的白樺不宜擺在一幅畫的前景裡，因爲嫩葉和白樹幹不夠協調，沒有幾大片面積可以突出光與影的對比。歌德說：「呂斯德爾[35]從來不把長滿葉子的白樺擺在前景，他只畫沒有葉子的、光禿禿的而且折斷的

---

35 呂斯德爾（Ruysdael, 1628-1682），十七世紀荷蘭最大的風景畫家。

白樺樹幹。把這樣的樹幹擺在前景完全合式，它的光亮的形狀可以產生雄強的效果。」

接著我們隨便談了一些其他問題，然後又談到某些藝術家想把宗教變成藝術的錯誤傾向。對他們來說，藝術就應該是宗教。歌德說：「宗教對藝術的關係，和其他重大人生旨趣對藝術的關係一樣。宗教只應看作一種題材，和其他人生旨趣享有同等的權利。信教和不信教都不是我們用來掌握藝術作品的器官。掌握藝術作品需要完全另樣的力量和才能。藝術應該訴諸掌握藝術的器官，否則就達不到自己的目的，得不到它所特有的效果。一種宗教題材也可以成為很好的藝術題材，不過只限於能感動一般人的那一部分。因此，聖母與聖嬰是個很好的題材，可以百用不陳，百看不厭。」

這時我們已繞了樹林一圈，在從提夫爾特轉到回威瑪的路上，我們看到了落日。歌德沉思了一陣子，然後向我朗誦一句古詩：

西沉的永遠是這同一個太陽。[36]

接著就很高興地說：「到了七十五歲，人總不免偶爾想到死。不過我對此處之泰然，因為我深信人類精神是不朽的，它就像太陽，用肉眼來看，它像是落下去了，而實際上它永遠不落，永遠不停地在照耀著。」

---

36 據法譯者注：詩作者是公元五世紀住在埃及巴諾波里斯（Panopolis）的希臘詩人儂努斯（Nonnus）。

這時太陽在厄脫斯堡後面落下去了，我們感到樹林中的晚涼，就把車趕快一點馳向威瑪，停在歌德家門前。歌德邀我進去再坐一會兒，我就進去了。歌德特別和藹，興致特別高。他談得很多的是他關於顏色的學說以及他的頑固的論敵。他說他覺得自己對這門科學有所貢獻。

他說：「要在世界上劃出一個時代，要有兩個眾所周知的條件：第一要有一副好頭腦，其次要繼承一份巨大的遺產。拿破崙繼承了法國革命，弗里德里希大帝繼承了西里西亞戰爭[37]，路德繼承了教皇的黑暗，而我所分享到的遺產則是牛頓學說的錯誤。現在這一代人固然看不出我在這方面的貢獻，將來人會承認落到我手裡的並不是一份可憐的遺產。」……

一八二四年十一月九日（克洛普斯托克和赫德）

今晚在歌德家。我們談論到克洛普斯托克[38]和赫德[39]。我很高興聽他分析這兩位的主要優點。

---

37 西里西亞戰爭即三十年戰爭，對德國破壞很大。

38 克洛普斯托克（Klopstock, 1724-1803），比歌德老一輩的一位重要詩人，寫過一部宗教史詩《救世主》和一些愛國主義的頌體詩。

39 赫德（Herder, 1744-1803）是德國啟蒙運動的先驅，和萊辛齊名，他開創了蒐集民歌的風氣，推動了浪漫運動。主要著作《對人類史的一些看法》闡明了歷史發展的進化觀點和人本主義觀點。歌德在史特拉斯堡當大學生時就和赫德常來往，受他的影響很深。

歌德說：「如果沒有這些強大的先驅者，我國文學就不會像現在的樣子。他們出現時是走在時代前面的，他們彷彿不得不拖著時代跟他們走，但是現在時代已把他們拋到後面去了。這些一度很必要而且重要的人物現在已不再是有用的工具了。一個青年人如果在今天還想從克洛普斯托克和赫德吸取教養，就太落後了。」

我們談到克洛普斯托克的史詩《救世主》和一些頌體詩及其優點和缺點。我們一致認爲，他對觀察和掌握感性世界以及描繪人物性格方面都沒有什麼傾向和才能，所以他缺乏史詩體詩人、戲劇體詩人，甚至可以說一般詩人所必有的最本質性的東西。

歌德說：「我想起他的一首頌體詩描寫德國女詩神和英國女詩神賽跑。兩位姑娘互相賽跑時，甩開雙腿，踢起塵土飛揚，試想想這是怎樣一幅情景，就應該可以看出這位老好人眼睛並沒有盯住活的事物就來畫它，否則就不會出這種差錯。」

我問歌德在少年時代對克洛普斯托克的看法如何。

歌德說：「我懷著我所特有的虔誠尊敬他，把他看作長輩。我對他的作品只有敬重，不去進行思考或挑剔。我讓他的優良品質對我發生影響，此外我就走我自己的道路。」

回到赫德身上，我問歌德，他認爲赫德的著作哪一種最好。歌德回答說：「毫無疑問，《對人類史的一些看法》最好。他晚期向消極方面轉化，就不能令人愉快了。」

⋯⋯⋯⋯

一八二四年十一月二十四日（古希臘羅馬史；德國文學和法國文學的對比）

今晚在看戲前我去看了歌德，發現他很健康，興致很好。他問到來威瑪的一些英國青年。我告訴他說，我有意陪杜蘭先生讀普魯塔克[40]的德文譯本。這就把話題引到羅馬和希臘的歷史，歌德對此提出以下的看法：

「羅馬史對我們來說已不合時了。我們已變得很人道，對凱撒的戰功不能不起反感。希臘史也不能使我們感到樂趣。希臘人在抵禦外敵時固然偉大光榮，但是在諸城邦的分裂和永無休止的內戰中，這一幫希臘人對那一幫希臘人進行戰鬥，這卻是令人不能容忍的。此外，我們這個時代的全部歷史都是偉大的、有重要意義的。萊比錫戰役和滑鐵盧戰役的豐功偉績使馬拉松之類戰役黯然無光了。我們這個時代的一些英雄人物也不比古代的遜色，例如法國的一些元帥、德國的布呂歇爾和英國的威靈頓[41]都完全可以和古代那些英雄人物比美。」

話題轉到現代法國文學以及法國人對德國作品的日益增長的興趣。

歌德說：「法國人在開始研究和翻譯我們德國作家，倒是做得很對，因爲他們在形式和內容主題方面都很狹隘，沒有其他辦法，只能向外國借鑑。我們德國人受到指責的也許在不講究形式，但是在內容材料方面，我們比法國人強，科策布和伊夫蘭的劇本就有很豐富的內容主題，夠他們長期

40 普魯塔克（Plutarch），公元一世紀希臘史學家，寫過《希臘羅馬英雄傳》，是西方傳記文學的典範。

41 兩位打敗拿破崙的名將。

採用，用之不竭的。但是特別値得法國人歡迎的是我們的哲學理想性，因爲每種理想都可以服務於革命的目的。

「法國人有的是理解力和機智，但缺乏的是根基和虔敬。對法國人來說，凡是目前用得上的、對黨派有利的東西都彷彿是對的。因此，他們稱讚我們，並不是因爲承認我們的優點，而只是因爲用我們的觀點可以加強他們的黨派。」

接著談到我們德國文學以及對某些青年作家有害的東西。

歌德說：「大多數德國青年作家唯一的缺點，就在於他們的主觀世界裡既沒有什麼重要的東西，又不能到客觀世界裡去找材料。他們至多也只能找到合自己胃口、與主觀世界相契合的材料。至於對本身自在價值，也就是本來具有詩意的材料，也須契合主觀世界才被採用；如果它不契合主觀世界，那就用不著對它進行思考了。

「不過像以前說過的，只要我們有一些由深刻研究和生活情境培育起來的人物，至少就我們的青年抒情詩人來說，前途還是很光明的。」

一八二四年十二月三日（但丁像：勸愛克曼專心研究英國文學）

最近我接到邀約，要我替一種英國期刊按月就德國文壇上最近的作品寫些短評，條件很優厚，我有意接受這份邀約，但是想到把這件事先向歌德說一聲也許妥當些。

今晚我在上燈的時刻去看了歌德。窗簾已經放下來了，歌德坐在剛開過晚飯的桌子旁邊。桌上點著兩支燭，照到他自己的臉上，也照到擺在他面前的一座巨大的半身像。他正在觀賞這座雕像。他向我致友好的問候之後，就指著雕像給我看，問我：「這是誰？」我說：「是一位詩人，像是一位義大利人。」歌德說：「這就是但丁。頭部很美，雕得好，可是不完全令人歡喜。已經老了，腰彎了，面帶怒氣，皮肉鬆散下垂，彷彿是剛從地獄裡出來的。[42]我還有一枚但丁像章，是他還在世時刻的，在一切方面都比這座雕像美得多。」歌德就站起來拿像章給我看，「你看，鼻子多麼有魄力，上唇也很有魄力似地鼓起，下顎顯出使勁的樣子，和下頷骨配合得多麼好！至於這座半身雕像，在眼睛和額頭部分和像章上的也大致一樣，但在其餘一切部分就顯得較軟弱、較蒼老了。不過我也不是要責備這件新作品，它大體上還是很好的，值得讚賞的。」

接著歌德又問我近幾天來過得怎樣，想些什麼，做些什麼。我就告訴他我接到邀約，要我替一種英國期刊就最近的德國散文文學作品按月寫些短評，條件很優厚，我很有意接受這項任務。

歌德一直到現在都是和顏悅色的，聽到這番話馬上沉下臉來，讓我看出他的全部面容都顯出對我的意圖不贊成。

他說：「我倒希望你的朋友們不要侵擾你的安寧。他們爲什麼要你做超出正業而且違反你的自然傾向的事呢？我們有金幣、銀幣和紙幣，每一種都有它的價值和兌換率。但是要對每一種做出

---

42 但丁在《神曲》第一部裡遊了地獄。

正確的估價，就須弄清兌換率。在文學方面也是如此。對金銀幣你是會估價的，對紙幣你就不會估價，還不在行，你的評論就會不正確，就會把事情弄糟。如果你想正確，想讓每一種作品都擺在正確的地位，你必須拿它和一般德國文學擺在一起來衡量，這就要費不少工夫去研究。你必須回顧一下施萊格爾弟兄有什麼意圖和什麼成就，然後還要遍讀所有的德國新進作家，例如弗朗茲·霍恩、霍夫曼、克洛林[43]之流。這還不夠，還要每天看報紙，從晨報到晚報，以便馬上知道一切新出現的作品，這樣你就要糟蹋你的光陰。此外，你對於準備評論得比較透闢的書不能只匆匆瀏覽，還必須加以研究。你對這種工作能感到樂趣嗎？最後，如果你發現壞書眞壞，你還不能照實說出，否則就要冒和整個文壇交戰的風險。

「不能這樣辦，聽我的話，拒絕接受這項任務。這不是你的正業。你得隨時當心不要分散精力，要設法集中精力。三十年前我如果懂得這個道理，我的創作成就會完全不同。我和席勒在他主編的《時神》和《詩神年鑑》兩個刊物上破費了多少時間呀！現在我正在翻閱席勒和我的通信，一切往事都栩栩如在目前，我不能不追悔當時幹那些工作惹世人責罵，對自己沒有一點好處。有才能的人看到旁人做的事總是自信也能做，這其實不然，他總有一天會追悔浪費精力。你捲起頭髮，只能管一個夜晚，這對你有什麼好處？你不過是把一些捲髮紙放在頭髮裡，等到第二個夜晚，頭髮又

---

43 弗朗茲·霍恩（Franz Horn, 1781-1837），德國次要的詩人和文學史家。霍夫曼（Hoffmann, 1779-1822），消極浪漫主義和頹廢主義的代表。克洛林（Clauren, 1771-1854），感傷氣很濃的小說家。這三人都是歌德所鄙視的。

豎直了。」

他接著說：「你現在應該做的事是積累取之不盡的資本。你現在已開始學習英文和英國文學，你從這裡就可以獲得所需要的資本。堅持學習下去，利用你和幾位英國青年相熟識的好機會。你在少年時代沒有怎麼學習，所以你現在應該在像英國文學那樣卓越的文學中抓住一個牢固的據點。此外，我們德國文學大部分就是從英國文學來的！我們從哪裡得到了我們的小說和悲劇，還不是從戈德史密斯[44]、菲爾丁和莎士比亞那些英國作家得來的？就目前來說，德國哪裡去找出三個文壇泰斗可以和拜倫、摩爾[45]和華特·史考特並駕齊驅呢？所以我再說一遍，在英國文學中打下堅實基礎，把精力集中在有價值的東西上面，把一切對你沒有好處和對你不相宜的東西都拋開。」

我很高興，我引起歌德說出了這番話，心裡安定下來了，決心完全照他的話做下去。

這時傳達室報告密勒大臣來了。他和我們一起坐下。話題又回到擺在我們面前的那座但丁半身像以及他的生平和作品，特別提到但丁詩的艱晦。我們談到，連但丁的本國人也沒有讀懂他，所以外國人更不容易窺測到他的祕奧。歌德轉過來向我說：「你的懺悔神父趁這個機會絕對禁止你研究這位詩人。」

---

44 戈德史密斯（Goldsmith, 1730-1774），英國作家。他的小說《維克斐牧師傳》早已介紹到我國；他的詩〈荒村〉寫工業革命時代英國農村衰敗情況，在當時傳誦很廣。

45 摩爾（T. Moore, 1779-1852），愛爾蘭優秀詩人。

歌德接著又說：「他的詩難懂，主要應歸咎於韻的笨重。」[46]此外，歌德評論但丁，還是非常崇敬他的。我注意到他不滿意「才能」（Talent）這個詞，把但丁叫做一種「天性」[47]，指的彷彿是一種更周全、更富於預見性、更深更廣的品質。

46 《神曲》用的是「三韻格」，三行一組，下組的第一韻用上組的第二韻，即aba、bcb、cdc格。大部頭詩用這種韻律，確實有些呆板。

47 Natur，或譯「自然」。

一八二五年

一八二五年一月十日（談學習外語）

由於對英國人民極感興趣，歌德要我把幾個在威瑪的英國青年介紹給他。今天下午五點左右，他等候我陪同英國工程官員H先生來見他。前此我曾在歌德面前稱讚過這位H先生。我們準時到了，僕人把我們引進一間舒適溫暖的房子，歌德在午後和晚間照例住在這裡。桌上點著三支燭，他本人不在那裡，我們聽見他在隔壁沙龍裡說話的聲音。

H先生巡視了一番，除畫幅以外，還看到牆上掛著一張山區大地圖和一個裝滿文件袋的書櫥。我告訴他，袋裡裝的是許多出於名畫家之手的素描以及各種畫派傑作的雕版仿製品。這些是長壽的主人畢生逐漸收藏起來的，他經常取出來觀賞。

等了幾分鐘，歌德就來到我們身邊，向我們表示歡迎。他向H先生說：「我用德文和你談話，想來你不見怪，因為聽說你的德文已經學得很好了。」H先生說了幾句客氣話，歌德就請我們坐下。

H先生的風度一定給了歌德很好的印象，因為歌德今天在這位外賓面前所表現的慈祥和藹真是很美。他說：「你到我們這裡來學德文，做得很對。你在這裡不僅會很容易地、很快地學會德文，而且還會認識到德文基礎的一些要素，這就是我們的土地、氣候、生活方式、習俗、社交和政治制度，將來可以把這些認識帶回到英國去。」

H先生回答說：「現在英國對德文都很感興趣，而且日漸普遍起來了，家庭出身好的英國青年沒有一個不學德文。」

歌德很友好地插話說：「我們德國人在這方面比貴國要先進半個世紀哩。五十年來我一直在忙著學英國語文和文學，所以我對你們的作家以及貴國的生活和典章制度很熟悉。如果我到英國去，不會感到陌生。

「但是我已經說過，你們年輕人到我們這裡來學我們的語文是做得對的。因為不僅我們德國文學本身值得學習，而且不可否認，如果把德文學好，許多其他國家的語文就用不著學了。我說的不是法文，法文是一種社交語言，特別在旅遊中少不了它。每個人都懂法文。無論到哪一國去，只要懂得法文，它就可以代替一個很好的譯員。至於希臘文、拉丁文、義大利文和西班牙文，這些國家的優秀作品你都可以讀到很好的德文譯本。除非你有某種特殊需要，你用不著花時間和精力去學習這幾種語文。德國人按生性就恰如其分地重視一切外國東西，並且能適應外國的特點。這一點連同德文所具有的很大的靈活性，使得德文譯文對原文都很忠實而且完整。不可否認，靠一種很好的譯文一般可以學到很多的東西。弗里德里希大帝不懂拉丁文，可是他根據法文譯文讀西塞羅[1]，並不比我們根據原文閱讀來得差。」

接著話題轉到戲劇，歌德問H先生是否常去看戲。H先生回答說：「每晚都去看，發現看戲對了解德文大有幫助。」歌德說：「很可注意的是，聽覺和一般聽懂語言的能力比會說語言的能力要先走一步，所以人們往往很快就學會聽懂，可是不能把所懂得的都說出來。」H先生就說：「我每

1 西塞羅（Cicero），公元前一世紀羅馬的政治家和演說家。

天都發現這話是千眞萬確的。凡是我聽到和讀到的，我都懂得很清楚，我甚至能感覺到在德文中某句話的表達方式不正確。只是張口說話時就堵住了，不能正確地把想說的說出來。在宮廷裡隨便交談，在舞會上閒聊以及和婦女們說笑話之類場合，我還很行。但是每逢想用德文就某個較大的題目發表一點意見，說出一點獨特的顯出才智的話來，我就不行了，說不下去了。」歌德說：「你不必灰心，因爲要表達那類不尋常的意思，即使用本國語言也很難。」

歌德接著問H先生讀過哪些德國文學作品，他回答說：「我讀過《艾格蒙特》，很喜愛這部書，已反覆讀過三遍了。《托夸多・塔索》[2]也很使我感到樂趣。現在在讀《浮士德》，但是覺得有點難。」聽到這句話，歌德笑起來了。他說：「當然，我想我還不曾勸過你讀《浮士德》呀。那是一部怪書，超越了一切尋常的情感。不過你既然沒有問過我就自動去讀它，你也許會看出你怎樣能走過這一關。浮士德是個怪人，只有極少數人才會對他的內心生活感到同情共鳴。梅菲斯特[3]的性格也很難理解，由於他的暗諷態度，也由於他是廣闊人生經驗的生動的結果。不過你且注意看這裡有什麼光能照亮你。至於《塔索》，卻遠爲接近一般人情，它在形式上很鮮明，也較易於了解。」H先生說：「可是在德國，人們認爲《塔索》很難，我告訴人家我在讀《塔索》，他們總表示驚訝。」歌德說：「要讀《塔索》，主要的一條就是讀者已不是一個孩子，而是和上等社會有過交往的。一個青年，如果家庭出身好，常和上層社會中有教養的人來往，養成了一種才智和良好的

2 歌德的一個劇本。

3 梅菲斯特，即梅菲斯特費勒斯（Mephistopheles），是引誘浮士德的惡魔。

風度儀表，他就不會感到《塔索》難。」

話題轉到《艾格蒙特》時，歌德說：「我寫這部作品是在一七七五年，已是五十年前的事了。當時我力求忠於史實，想儘量眞實。十年之後，我在羅馬從報紙上看到，這部作品中所寫的關於荷蘭革命的一些情景已絲毫不差地再度出現了。我由此看出世界並沒有變，而我在《艾格蒙特》裡的描繪是有一些生命的。」

經過這些談話，看戲的時間已經到了，我們就站起來，歌德很和善地讓我們走了。

⋯⋯⋯⋯

一八二五年一月十八日（談母題；反對注詩牽強附會；回憶席勒）

⋯⋯⋯⋯

話題轉到一般女詩人，萊貝因大夫提到，在他看來，婦女們的詩才往往作爲一種精神方面的性慾而出現。歌德把眼睛盯住我，笑著說：「聽他說的，『精神方面的性慾』！大夫怎樣解釋這個道理？」大夫就說：「我不知道我是否正確地表達了我的意思，但是大致是這樣。一般說來，這些人在愛情上不如意，於是想在精神方面找到彌補。[4]如果她們及時地結了婚，生了兒女，她們就絕不

---

4 萊貝因（Rehbein，一八二五年卒）是威瑪御醫。他的看法頗近於後來變態心理學家佛洛伊德的「昇華說」。

會想到要作詩。」

歌德說：「我不想追究你這話在詩歌方面有多大正確性，但是就婦女在其他方面的才能來說，我倒是經常發現婦女一結婚，才能就完蛋了。我碰見過一些姑娘很會素描，但是一旦成了賢妻良母，要照管孩子，就不再拈起畫筆了。」

他興致勃勃地接著說，「不過我們的女詩人們盡可以一直寫下去，她們愛寫多少詩就寫多少詩，不過只希望我們男人們不要寫得像女人寫的一模一樣！這卻是我不喜歡的。人們只消看一看我們的一些期刊和小冊子，就可以看出一切都很軟弱而且日益軟弱！……」

……

我提起光看這些「母題」[5]就和讀詩本身一樣使我感到很生動，不再要求細節描繪了。

歌德說：「你這話完全正確，情況正是這樣。你由此可以看出母題多麼重要，這一點是人們所不理解的，是德國婦女們所夢想不到的。她們說『這首詩很美』時，指的只是情感、文辭和詩的格律。沒有人夢想到一篇詩的眞正的力量和作用全在情境，全在母題，而人們卻不考慮這一點。成千上萬的詩篇就是根據這種看法製造出來的，其中毫無母題，只靠情感和鏗鏘的詩句反映出一種存在。一般說來，半瓶醋的票友們，特別是婦女們，對詩的概念認識是非常薄弱的。他們往往設想只要學會了作詩的技巧，就算盡了詩的能事，而自己也就功成業就了；但是他們錯了。」

5 「母題」本是音樂術語，借用到文學裡，指的就是主題，歌德把它和「情境」看作同義詞。

里默爾老師[6]進來了。萊貝因告別了，里默爾老師就和我們坐在一起。話題又回到上述塞爾維亞愛情詩的一些母題。里默爾知道了我們在談什麼，就說按照上文歌德所列的母題[7]不僅可以作出詩來，而且一些德國詩人實際上已用過同樣的母題，儘管他們並不知道在塞爾維亞已經有人用過。他還舉了他自己寫的幾首詩爲例，我也想起在閱讀歌德作品過程中曾遇見過一些用這類母題的詩。

歌德說：「世界總是永遠一樣的，一些情境經常重現，這個民族和那個民族一樣過生活，講戀愛，動情感，那麼，某個詩人作詩爲什麼不能和另一個詩人一樣呢？生活的情境可以相同，爲什麼詩的情境就不可以相同呢？」

里默爾說：「正是這種生活和情感的類似才使我們能懂得其他民族的詩歌。如果不是這樣，我們讀起外國詩歌來，就會不知所云了。」

我接著說：「所以我總是覺得一些學問淵博的人太奇怪了，他們好像在設想，作詩不是從生活到詩，而是從書本到詩。他們老是說：詩人的這首詩的來歷在這裡，那首詩的來歷在那裡。舉例來說，如果他們發現莎士比亞的某些詩句在古人的作品中也曾見過，就說莎士比亞抄襲古人！莎士比亞作品裡有過這樣一個情境：人們看到一位美麗的姑娘，都慶賀稱她爲女兒的雙親和將要把她迎回家去當新娘的年輕男子。這種情境在荷馬史詩裡也見過，於是莎士比亞就必定是抄襲荷馬了！多麼

6 里默爾（Riemer, 1774-1845），在歌德家當家庭教師和私人祕書。

7 一位德國女詩人翻譯了一部塞爾維亞民歌，歌德寫評論時把其中的主題（即母題）列了一個表。

奇怪的事！[8]好像人們必須走那麼遠的路去找這類尋常事，而不是每天都親眼看到、親身感覺到而且親口說到這類事似的！」

歌德說：「你說得對，那確實頂可笑。」

我說：「拜倫把你的《浮士德》拆成碎片，認爲你從某處得來某一碎片，從另一處得來另一碎片，這種做法也不比上面說的高明。」

歌德說：「拜倫所引的那些妙文大部分都是我沒有讀過的，更不用說我在寫《浮士德》時不曾想到它們。拜倫作爲一個詩人是偉大的，但是他在運用思考時卻是一個孩子。所以他碰到他本國人對他進行類似的無理攻擊時就不知如何應付。他本來應該向他的論敵們表示得更強硬些，應該說：『我的作品中的東西都是我自己的，至於我的根據是書本還是生活，那都是一樣，關鍵在於我是否運用得恰當！』華特．史考特援用過我的《艾格蒙特》中一個場面，他有權利這樣做，而且他運用得很好，値得稱讚。他在一部小說裡還模仿過我寫的蜜娘[9]的性格，至於是否運用得一樣高明，那卻是另一問題。拜倫所寫的惡魔的變形[10]，也是我寫的梅菲斯特的續編，運用得也很正確。如果他

8 這也是我國過去的注詩家們的惡習，認爲好詩「無一字無來歷」，於是就穿鑿附會起來，說某個詞句來源於古代某些大家的詩。李善注《昭明文選》就已如此。

9 蜜娘一譯迷娘，歌德的小說《威廉．麥斯特》中的人物，她是一個義大利少女，被強盜劫到德國，威廉．麥斯特救了她，她感謝他，愛上了他，向他唱了三首緬懷故鄉的歌，這些短歌很著名。

10 指的似是拜倫未完成的劇本《殘廢人的變形》，其主角是個奇醜的駝背，被惡魔變形爲希臘英雄阿喀琉斯。

憑獨創的幻想要偏離藍本，就一定弄得很糟。我的梅菲斯特也唱了莎士比亞的一首歌。他為什麼不應該唱？如果莎士比亞的歌很切題，說了應該說的話，我為什麼要費力來另作一首呢？我的《浮士德》的序曲也有些像《舊約》中的《約伯記》，這也是很恰當的，我應該由此得到的是讚揚而不是譴責。」

歌德的興致很好，叫人拿一瓶酒來，斟給里默爾和我喝，他自己卻只喝馬里安溫泉的礦泉水。他像是預定今晚和里默爾校閱他的自傳續編的手稿，用意也許是在表達方式上做些零星修改。他說：「愛克曼最好留在我們身邊聽一聽。」我很樂意聽從這個吩咐。歌德於是把手稿擺在里默爾面前。里默爾就朗讀起來，從一七九五年開始。

今年夏天，我已有幸反覆閱讀過而且思考過這部自傳中未出版的、一直到最近的部分。[11]現在當著歌德的面來聽人朗讀這部分，給了我一種新的樂趣。里默爾在朗讀中特別注意表達方式，我有機會驚贊他的高度靈巧和詞句的豐富流暢。但是在歌德方面，所寫的這個時期的生活又湧現到他心眼裡，他在縱情回憶，想到某人某事，就用詳細的口述來填補手稿的遺漏。這個夜晚真令人開心！歌德談到了當時一些傑出的人物，但是反覆談到的是席勒，從一七九五年到一八〇〇年（席勒死於一八〇五年，他和歌德結交是從一七九四年開始的）這段時期，他和席勒交遊最密。他們兩人的共同事業是戲劇，而歌德最好的作品也是在這段時期寫成的。《威廉·麥斯特》脫稿了，《赫爾曼與

11 即《詩與真》續編。

竇綠苔》也接著構思好和寫完了。切里尼的《自傳》[12]替席勒主編的刊物《時神》翻譯出來了，歌德和席勒合寫的《諷刺短詩集》也已由席勒主編的《詩神年鑑》發表。這兩位詩人每天都少不了接觸。這一切都在這一晚上談到，歌德總有機會說出最有趣的話來。

在他的作品之中歌德還提到：「《赫爾曼與竇綠苔》在我的長詩之中是我至今還感到滿意的唯一的一部，每次讀它都不能不引起親切的同情共鳴。我特別喜愛這部詩的拉丁文譯本，我覺得它顯得更高尙，彷彿回到了這種詩的原始形式[13]。」

他也多次談到《威廉．麥斯特》。他說：「席勒責備我摻雜了一些對小說不相宜的悲劇因素。不過我們都知道，他說得不對。在他寫給我的一些信裡，他就《威廉．麥斯特》說過一些最重要的看法和意見。此外，這是一部最不易估計的作品，連我自己也很難說有一個打開祕奧的鑰匙。人們在尋找它的中心點，這是難事，而且往往導致錯誤。我倒是認爲把一種豐富多彩的生活展現在眼前，這本身就有些價值，用不著有什麼明確說出的傾向，傾向畢竟是訴諸概念的。[14]不過人們如果堅持要有這種東西，他們可以抓住書的結尾處弗列德里克向書中主角說的那段話。他的話

---

12 切里尼（B. Cellini, 1500-1571），義大利的金匠和雕刻家。他的《自傳》描述十六世紀羅馬和巴黎的生活，寫得很生動，是傳記文學中一部傑作。

13 指原始牧歌和田園詩的形式。

14 歌德所說的「傾向」指抽象的主旨，不限於政治傾向。依他看，宣揚「天意」也是一種傾向。他認爲《威廉．麥斯特》的傾向就是尋羊得到王位那個故事所暗示的「天意」。

是這樣：『我看你很像基士的兒子掃羅。基士派他出去尋找他父親的一些驢子，卻找到了一個王國。』[15]只須抓住這段話，因爲事實上全書所說的不過一句話，人儘管做了些蠢事，犯了些錯誤，由於有一隻高高在上的手給他指引道路，終於達到幸福的目標。」

接著談到近五十年來普及於德國中等階層的高度文化，歌德把這種情況歸功於萊辛[16]的較少，歸功於赫德和維蘭[17]的較多。他說：「萊辛的理解力最高，只有和他一樣偉大的人才可以眞正學習他，對於中材，他是危險的人物。」他提到一個報刊界人物，此人的教養是按照萊辛的方式形成的，在上世紀末也扮演過一種角色，可是扮演的是個很不光彩的角色，因爲他比他的偉大的前輩差得太多了。

歌德還說：「整個上區德國的文風都要歸功於維蘭，上區德國從維蘭學到很多東西，其中表達妥帖的能力並不是最不重要的。」

……

歌德對席勒的回憶非常活躍，這一晚後半部分就專談席勒。

里默爾談到席勒的外表說：「他的四肢構造、在街上走路的步伐乃至每一個舉動都顯得很高

---

15 見《舊約．撒母耳記》第九至第十章，掃羅在尋羊途中遇見先知撒母耳，得到他的寵愛，在抽籤中被立爲以色列國王。

16 萊辛（Lessing, 1729-1781），德國啟蒙運動的先驅。

17 維蘭（Wieland, 1733-1813），比歌德稍老的德國小說家，也在威瑪宮廷中做過官。

傲，只有一雙眼睛是柔和的。」

歌德說：「是那樣，他身上一切都是高傲莊嚴的，只有一雙眼睛是柔和的。他的才能也正像他的體格。他大膽地抓住一個題目，把它翻來覆去地看，想盡辦法來處理它。但是他彷彿只從外表來看對象，並不擅長於平心靜氣地發展內在方面。他的才能是散漫隨意的。所以他老是決定不下，沒完沒了。他經常臨預演前還要把劇中某個角色更動一下。

「因爲他進行工作一般很大膽，就不大注意動機伏脈（Motivieren）。我還記得爲了《威廉·泰爾》[18]我和他的爭論。他要讓格斯勒突然從樹上摘下一個蘋果，擺在泰爾的孩子頭上，叫泰爾用箭把蘋果從孩子頭上射下來。這完全不合我的天性，我力勸他至少要爲這種野蠻行動布置一點動機伏脈，先讓泰爾的孩子向格斯勒誇他父親射藝精巧，說他能從一百步以外把一個蘋果從樹上射下來。席勒先是不聽，但是我提出我的論據和忠告，他終於照我的意見改過來了。至於我自己卻過分地注意動機伏脈，以致我的劇本不合舞臺的要求。例如我的《幽簡尼》[19]只是一連串的動機伏脈，這在舞臺上是不能成功的。

「席勒的才能生來就適合於舞臺。每寫成一部劇本，他就前進一步，就更完善些。但是有一點頗奇怪，自從他寫了《強盜》以後，他一直丟不掉對恐怖情景的愛好，就連到了他最成熟的時期也還是如此。我還記得很清楚，在我寫《艾格蒙特》的監獄一場中向主角宣讀死刑判決書時，他硬勸

18 《威廉·泰爾》，席勒最後一部劇本，一八〇四年出版。

19 即歌德的劇本《私生女》中的女主角。

我讓阿爾法戴著假面具，蒙上一件外衣，出現在背景上瞧著死刑判決對艾格蒙特的效果來開心。[20]如果這樣寫，就會使阿爾法顯得報仇雪恨，殘酷無厭了。不過我反對這樣寫，沒有讓這種幽靈出現。席勒這個偉大人物眞有點奇怪。

「每個星期他都更完善了；每次我再見到他，都覺得他的學識和判斷力已前進了一步。他給我的一些書信是我所保存的最珍貴的紀念品，在他所寫的作品中也是最高明的。我把他給我的最後一封信當作我的寶庫中一件神聖遺跡珍藏起來。」他站起來把這封信取出遞給我說：「你看一看，讀一讀吧。」

這封信確實很美，字體很雄壯。內容是他對歌德的《拉摩的侄兒》評注[21]的看法，這些評注介紹了當時的法國文字。歌德把手稿交給席勒看過。我把這封信向里默爾朗讀了一遍。歌德說：「你看，他的判斷多麼妥帖融貫，字體也絲毫不露衰弱的痕跡。他眞是一個頂好的人，長辭人世時還是精力充沛。信上寫的日期是一八〇五年四月二十四日，席勒是當年五月九日去世的。」

我們輪流看了這封信，都欣賞其中表達的明白和書法的美妙。歌德還以摯愛的心情說了一些回憶席勒的話，時間已近十一點鐘，我們就離開了。

20 阿爾法公爵原是對艾格蒙特判死刑的人。判決書是由另一個人向艾格蒙特宣讀的。席勒勸歌德加上阿爾法僞裝起來藏在艾格蒙特的臥室裡，偷看艾格蒙特聽到死刑判決時有什麼表情。歌德沒有聽從。

21 《拉摩的侄兒》是法國啟蒙運動領袖之一狄德羅的一部小說，歌德曾把它譯成德文，並加了評注。歌德還譯過狄德羅關於畫藝、演劇等的文藝理論著作。

一八二五年二月二十四日（歌德對拜倫的評價）

歌德今晚說：「如果我現在還擔任威瑪劇院的監督，我就要把拜倫的《威尼斯的行政長官》[22]拿出來上演。這部劇本當然太長，需要縮短，但是不能砍掉其中任何內容，而是要保留每一場的內容，把它表達得更簡練些。這樣就會使劇本較爲緊湊，不致因改動而受到損害。效果會因此更強烈，而原來的各種美點也基本上沒有喪失。」

歌德這番話使我認識到在上演成百部其他類似的劇本時應該怎麼辦，我非常喜歡這番箴言，因爲它來自有高明頭腦而且懂得本行事業的詩人。

接著我們繼續談論拜倫。我提起拜倫在和麥德文[23]談話中曾說過，爲劇院寫作是一件最費力不討好的事。歌德說：「這要看詩人是不是懂得投合觀眾鑑賞力和興味的趨向。如果詩人才能的趨向和觀眾的趨向合拍，那就萬事俱備了。侯瓦爾德[24]用他的劇本《肖像》投合了這個趨向，所以博得普遍的讚揚。拜倫也許沒有這樣幸運，因爲他的趨向背離了群眾的趨向。在這個問題上，人們並不管詩人有多麼偉大。倒是一個只比一般觀眾稍稍突出的詩人最能博得一般觀眾的歡心。」

我們仍繼續談論拜倫，歌德很驚贊拜倫的非凡才能。他說：「依我看，在我所說的創造才能方

---

22 拜倫的劇本大半是他旅居義大利時用義大利題材寫的，這部劇本在他的作品中並不重要。

23 麥德文（T. Medwin, 1788-1869）在一八二四年出版過《和拜倫的談話》。

24 侯瓦爾德（Houwald, 1778-1845），德國一位不重要的劇作家，《肖像》是他的一部悲劇。

面，世間還沒有人比拜倫更卓越。他解開戲劇糾紛（Knoten）的方式總是出人意料，比人們所能想到的更高明。」

我接著說：「我看莎士比亞也是如此，特別在寫法斯塔夫[25]時。我看到法斯塔夫誆騙陷入困境時，不免自問怎樣才能使他脫身，莎士比亞的解決辦法總是遠遠超出我的意外。你說拜倫也有這樣本領，這對他就是極高的讚揚了。」我又補充了一句，「詩人站得高，俯瞰情節發展的始終，一切都看得很清楚，比視野狹窄的讀者總是處在遠爲便利的地位。」

歌德贊成我的話；想到拜倫，他笑了一聲，因爲拜倫在生活中從來不妥協，不顧什麼法律，卻終於服從最愚蠢的法律，即「三整一」律[26]。他說：「拜倫和一般人一樣不大懂三整一律的根由。根由在便於理解（Fassliche），三整一律只有在便於理解時才是好的。如果三整一律妨礙理解，還是把它作爲法律服從，那就不可理解了。就連三整一律所自出的希臘人也不總是服從它的。例如尤里比底斯的《菲通》以及其他劇本裡的地點都更換過。由此可見，對於希臘人來說，描繪對象本

25 法斯塔夫是莎士比亞幾部歷史劇中的著名丑角。

26 「Gesetz der drei Einheiten」。西方劇藝中的「三整一律」，指的是一部劇本中要有一個完整的動作情節（事），始終在一段完整的時間裡（例如二十四小時）在同一地點（例如同一城市）發生，據說這是亞里士多德在《詩學》裡總結出的規律。十七世紀法國新古典主義劇作家嚴守這個規律，浪漫派劇作家多半根據莎士比亞的範例反對它。過去多譯爲「三一律」，但 Einheiten 不只指「一」，而且還有「完整」的意思，從字面上看，也可能誤解爲三種「一律」。

身比起盲從一種沒有多大意義的法律更為重要。莎士比亞的劇本都盡可能地遠離時間和地點的整一；但是它們卻易於理解，沒有什麼劇本比它們更易於理解了，因此，希臘人也不會指責它們。法國詩人卻力圖極嚴格地遵守三整一律，但是違反了便於理解的原則，他們解決戲劇規律的困難，不是透過戲劇表演而是透過追述[27]。」

……

歌德繼續談論拜倫說：「拜倫透過遵守三整一律來約束自己，對於他那種放蕩不羈的性格來說，倒是很適宜的。假如他懂得怎樣接受道德方面的約束，那多好！他不懂得這一層，這就是致他死命的原因。可以很恰當地說，毀滅拜倫的是他自己的放蕩不羈的性格。

「拜倫太無自知之明了。他逞一時的狂熱，既認識不到，也不去想一想他在幹什麼。他總是責己過寬而責人過嚴，這就會惹人恨，致他於死命。一開始，他發表了〈英倫的詩人們和蘇格蘭的評論家們〉[28]，就得罪了當時文壇上一些最傑出的人物。此後為著活下去，他必須退讓一步。可是在以後的一些作品裡，他仍舊走反抗和尋釁的道路。他沒有放過教會和政府，對它們都進行攻擊。這種不顧後果的行動迫使他離開了英國，長此下去，還會迫使他離開歐洲哩。什麼地方他都嫌太逼窄，他本來享有完全的人身自由，可是他自覺是關在監牢裡，在他看，整個世界就是一個監牢。他

27 不是在同一時間和同一地點發生的情節不在舞臺上表演，而由人物口述。

28 拜倫的一部早年作品被蘇格蘭批評家們指責得體無完膚，於是他在《愛丁堡評論》發表這篇辛辣的諷刺文，反擊他的批評者。

跑到希臘，並非出於自願的決定，是他對世界的誤解把他驅逐到希臘的。[29]

「和傳統的愛國的東西決裂，這不僅導致了他這樣一個優秀人物的毀滅，而且他的革命意識以及與此結合在一起的經常激動的心情也不允許他的才能得到恰當的發展，他一貫的反抗和挑剔對他的優秀作品也是最有害的。因爲不僅詩人的不滿情緒感染到讀者，而且一切反抗都導致否定[30]，而否定止於空無。我如果把壞的東西稱作壞的，那有什麼益處？但是我如果把好的東西稱作壞，那就有很大的害處。誰要想做好事就不應該譴責人，就不去爲做壞了的事傷心，只去永遠做好事。因爲關鍵不在於破壞而在於建設，建設才使人類享受純眞的幸福。」[31]

這番話頂好，使我精神振奮起來，我很高興聽到這種珍貴的箴言。

歌德接著說：「要把拜倫作爲一個人來看，又要把他作爲一個英國人來看，又要把他作爲一個有卓越才能的人來看。他的好品質主要是屬於人的，他的壞品質是屬於英國人和一個英國上議院的議員的，至於他的才能，則是無可比擬的。

「凡是英國人，單作爲英國人來說，都不擅長眞正的熟思反省。分心事務和黨派精神使他們得不到安安靜靜的修養。但是作爲實踐的人，他們是偉大的。

29 歌德所理解的自由和拜倫所理解的顯然不是一回事。在政治方面拜倫當然遠比歌德進步，他到希臘是參加希臘的解放戰爭。歌德希望拜倫也像他自己一樣做個安分守己的庸俗市民，這實在很可笑！

30 消極。

31 這種只立不破的看法是反辯證、反改革的。

「因此，拜倫從來不會反省自己，所以他的感想一般是不成功的。例如他所說的『要大量金錢，不要權威』那句信條就是例證，因爲大量金錢總是要使權威癱瘓的。

「但是他在創作方面總是成功的。說實話，就他來說，靈感代替了思考。他被迫似的老是不停地作詩，凡是來自他這個人，特別是來自他的心靈的那些詩都是卓越的。他作詩就像女人生孩子，她們用不著思想，也不知怎樣就生下來了。

「他是一個天生的有大才能的人。我沒有見過任何人比拜倫具有更大的眞正的詩才。在掌握外在事物和洞察過去情境方面，他可以比得上莎士比亞。不過單作爲一個人來看，莎士比亞卻比拜倫高明。拜倫自己明白這一點，所以他不大談論莎士比亞，儘管他對莎士比亞的作品能整段整段地背誦。他會寧願把莎士比亞完全拋開，因爲莎士比亞的爽朗心情對拜倫是個攔路虎，他覺得跨不過去。但是他並不拋開波普[32]，因爲他覺得波普沒有什麼可怕的。他一遇到機會就向波普表示敬意，因爲他知道得很清楚，波普對他不過是一種配角。」

歌德對拜倫似乎有說不完的話，我也聽不厭。說了一些旁的話以後，他又繼續說：

「處在英國上議院議員這樣高的地位，對拜倫是很不利的；因爲凡是有才能的人總會受到外在世界的壓迫，特別是像他那樣出身地位高而家產又很富的人。對於有才能的人，中等階層的地位遠爲有利，所以我們看到凡是大藝術家和大詩人都屬於中產階層。拜倫那種放蕩不羈的傾向如果出現

32 波普（Pope, 1688-1744）是十八世紀英國新古典主義派詩人，對詩律和詞彙的駕馭頗輕巧，且長於諷刺，對拜倫有影響，儘管在流派上兩人是對立的。

在一個出身較微、家產較薄的人身上，就遠沒有在他身上那樣危險。他的境遇使他有力量把每個幻想付諸實施，這就使他陷入數不盡的糾紛。此外，像他那樣地位高的人能對誰起敬畏之心呢？他想到什麼就說什麼，這就使他和世人發生了解決不完的衝突。」

歌德接著說：「看到一個地位高、家產富的英國人竟花去一生中大部分光陰去幹私奔和私鬥，眞使人驚訝。拜倫親口說過，他的父親先後和三個女人私奔過。他這個兒子只和一個女人私奔過一次，比起父親來還算有理性了。

「拜倫不能過寂寞生活，所以他儘管有許多怪脾氣，對和他交遊的人卻極其寬容。有一晚他在朗誦他弔唁慕爾將軍[33]的一首好詩，而他的貴友們聽了卻不知所云。他並沒有生氣，只把詩稿放回到口袋裡。作爲詩人，他顯得和綿羊一樣柔順，別的詩人會叫那班貴友見鬼去。」

一八二五年三月二十二日（威瑪劇院失火；歌德談他如何培養演員）

昨夜十二點鐘後不久，我們被火警驚醒了。人們大聲喊：「劇院失火啦！」我馬上穿衣，趕忙跑到失火地點。一片巨大的普遍的驚慌。幾點鐘之前，我們還在那裡欣賞女演員拉羅西在康保蘭[34]

33 英譯作 Sir John Moore，他在一八〇九年一場戰役中大敗法軍，而自己也中彈身死。

34 康保蘭（R. Cumberland），英國十八世紀劇作家，他的諷刺劇頗受歌德讚賞。

的《猶太人》一劇中所做的精彩表演，男演員賽伊德爾的滑稽詼諧也引起哄堂大笑。可是就在這個不久前還給我們精神享受的地方，最可怕的毀滅性元素卻在猖獗肆虐了。

……

我回家休息了一忽兒，上午就跑去看歌德。

僕人告訴我，歌德感到不舒服，在床上躺著。不過歌德還是把我召到他身邊，把手伸給我握。他說：「這對我們都是損失，可是有什麼辦法呢？我的小孫子沃爾夫一大早就來到我床邊，握住我的手，睜著大眼盯住我說：『人的遭遇就是這樣呀！』除掉我親愛的小沃爾夫用來安慰我的這句話以外，還有什麼可說的呢？我苦心經營差不多三十年之久的這座劇院，現在化為灰燼了。不過小沃爾夫說得對：『人的遭遇就是這樣呀。』夜裡我沒有怎麼睡覺，從窗孔裡望見煙火不斷地飛向天空。你可以想像到，我對過去歲月的許多回憶都浮上心頭，想起我和席勒的多年努力，想起我愛護的許多學徒的入院和成長，想到這一切，我的心情不免有些激動。因此，我想今天最好還是躺在床上。」

我稱讚他想得周到。不過看來他好像毫不衰弱或困倦，心情還是很舒暢和悅的。我看躺在床上是他經常用來應付非常事故的一種老策略，例如他害怕來訪者太擁擠的時候，也總是躺在床上。

歌德叫我在床前的椅子上坐下待一忽兒。他對我說：「我想念到你，為你感到惋惜，現在還有什麼可以供你消遣夜晚的時間呢！」

我回答說：「您知道我多麼熱愛戲劇。兩年前我初到此地時，我對戲劇毫無所知，只在漢諾威看過三四次戲。剛來時什麼對我都是新鮮的，無論是演員還是劇本。從那時以來，聽您的教導，我把全副精神都放在接受戲劇的印象上，沒有在這上面用過多少思考或反省。說實話，這兩個冬天我在劇院裡度過了我生平一些最無害也最愉快的時光。我對劇院著迷到不僅每場不漏，而且得到許可參觀排練。這還不夠，白天路過劇院，碰巧看到大門開著時，我就走進去，在正廳後座的空位置上坐上半個鐘頭，想像某些可能上演的場面。」

歌德笑著說：「你簡直是個瘋子，不過我很喜歡你這樣。老天爺，但願所有的觀眾都是這樣的孩子們！——你基本上是對的，一個夠年輕的人只要沒有嬌慣壞，很難找到一個比劇院更適合他的地方了。人們對你沒有任何要求，你不願意開口說話就不必開口說話；你像個國王，安閒自在地坐在那裡，讓一切在你眼前掠過，讓心靈和感官都獲得享受，心滿意足。那裡有的是詩，是繪畫，是歌唱和音樂，是表演藝術，而且還不止這些哩！這些藝術和青年美貌的魔力都集中在一個夜晚，高度協調合作來發揮效力，這就是一餐無與倫比的盛筵呀！即使當中有好的也有壞的，但是總比站在視窗呆望，或是坐在一間煙霧彌漫的房子裡和幾個親友打牌要強得多。威瑪劇院還是不可小視的，這是你知道的。它總還是我們的極盛時代留下來的一個老班底，又加上一批新培養出來的人才。我們總還可以上演些足以欣賞的東西，至少是形象完整的東西。」

我插嘴說：「二三十年前我要是躬逢其盛，那多好！」

歌德回答說：「那確實是個興盛時期。當時有些重大的便利條件幫助了我們。試想一下，當時令人厭倦的法國文藝趣味風行時期才剛過去不久；德國觀眾還沒有讓過分的激情教壞；莎士比亞正以他的早晨的新鮮光輝在德國發生影響；莫札特的歌劇剛出世；席勒的一些劇本一年接著一年地創作出來，由他親自指導，讓這些劇本以旭日的光輝在威瑪劇院上演。試想一下這一切，你就可以想像到當時老老少少所享受的就是這種盛筵，而當時聽眾是懷著感激的心情對待劇院的。」

我接著說：「親身經歷過那個時代的老一輩子，總是經常向我讚揚威瑪劇院當時的崇高地位。」

歌德回答說：「我不想否認，劇院當時的情況確實不壞。不過關鍵在於當時大公爵讓我完全自由處理劇院的事，我愛怎樣辦就怎樣辦。我不要求布景堂皇，也不要求服裝鮮豔，我只要求劇本一定要好。從悲劇到鬧劇，不管哪個類型都行，不過一部劇本總要有使人喜見樂聞的東西。它必須宏偉妥帖，爽朗優美，至少是健康的、含有某種內核的。凡是病態的、萎靡的、哭哭啼啼的、賣弄感情的以及陰森恐怖的、傷風敗俗的劇本，都一概排除。我擔心這類東西毒害演員和觀眾。

「我透過劇本來提高演員。因爲研究和不斷運用卓越的劇本必然會把一個人訓練成材，只要他不是天生的廢品。我還和演員們經常接觸。我親自指導初步排練，力求每個角色顯出每個角色的意義。主要的排練我也親自到場，和演員們討論如何改進。每次上演我都不缺席，下一次就把我認爲不對的地方指出來。

「用這種辦法，我使演員們在表演藝術方面精益求精。但是我還設法提高整個演員階層在社會評價中的地位，把最好的、最有希望的演員們納入我的社交圈子，讓世人看出我把他們看作配得上和我自己交朋友。結果其他威瑪上層人士也不甘落後，不久男女演員們就光榮地被接納到最好的社交圈子裡去了。透過這一切，演員們在精神上和外表上的教養都大大提高了……

「席勒本著和我一樣的認識進行工作。他和男女演員也有頻繁的交往。他和我一樣出席所有的排練，在他的劇本上演成功之後，他總是邀請他們到他家裡去，和他們一起過一個快活的日子，共同歡慶成功的地方，並且討論下次如何改進。但是席勒初參加我們這個集體時，就發現這裡的演員和觀眾都已受過高度的教育。不可否認，這對他的劇本上演迅速獲得成功是大有幫助的。」

我很高興聽到這樣詳細地談及這個題目，我一向對這個題目很感興趣，由於昨夜的火災，首先浮上心頭的也是這個題目。

我向他說：「您和席勒多年來對威瑪劇院做過許多很好的貢獻，昨夜的火災在某種程度上也結束了一個偉大的時代，這個時代恐怕要過很久才能回到威瑪來。你過去監督威瑪劇院時看到它非常成功，一定感到很大的快慰。」

歌德歎口氣回答說：「可是麻煩和困難也不少。」

我說：「困難大概在於在那樣多人形成的一個集體裡維持住井井有條的秩序。」

歌德回答說：「要達到這一點，很大一部分要靠嚴厲，更大一部分要靠友愛，但是最重要的還是要靠通情達理，大公無私。

「我當時要警戒的有兩個可能對我是危險的敵人。一個是我對才能的熱愛，這很可能使我偏私。另一個敵人我不願意說，但是你是知道的。我們劇院裡有不少年輕漂亮而且富於精神魔力的婦女。我對其中許多人頗有熱愛的傾向，而她們對我也走了一半路來相迎。不過我克制住自己，對自己說：『不能走得更遠了！』我認識到自己的地位和職責。我站在劇院裡，不是作爲一個私人，而是作爲一個機構的首腦。對我來說，這個機構的興旺比我個人霎時的快樂更爲重要。如果我捲入任何戀愛糾紛，我就會像一個羅盤的指針不能指向正確的方向，因爲它旁邊還有另一種磁力在干擾。

「透過這樣的清白自持，我經常是自己的主宰，也就能經常是劇院的主宰。因此我受到必有的尊敬，如果沒有這一點，一切權威很快就會垮臺。」

歌德這番自白使我深受感動。前此我從旁的方面聽到過關於歌德的類似的話，現在聽到歌德親口證實，心裡很高興。因此我更敬愛他，和他熱烈地握手告別。

我回到失火場所。火焰和濃煙仍從廢墟中往上升騰。人們在忙著滅火和拆卸。我在附近發現燒焦的手稿的殘片。這是歌德的劇本《塔索》中的一些段落。

一八二五年三月二十七日（籌建新劇院；解決經濟困難的辦法；談排練和演員分配）

我和一些客人在歌德家裡吃飯。他把新劇院的圖案拿給我們看。這個圖案和前天他跟我們談過的一樣，無論內部還是外部都說明這會是一座很漂亮的劇院。

有人說，這樣漂亮的新劇院在裝飾和服裝方面應該比舊劇院好。我們還認爲人員也日漸不夠了。在正劇和歌劇兩方面都要配備一些優秀的青年演員，同時我們也不是沒有看到這一切都需要一大筆經費，而這是原先的經濟情況所辦不到的。

歌德說：「我知道得很清楚，在節約的藉口下，可以請一些花錢不多的人進來。但是應該想到，這種辦法對經濟並無好處。對經濟情況最有害的辦法莫過於把一些基本項目都勉強節省掉。我們的目標應該是每晚都滿座。要達到這個目標，有一個年輕的男歌手、一個年輕的女歌手、一個能幹的男主角和一個能幹的、色藝俱佳的、年輕的女主角，就可以做出很多的貢獻。嗯，如果我仍然當最高領導，我還要進一步採取改善經濟情況的辦法，你們會發現我不會缺乏必須有的金錢。」

我們問歌德他想的是什麼辦法。

歌德回答說：「我想採用一個很簡單的辦法，就是在星期天也演戲。這樣每年至少能多出四十個晚場的收入。如果財庫每年不增添一萬到一萬五千元，那就算很壞了。」

我們覺得這條出路切實可行，還提到龐大的勞動階級從星期一到星期六照例每天忙到很晚，星期天是唯一的休息日。在這天晚上他們會覺得與其擠在一個鄉村小酒館裡跳舞、喝啤酒，倒不如到劇院裡去享受較高尚的樂趣。我們還認爲，農夫和小業主乃至附近小市鎭的職員和殷實戶，也會覺得星期天是個到威瑪去看戲的很合適的日子。此外，對於既不進宮廷，又不是高門大第或上層社團的成員的人們來說，星期天在威瑪一向是個最沉悶無聊的日子，一些孤零零的單身漢就不知道到哪裡去才好。可是人們總是要求讓他們每逢星期天夜晚有地方可去，開開心，忘掉一週來的煩惱。

星期天准許演戲是符合威瑪以外其他德國城市的老習慣的，所以歌德的想法得到完全贊成，大家都認爲這是個好辦法。不過還有一點疑慮：威瑪宮廷是否批准？

歌德回答說：「威瑪宮廷足夠慈善和明智，不會阻止一種爲城市謀福利的辦法，而且這是一個重要的機構。威瑪宮廷一定會做出一點小犧牲，把星期天的例行晚會移到另一天去。[35]萬一這不

---

35 星期天演戲雖爲清教徒所反對，但在歐洲過去已很流行。威瑪劇院主要爲宮廷而設，威瑪宮廷星期天有例行晚會，劇院在星期天不演戲是個特例。歌德想破這個例，一方面是爲多賺錢，另一方面也是要劇院向一般市民開放。

行，我們爲星期天上演，可以找到足夠的爲宮廷所不愛看而廣大人民卻覺得完全適合他們口味的劇本，這樣就會很如意地充實財庫。」

接著話題轉到演員，大家對演員力量的利用和浪費談得很多。

歌德說：「我在長期實踐經驗中發現一個關鍵，那就是絕不排練一部正劇或歌劇，除非有十足的把握可以期望它連演幾年都得到成功。沒有人能充分考慮到排練一部五幕正劇乃至一部五幕歌劇要費多大力量。親愛的朋友們，一個歌手把他在各景各幕所扮演的角色懂透練熟，需要下很多的功夫，至於要把合唱弄得像樣，那就要下更多的功夫了。

「人們往往輕易地下令排練一部歌劇，而對這部歌劇是否能成功，卻心中無數，他們只是從很不可靠的報章評論中聽說過這部歌劇。我每逢聽到這種情況，就不寒而慄。我們德國現在已有過得去的驛車，甚至開始有了快驛車。我主張在聽到有一部歌劇在外地上演過而且博得讚賞時，就派一位導演或劇院中其他可靠的成員到現場觀摩表演，以便弄清楚這部受到高度讚賞的新歌劇是否眞好或適用，我們的力量是否夠演出它。這種旅行費用比起所得到的裨益和所避免的嚴重錯誤來，是微不足道的。

「還有一點，一部好劇本或歌劇一旦經過排練，就要有短期間歇地一直演下去，只要它還在吸引觀眾，得到滿座。這個辦法也適用於一部老劇本或老歌劇。這種腳本也許扔開很久不上演了，現在拿來上演，就要重新排練，才演得成功。這種表演也要有短期間歇地重複下去，只要觀眾對它還感到興趣。人們總是希望經常看到新的東西，對一部費大力排練出來的好劇本只願看一次，至多是看兩次，或是讓前後兩次上演之間的間歇拖到六週或八週之久，中間就有必要重新排練。這種情況對劇院是眞正的傷害，對參加的演員們的力量也是不可寬恕的浪費。」

歌德好像把這個問題看得很重要，對它非常關心，所以談到這個問題時熱情洋溢，不像他平時那樣恬靜。

他接著說：「在義大利，人們每夜都上演同一部歌劇，達到四週或六週之久，而偉大的義大利兒女們絕不要求更換，有教養的巴黎人看法國大詩人們的古典劇，總是百看不厭，以至能背誦劇文，用經過訓練的耳朵去聽出每個字音的輕重之分。在威瑪這裡，人們讓我的《伊菲革涅亞》和《塔索》榮幸地得到上演，可是能演幾次呢？四五年還難得演上一次。聽眾覺得這些劇本乏味。這是很可理解的。演員們沒有表演這些劇本的訓練，觀眾也沒有聽這些劇本的訓練。倘若演員們透過較經常的重演，深入體會到所演角色的精神，自己就變成那個角色，他們的表演就有了生命，彷彿不是經過排練，而是一切都從本心深處流露出來，那麼，觀眾就不會仍然不感興趣，不受感動了。

「實際上我一度有過一個幻想，想有可能培育出一種德國戲劇。我還幻想我自己在這方面能有所貢獻，爲這座大廈砌幾塊奠基石。我寫了《伊菲革涅亞》和《塔索》，就懷著孩子氣的希望，望它們能成爲這種奠基石。但是沒有引起感動或激動，一切還像往常一樣。倘若我有了成效，博得了讚賞，我會寫出成打的像《伊菲革涅亞》和《塔索》那樣的劇本。但是，我已經說過，沒有能把這類劇本演得有精神、有生氣的演員，也沒有能同情地聆聽和同情地接受這類劇本的觀眾。」

一八二五年四月十四日（挑選演員的標準）

今晚在歌德家。因爲關於劇院和劇院管理的討論正提到現時的日程上來，我就問歌德根據什麼標準去挑選一個新演員。

歌德回答說：「這也很難說，我進行挑選的方式有各種各樣。如果新演員原先已有好聲望，我就讓他表演，看他能否與其他演員合拍，他的表演作風是否擾亂整體，看他能否彌補缺陷。倘若一個年輕人從來沒有上過臺，我首先就察看他個人的風度，看他有沒有悅人或吸引人的地方，特別看他有沒有控制自己的能力。因爲一個演員如果沒有自制力，在旁人面前不能顯示出自己做得恰到好處，一般說來，就是個庸才。他這行職業要求他不斷地否定自己，不斷地在旁人的面具下深入體驗著和生活著！

「如果他的外貌和舉止動靜合我的意，我就讓他朗誦，來測驗他的發音器官的強度和廣度，以及他在心靈方面的能力。我讓他讀一位大詩人的雄偉章節，來看他能否感覺到眞正偉大的東西而且把它表達出來；再讓他讀些熱情奔放乃至粗獷的東西來測驗他的氣力。然後我讓他讀些明白易懂的、風神雋永的、諷刺性的俏皮的東西，看他如何處理這類東西，是否有足夠的精神自由來運用自如。接著我又讓他讀一些描寫一位傷心人的苦楚、一個偉大心靈的痛苦的章節，看他有沒有表達激情的能力。

「如果在這一切方面他都能使我滿意，我就有理由希望把他訓練成爲一個重要的演員。如果他在某些方面顯然比另一些方面強，我就會注意他的特長所在。我因此也認識到他的弱點所在，專在這方面加強對他的訓練，把他培育成材。我如果發現他發音有方言或土話的毛病，就力勸他把方言土話丟掉，建議他多和沒有這種毛病的劇院同事交朋友，進行一些友好的練習。我還要問他會不會舞蹈和擊劍，如果不會，我就把他交給擊劍師和舞蹈師去培訓一段時間。

「如果他練到能上臺了，我首先只分配和他的個性相宜的角色給他演，不要求他別的，只要求他把自己表現出來。這時如果我看到他生性火氣大，我就叫他演不動情感的冷靜人物；反之，如果他生性太安靜，沒精打采，我就叫他演有火氣的魯莽人物。這樣他就學會拋開他自己，設身處地把旁人的性格體驗出來。」

話題轉到劇本中角色的分配，在這個問題上歌德有下面一段話，我看是值得注意的：

「有一種想法是極錯誤的，就是認為一部平凡的劇本應該分配給平凡的演員去演。其實，一部第二三流的劇本如果分配給第一流的演員去演，會出人意外地得到提高，變成好作品。如果這類劇本分配給第二三流演員去演，效果完全等於零，就不足為奇了。

「二流演員分配在大劇本中倒頂好，因為他們可以起到像繪畫中的那種陰影作用，把在強光中的東西很好地烘托出來。」[36]

36 歌德從一七九一年起就任威瑪劇院的總監，除掉到義大利和瑞士旅遊之外，任職數十年之久。從劇院建築、演員培養、上演劇本的選擇和排練，乃至經費的籌措，他都躬任其勞。此外，他在文學創作上，絕大部分時間也花在寫劇本方面，有些是專為威瑪劇院寫的。和他密切合作的席勒也是如此。所以對威瑪劇院的了解是了解歌德和席勒所必不可少的，因此連選以上幾篇談話。

一八二五年四月二十日（學習先於創作；集中精力搞專業）

歌德今晚讓我看了一位青年學生的來信，他要求歌德把《浮士德》下卷的提綱給他，因爲他有意替歌德寫完這部作品。他直率地、愉快地、誠懇地陳述了自己的願望和意見，最後大言不慚地說，目前所有其他人在文學上的努力都一文不值，而在他自己身上，一種新文學卻要開花吐豔了。

……………

歌德說：「國家的不幸在於沒有人安居樂業，每個人都想掌握政權；文藝界的不幸在於沒有人肯欣賞已經創作出的作品，每個人都想由他自己來重新創作。此外，沒有人想到在研究一部詩作中求得自己的進步，每個人都想馬上也創作出一部詩來。

「此外，人們不認眞對待全局，不想爲全局服務，每個人只求自己出風頭，儘量在世人面前露

要了解戲劇在歌德的文藝活動中何以占首要地位，還要了解戲劇在西方文藝中所占的地位。西方文藝的幾個高峰時代都是戲劇鼎盛時代：第一個高峰是希臘悲劇時代，第二個高峰是英國莎士比亞時代，第三個高峰是法國莫里哀時代，第四個高峰便是德國歌德時代。戲劇之所以重要，有兩個原因。第一，上演的戲劇是一般人民接觸文藝的最好途徑，也是文藝得到人民鑑定和促進的最好途徑。其次，戲劇從起源時起就是抒情詩與史詩的綜合（黑格爾的說法），愈到近代，它所綜合的藝術就愈廣，首先是與器樂和聲樂結合成近代歌劇，有燈光布景。服裝裝飾乃至舞臺建築的配備，繪畫、雕刻、建築、詩歌、散文都和音樂打成一片了。到了我們這個時代，戲劇透過電影、電視所接觸的民眾空前廣泛，所綜合的藝術也空前豐富多彩。這應該是我們文藝的重點，所以歌德的戲劇實踐和理論，有一部分還是值得我們借鑑的。

一手。到處都可以看到這種錯誤的企圖。人們在仿效新近的賣弄技巧的音樂家，不選擇使聽眾獲得純粹音樂享受的曲調來演奏，只選擇那種能顯示演奏技巧的曲調去博得聽眾喝彩。到處都是些想出風頭的個人，看不見爲全局和事業服務而寧願把自己擺在後面的那種忠誠的努力。

「因此，人們不知不覺地養成了馬馬虎虎的創作風氣。人們從兒童時代起就已在押韻作詩，作到少年時代，就自以爲大有作爲，一直到了壯年時期，才認識到世間已有的作品多麼優美，於是回顧自己在已往年代裡浪費了精力，走了些毫無成果的冤枉路，不免灰心喪氣。不過也有許多人始終認識不到完美作品的完美所在，也認識不到自己作品的失敗，還是照舊馬馬虎虎地寫下去，寫到老死爲止。

「如果儘早使每個人都學會認識到世間有多麼大量的優美的作品，而且認識到如果想做出能和那些作品媲美的作品來，該有多少工作要做，那麼，現在那些作詩的青年，一百個人之中肯定難找到一個人有足夠的勇氣、恆心和才能，來安安靜靜地工作下去，爭取達到已往作品的那種高度優美。有許多青年畫家如果早就認識和理解到像拉斐爾那樣的大師的作品究竟有什麼特點，那麼，他們也早就不會提起畫筆來了。」

話題轉到一般錯誤的志向，歌德接著說：

「我過去對繪畫藝術的實踐志向實在是錯誤的，因爲我在這方面缺乏有發展前途的自然才能。對周圍自然風景我原來也有一定的敏感，所以我早年的繪畫嘗試倒是有希望的。義大利之遊毀壞了我作畫的樂趣。取而代之的是一種廣泛的閱覽，可愛的嫻熟手腕就一去不復返了。我既然不能從技巧和美感方面發展藝術才能，我的努力就化爲烏有了。」

歌德接著說：「有人說得很對，人的才能最好是得到全面發展，不過這不是人生來就可以辦到的。每個人都要把自己培養成爲某一種人，然後才設法去理解人類各種才能的總和。」[37] 聽到這番話，我就想起《威廉．麥斯特》裡有一段也說：「世上所有的人合在一起才組成人類，我們只能關心我們懂得賞識的東西。」我還想到《漫遊時代》裡的雅諾勸每個人只學一門專業，他說現在是要片面性的時代，既懂得這個道理而又按照這個道理爲自己和旁人進行工作的人，是值得慶賀的。

這裡有一個問題：一個人該選擇什麼專業才既不越出自己的能力範圍，又不致做得太少呢？一個人的任務如果在監督許多部門，要進行判斷和領導，他就應該對許多部門都力求獲得盡可能深刻的見識。例如一個領袖或未來的政治家在教養方面就不怕過分的多面性，因爲他的專業正需要多面性。

詩人也應力求獲得多方面的知識，因爲整個世界都是他的題材，他對這種題材要懂得如何處理和如何表達。

但是一個詩人不應設法當一個畫家，他只要能透過語言把世界反映出來，就該心滿意足了，正如他把登臺表演留給演員去幹一樣。

37 最後一句，英譯作「不過同時設法達到全人類都是組成部分的那個總的概念」，法譯作「然後設法認識其他許多個人總和所代表的東西」。統觀全段，歌德要說的是：人類全體各方面的才能應該得到全面發展，每個人應有專業，只能發展某一種才能，然後去認識各種領域的成就。

見識和**實踐**才能要區別開來，應該想到，每種藝術在動手實踐時都是艱巨的工作，要達到純熟的掌握，都要費畢生的精力。

所以歌德雖力求多方面的見識，在實踐方面卻專心致志地從事一種專業。在實踐方面他眞正達到純熟掌握的只有一門藝術，那就是用**德文**寫作的藝術。至於他所表達的題材是多方面的自然，那又是另一回事了。

教養和**實踐**活動也應該區別開來。詩人的教養要求把眼睛多方訓練到能掌握外界事物。歌德雖然說他對繪畫的實踐志向是錯誤的，但是這對於訓練他成爲詩人還是有益的。

歌德說過：「我的詩所顯示的客觀性[38]要歸功於上面說的極端注意眼睛的訓練。所以我十分重視從眼睛訓練方面獲得的知識。」

不過我們要當心，不要把教養的範圍弄得太廣闊。

歌德說過：「自然科學家們最容易犯這種範圍太廣的毛病，因爲研究自然正要求協調的廣泛的教養。」

但是另一方面，每個人對他那一專業所必不可少的知識也應努力避免狹隘和片面。

寫劇本的詩人應該有舞臺方面的知識，才能衡量他可以利用的手段，尤其是知道什麼事該做，什麼事不該做。爲歌劇作曲的人也應該懂詩，才能分別好壞，不致用不合適的東西來糟蹋他那

38 原文 Gegenständlichkeit 照字面可譯「客觀性」或「對象性」，指的不是一般「客觀態度」，而是有客觀現實的基礎，譯「現實性」或較妥。

門藝術。

歌德說過：「韋伯不該作《歐里揚特》那部樂曲[39]，他應該很快就看出所用的題材很壞，做不出好東西來。我們應該要求每個作曲家把懂詩當作他那門藝術所應有的前提。」

畫家也應有區別題材的知識，因爲他那門藝術也要求他懂得什麼該畫和什麼不該畫。

歌德說過：「說到究竟，最大的藝術本領在於懂得限制自己的範圍，不旁馳博騖。」

因此，自從我和歌德接近以來，他一直要我提防一切分心的事，經常力求把精力集中在一門專業上。如果我表現出一點研究自然科學的興趣，他總是勸我莫管那些閒事，目前且專心致志地在詩方面下功夫。如果我想讀一部他認爲對我的專業沒有幫助的書，他也總是勸我不要讀，說它對我毫無實用。

他有一天對我說：「我自己在許多不屬於我本行的事物上浪費了太多的時間。我一想到維加寫了多少劇本[40]，就覺得自己寫的詩作實在太少了。我本來應該更專心搞自己的本行才對。」

另一回，他又說：「假如我沒有在石頭上費過那麼多的功夫，把時間用得節省些，我就很可能把最珍貴的金剛鑽拿到手了。」

---

39 韋伯（Carl Maria von Weber, 1786-1826），奧國著名的音樂家，《魔彈射手》和《仙王奧伯雍》兩部歌劇的作者，他的《歐里揚特》一八二三年在維也納上演過，不成功。

40 維加（Lope de Vega, 1562-1635），著名的多產的西班牙劇作家，據說他寫的劇本總數在一千五百種左右。

由於這個原因，他欽佩和稱讚他的朋友邁爾[41]，說他畢生專心致志地研究藝術，所以在這方面具有公認爲最高的卓越見識。

歌德說：「我也很早就有研究藝術的志向，差不多花了半生光陰去觀賞研究藝術作品。但是在某些方面我比不上邁爾，所以我每逢得到一幅新畫，不馬上請邁爾鑑定，先要自己細看一番，得出自己的看法。等到我自信已把畫的優點和缺點都看到了，才把畫拿給邁爾看。邁爾比我看到的當然深刻得多，在許多地方他看出我沒有看到的東西。這樣我就日益看出在**哪一門**專業中說得上有偉大成就意味著什麼，要費多大功夫才能達到。邁爾所具有的是對整整幾千年藝術的深刻見解。」[42]

41　見第十三頁正文和註二十。

42　愛克曼記歌德的談話一般是根據每一次談話的實況，一次可以談幾個題目，但偶爾也圍繞某一專題，把多次談話綜合在一起。在這種場合，愛克曼所做的工作就不只是記錄，更重要的是編輯，他也表達出更多的個人見解。這次談話就是一個例子。歌德自己的興趣很廣，他費過很多功夫研究顏色學、植物變形學、礦物學和氣象學；對當時英、德、法的歷史和哲學也很注意，更不消說對文學的姊妹藝術如雕刻、繪畫、建築和音樂之類都是經常鑽研的。在這篇談話裡他卻勸人專心致志地創一門專業，不要分散精力。這是根據他個人的經驗，同時也反映出資產階級式的分工日益嚴密。在文藝復興時代，「通才教育」還是一個理想。歌德早期實踐還是根據「通才」理想，晚年才日益受到分工制的壓力。

一八二五年四月二十七日（歌德埋怨澤爾特說他不是「人民之友」）

傍晚去看歌德，他先約我坐馬車到公園下區一遊。他對我說：「在動身之前，我讓你先看看我昨天收到的澤爾特[43]的一封信，其中談到我們劇院的事。信上有這幾句話：『我早已看出，要在威瑪爲人民建立一座劇院，你並不是一個適當的人。誰把自己變成青色的，羊就會吃掉他。[44]其他那些當酒還在發酵時就想把瓶口塞住的高貴的老爺們[45]也應該想到這一點。朋友們，我們居然活著看到了這種事情！』」

歌德看了我一眼，我們兩人都笑起來了。他說：「澤爾特是個很好的人，可是他有時不能完全了解我，對我的話做了錯誤的解釋。我畢生都在獻身於人民和人民的教化，爲什麼就不該爲他們建立一座劇院呢？只是在威瑪這個居民很少的地方，有人曾開玩笑說，這裡有上萬的詩人和寥寥幾家住戶，這裡哪能說得上人民呢？更不消說，哪裡能談到人民的劇院呢？威瑪將來無疑也要變成一個大城市，不過想看到威瑪人民繁榮到足以坐滿一個劇院，建立和維持一個劇院，我們還要等幾百年才行。」

---

43 澤爾特（Zelter, 1758-1832），德國建築師和音樂家，歌德的朋友，曾替歌德的一些短歌譜曲，在觀點上他顯然比歌德進步。

44 一九三四年蘇聯科學院出版的本書俄譯本把這兩句譯成諺語：「既然叫做蘑菇，就要任人採食。」

45 指時機不成熟就想求速成的人們。

……………

（遊了一趟回來了）澤爾特的信還擺在桌上。歌德說：「奇怪，眞奇怪，一個人的地位在輿論中竟弄到這樣是非顚倒！我想不起我曾做過什麼得罪人民的事，可是現在竟有人對我下了定論，說我不是人民的朋友。我當然不是革命暴徒的朋友。他們幹的是劫掠和殺人放火，在爲公眾謀福利的幌子下幹著最卑鄙的自私勾當。我對這種人不是朋友，正如我不是路易十五的朋友一樣。我憎恨一切暴力顚覆，因爲得到的好處和毀掉的好處不過相等而已。我憎恨進行暴力顚覆的人，也憎恨招致暴力顚覆的人。但是我因此就不是人民的朋友嗎？一切精神正常的人是否不這樣看呢？

「你知道我多麼高興看到任何使我們看到未來遠景的改良。但是我已說過，任何使用暴力的躍進都在我心裡引起反感，因爲它不符合自然。

「我對植物是個朋友，我愛好玫瑰，把它看作我們德國自然界所能產生的最完美的花卉，可是我不那麼傻，想在這四月底就在我自己的花園裡看見玫瑰花。如果我現在能看到初發青的玫瑰嫩葉，看到它一片又一片地在枝上長起來，一週又一週地壯大起來，五月看到花蕾，六月看到繁花怒放，芳香撲鼻，我就心滿意足了。誰要不耐煩等待，就請他到暖房裡去吧。

「現在還有人說我是君主的一個僕役、一個奴隸。好像這種話有什麼意思似的！我所服役的是一個暴君？一個獨裁者？是一個吸吮人民的血汗來供他個人享樂的君主？多謝老天爺，這種君主，這樣的時代，都已遠遠落在我們後面了。半個世紀以來，我一直和威瑪大公爵保持著最親密的關係，在這半個世紀中我和他一起努力工作；但是如果我說得出大公爵有哪一天不在想著要做一點事，採取一點措施，來爲地方謀福利，來改善一些個人的生活情況，那我就是在說謊。就大公爵個人來說，他的君主地位給他帶來的只有辛苦和困難，此外還有什麼呢？他的住宅、服裝和飲食比起一個殷實的居民來要勝似一籌嗎？你只要到我們的海濱城市看看，就會看出任何一個殷實商人的廚房和酒窖裡的儲備都要比大公爵的更好。」

歌德繼續說：「今年秋天我們要慶祝大公爵開始執政的五十週年紀念日。不過我如果正確地想一想他這五十年的執政，那還不只是一種經常不斷的服役嗎？還不只是一種達到偉大目的的服役、一種爲他的人民謀福利的服役嗎？如果我被迫當一個君主的僕役，我至少有一點可以自慰，那就是，我只是替一個自己也是替公共利益當僕役的主子當僕役罷了。」[46]

一八二五年五月一日（歌德為劇院賺錢辯護；談希臘悲劇的衰亡）

在歌德家吃晚飯。可以設想到，頭一個話題是新劇院建築計畫的改變。[47]我原來擔心這個最出

---

46 在這次談話裡，歌德繼一八二四年一月四日的談話之後又對自己的政治觀點作了自供。澤爾特本是他的好友，直率地告訴他，他是爲宮廷貴族服務的，不是「人民的朋友」。他對這類批評很敏感，總覺得旁人冤枉了他，力圖替自己開脫。

47 舊劇院失火後，歌德設計了一個新劇院的圖樣，大公爵聽了反對派的話，沒有用歌德的設計而用反對派的設計，理由是前者花費太大。

人意外的措施會大傷歌德的感情。可是一點跡象也沒有。我發現他的心情非常和藹愉快，絲毫不露小氣敏感的聲色。

他說：「有人在大公爵面前從花費方面攻擊我們的計畫，說改變一下原計畫，就可以節省很多，他們勝利了。我看改變也沒有什麼不對。一座新劇院畢竟也不過是一個新的火化堆，遲早總有一天會在某種事故中焚毀掉。我就是拿這一點來自慰。此外，多一點或少一點，高一點或低一點，都是不值得計較的。你們還是可以有一座過得去的劇院，儘管它不如我原來所希望或設想的。你們還是進去看戲，我也還是進去看戲。到頭來一切都會頂好。」

歌德繼續說：「大公爵向我說了他的意見，認爲一座劇院用不著建築得堂皇壯麗。這當然是無可非議的。他還認爲劇院從來只有一個目的，那就是**要賺錢**。這個看法乍聽起來倒是有點唯利是圖，可是好好地想一想，也絕不是沒有較高尚的一面。因爲一座劇院不僅要應付開銷，而且還要賺錢餘錢，以便把一切都辦得頂好。它在最上層要有最好的領導，演員們要完全是第一流的，要經常上演最好的劇本，以便每晚都達到滿座。不過這是用很少幾句話來說出很多的內容，這幾乎是不可能的。」

我說：「大公爵想利用劇院去賺錢的看法既然意味著必須經常維持住盡善盡美的高峰，似乎是切實可行的。」

歌德回答說：「就連莎士比亞和莫里哀也沒有其他看法。他們也首先要用劇院來賺錢啊。爲了達到這個主要目的，他們就必須力求一切都盡善盡美，除了一些很好的老劇本以外，還要偶爾演一些嶄新的好劇本來吸引觀眾，使他們感到樂趣。禁止《僞君子》上演對莫里哀是個沉重的打擊，這與其說是對作爲詩人的莫里哀，倒不如說是對作爲劇院老板的莫里哀。作爲劇院老板，他得考慮一個重要劇團的福利，要使他自己和演員都有飯吃。」

……

「假如我是大公爵，我就要在將來主管部門有人事變動時，給年度補助金規定一個永遠適用的定額。我要根據過去十年的補助金求得一個平均數，以這個平均數爲準，來規定一個公認爲足夠維持劇團的定額。依靠這筆補助金，我們應該能處理劇院的家務。然後我還要進一步建議，如果院長和導演們透過他們的審愼的強有力的領導，使得財庫到年終時還有盈餘，這筆盈餘就該歸院長、導演們和劇團中主要成員分享，作爲獎金。這樣你就會看到劇院活躍起來，整個機構就會從逐漸打瞌睡的狀態中蘇醒過來了。」

歌德繼續說：「我們的劇院規章有各種各樣的處罰條文，但是沒有一條酬勞和獎勵優異功勛的規程。這是一個大缺點，因爲每犯一次錯誤，我就看到要扣薪；每次做了超過分內的事，我也就應該看得到酬勞。只有每個人都肯比分內事多做一點，劇院才會興旺起來。」48

……

天氣很好，我們在園子裡走來走去，然後坐在一條凳子上，背靠著矮樹籬的嫩葉。我們談到奧德修斯的弓，談到荷馬史詩裡的希臘英雄們，談到希臘悲劇，最後談到一種廣泛流傳的說法，說尤

48 歌德的這套生意經，說明了恩格斯指出的歌德具有偉大詩人和德國庸俗市民的兩面性格的矛盾。

里比底斯造成了希臘戲劇的衰亡。歌德絕對不贊成這種看法。

他說：「說任何個人能造成一種藝術的衰亡，我絕不贊成這種看法。有許多不易說明的因素加在一道起作用，才造成了這種結局。很難說希臘悲劇藝術在尤里比底斯一人手裡衰亡，正猶如很難說希臘雕刻藝術是在生於菲狄亞斯時代[49]而成就不如菲狄亞斯的某個大雕刻家手裡衰亡一樣。因爲一個時代如果眞偉大，它就必然走前進上升的道路，第一流以下的作品就不會起什麼作用。但是尤里比底斯所處的是多麼偉大的時代呀！那個時代的文藝趣味是前進而不是倒退的。當時雕刻還沒有達到頂峰，繪畫還僅僅處在萌芽狀態。

「縱使尤里比底斯的作品比起索福克里斯的作品來確實有很大的缺點，也不能因此說繼起的詩人們就只模仿這些缺點，以至導致悲劇的衰亡。但是如果尤里比底斯的劇本也有很大的優點，有些甚至比索福克里斯的作品更好，繼起的詩人們爲什麼不努力模仿這些優點呢？爲什麼就不能至少和尤里比底斯一樣偉大呢？

「不過在著名的三大悲劇家[50]之後，沒有出現過同樣偉大的第四個、第五個乃至第六個悲劇家，這個事實確實是不易說明的。我們可以有我們的揣測，多少可以接近眞理。

「人是一種簡單的東西。不管他多麼豐富多彩，多麼深不可測，他所處情境的循環週期畢竟不久就要終結的。

---

49 菲狄亞斯是古希臘最大的雕刻家，生於公元前五世紀雅典鼎盛時期。

50 三大悲劇家指埃斯庫羅斯、索福克里斯和尤里比底斯。

「如果當時的情況就像我們可憐的德國現在這樣，萊辛寫過兩三種，我寫過三四種，席勒寫過五六種過得去的劇本，那麼，當時希臘也很可能出現第四個、第五個乃至第六個悲劇家。

「但是希臘當時情況卻不同，作品多得不可勝數，三大悲劇家每人都寫過一百種或接近一百種的劇本。荷馬史詩中的題材和希臘英雄傳說大部分都已用過三四次了。當時存在的作品既然這樣豐富，我認爲人們不難理解，內容材料都要逐漸用完了，繼三大悲劇家之後，任何詩人都看不到出路了。

「他再寫有什麼用處呢！說到究竟，當時的劇本不是已經很夠用了嗎？埃斯庫羅斯、索福克里斯和尤里比底斯三人的那種深度的作品不是擺在那裡，讓人們聽而又聽都不感到膩味，不肯任其淹沒嗎？就連流傳下來的他們的一些宏偉的斷簡殘篇所顯出的廣度和深度，就已使我們這些可憐的歐洲人鑽研了一百年之久，而且還要繼續搞上幾百年才行哩。」

一八二五年五月十二日（歌德談他所受的影響，特別提到莫里哀）

歌德說：「關鍵在於我們要向他學習的作家須符合我們自己的性格。例如卡爾德隆儘管偉大，儘管我也很佩服他，對我卻沒有發生什麼影響，不管是好的還是壞的。但是對於席勒，卡爾德隆就很危險，會把他引入歧途。很幸運，卡爾德隆到席勒去世之後才在德國爲一般人所熟悉。卡爾德隆最大的長處在技巧和戲劇效果方面，而席勒則在意圖上遠爲健康、嚴肅和雄偉，所以席勒如果在自己的長處方面有所損失，而在其他方面又沒有學到卡爾德隆的長處，那就很可惜了。」

我們談到莫里哀，歌德說：「莫里哀是很偉大的，我們每次重溫他的作品，每次都重新感到驚訝。他是個與眾不同的人，他的喜劇作品跨到了悲劇界限邊上[51]，都寫得很聰明，沒有人有膽量去模仿他。他的《守財奴》使利欲消滅了父子之間的恩愛，是特別偉大的，帶有高度悲劇性的。但是經過修改的德文譯本卻把原來的兒子改成一般親屬，就變得軟弱無力，不成名堂了。他們不敢像莫里哀那樣把利欲的眞相揭露出來。但是一般產生悲劇效果的東西，除掉不可容忍的因素之外，還有什麼呢？

「我每年都要讀幾部莫里哀的作品，正如我經常要翻閱版刻的義大利大畫師的作品一樣。因爲我們這些小人物不能把這類作品的偉大處銘刻在心裡，所以需要經常溫習，以便使原來的印象不斷更新。

「人們老是在談獨創性，但是什麼才是獨創性！我們一生下來，世界就開始對我們發生影響，而這種影響一直要發生下去，直到我們過完了這一生。除掉精力、氣力和意志以外，還有什麼可以叫做我們自己的呢？如果我能算一算我應歸功於一切偉大的前輩和同輩的東西，此外剩下來的東西也就不多了。

「不過在我們一生中，受到新的、重要的個人影響的那個時期絕不是無關要旨的。萊辛、溫克

---

51 歌德這段評論打破了悲劇和喜劇的傳統界限，是値得深思的。單純的喜劇往往流於鬧劇，最高的劇體詩總是悲喜劇混合，令人啼笑皆非。另一個顯著的例子也許是莎士比亞。

爾曼和康德都比我年紀大，我早年受到前兩人的影響，老年受到康德的影響，這個情況對我是很重要的。再說，席勒還很年輕、剛投身於他的最新的事業時，我已開始對世界感到厭倦了，同時，洪堡弟兄[52]和施萊格爾弟兄都是在我的眼下登上臺的。這個情況也非常重要，我從中獲得了說不盡的益處。」

歌德談了一些重要人物對他的影響之後，話題就轉到他對別人的影響。我提起畢爾格爾[53]，我看這方面似乎有問題，因爲畢爾格爾的純粹信任自然的才能似乎沒有顯示出歌德的影響。

歌德說：「畢爾格爾在才能方面和我有接近處，但是他的道德修養卻植根於完全不同的土壤。一個人在修養進程中怎樣開始，就會沿著那條線前進。一個在三十歲上寫出〈希尼普斯夫人〉那樣的詩的人，顯然有些偏離我所走的方向。由於他確實有很大的才能，他博得了一批他很能予以滿足的觀眾，所以對於一個和他無關的同時代詩人有什麼特點，他就不操心了。

「一般說來，我們只向我們喜愛的人學習。正在成長的年輕的有才能的人對我有這種好感，但是和我同輩的人之中對我很少有這種好感。我數不出一個重要的人物，說他對我完全滿意。人們就連對我的《維特》也進行挑剔，如果我把被指責的字句都勾銷掉，全書就很難剩下一句了。不過這一切指責對我毫無害處，因爲某些個人的主觀判斷，不管他們多麼重要，畢竟由人民大眾糾正過來

52 亞歷山大．洪堡（1769-1859），地質地理學家，著有《論宇宙》和《新大陸地理》等書。其兄威廉．洪堡見第十五頁註二十三。

53 畢爾格爾（G. A. Bürger, 1747-1794），德國抒情詩人，浪漫運動的先驅之一，歌謠〈李娜爾〉的作者。

了。誰不指望有成百萬的讀者，他就不應該寫出一行文字來。

「聽眾對於席勒和我誰最偉大這個問題爭論了二十年。其實有這麼兩個家伙讓他們可以爭論，他們倒應該感到慶幸。」

……………

一八二五年六月十一日（詩人在特殊中表現一般；英、法對比）

接著我們談到世界歷史情況和詩的關係，在多大程度上某一國人民的歷史比另一國人民的歷史更有利於詩人。

歌德說：「詩人應該抓住特殊，如果其中有些健康的因素，他就會從這特殊中表現出一般。英國歷史特殊，適宜於詩的表現方式，因爲其中有些經常重現的善良的、健康的、因而是帶有一般性的因素。法國歷史卻和詩不相宜，因爲它只代表一個一去不復返的生活時代。法國人民的文學，就其植根於這種時代來說，只表現出一種隨時代消逝而變爲陳舊的特殊。」

歌德後來又說：「現代法國文學還很難評判。德國的影響在法國正在醞釀中，我們要看到結果如何，還要過二十年才行。」

接著我們談到一些美學家費力對詩和詩人的本質下抽象的定義，達不到任何明顯的結果。

歌德說：「有什麼必要下那麼多的定義？對情境的生動情感加上把它表現出來的本領，這就形成詩人了。」

一八二五年十月十五日（近代文學界的弊病，根源在於作家和批評家們缺乏高尚的人格）

今晚歌德顯得特別興高采烈，我有幸又從他口裡聽到許多重要的話。我們談到文學界的近況，歌德發表了以下的意見：

「一些個別的研究者和作者們人格上的欠缺，是最近我們文學界一切弊病的根源。特別在批評方面，這種缺點對世界很有害，因爲它不是混淆是非，就是用一種微不足道的眞相去取消對我們更好的偉大事物。

「已往世人都相信路克里蒂婭[54]和斯克夫拉[55]那樣人物的英勇，並且受到鼓舞。現在卻出現一種歷史批判，說這些人物根本不曾存在，他們只能看作羅馬人的偉大幻想所虛構的傳說。這樣一種

---

54 路克里蒂婭（Lucretia），古羅馬一位美麗的貴夫人，曾被羅馬國王賽克斯特強姦，她爲著慫恿她的丈夫和族人替她雪恥，當眾自刎而死，引起羅馬內戰，國王被逐出羅馬。莎士比亞曾用這個題材寫過一篇長詩《路克里斯被強姦》。

55 斯克夫拉（Scävola），古羅馬一位英雄，他單身潛入敵營謀刺敵國王，被發現後受酷刑不屈，敵兵沒有敢殺他，退兵講和。

可憐的眞相對我們有什麼好處呢？羅馬人既然足夠偉大，有能力虛構出這樣的傳說，我們就沒有一點偉大品質去相信這種傳說嗎？」

……

歌德還談到另一類研究者和作者。他說：「我如果不曾透過科學研究來考察這類人，就絕不會看出他們多麼卑鄙，多麼不關心眞正偉大的目標。可是透過研究，我看出多數人講學問只是把它看作飯碗，他們甚至奉謬誤爲神聖，藉此謀生。

「美文學領域的情況也並不比較好。偉大的目標，對眞理和德行的愛好和宣揚，在這個領域裡也是很稀罕的現象。甲吹捧乙，支持乙，因爲希望藉此得到乙的吹捧和支持。眞正偉大的東西在這班人看來是可厭恨的，他們總想使它淹沒掉，讓他們在『猴子世界稱霸王』。大眾如此，顯要人物們也好不了多少。

「某人[56]憑他的卓越才能和淵博學識本來可以替本民族做出很大的貢獻。但是由於他沒有人格，他沒有在我國產生非凡的影響，也沒有博得國人的崇敬。

「我們所缺乏的是一個像萊辛似的人，萊辛之所以偉大，全憑他的人格和堅定性！那樣聰明博學的人到處都是，但是哪裡找得出那樣的人格呢！

「很多人足夠聰明，有滿肚子的學問，可是也有滿腦子的虛榮心，爲著讓眼光短淺的俗人讚賞

---

56 原作沒有提名，據當時文學界情況，似指消極浪漫派文學史家和戲劇理論家威廉·施萊格爾。黑格爾在《美學》裡也屢次批判此人的「滑稽說」。

他們是才子，他們簡直不知羞恥，對他們來說，世間沒有什麼東西是神聖的。

「所以根里斯夫人[57]指責伏爾泰放縱自由，褻瀆神聖，她是完全正確的。伏爾泰的一切話儘管都很俏皮，但是對世界沒有一點好處，不能當作什麼根據，而且貽害很大，因爲淆亂視聽，使人無所依據。

「說到究竟，我們知道什麼呢？憑我們的全部才智，我們能知道多少呢？人生下來，不是爲著解決世界問題，而是找出問題所在，謹守可知解的範圍去行事。

「單靠人的能力是不能衡量整個宇宙的一切活動的。憑人的狹隘觀點，要想使整個世界具有理性，那是徒勞的。人的理性和神的理性完全是兩回事。」

⋯⋯

「我們只能把對世界有益的那些高尚原則說出來，把其他原則藏在心裡，它們會像潛藏的太陽，把柔和的光輝照射到我們的一切行動上。」[58]

---

57 根里斯夫人（Frau von Genlis, 1746-1830），法國女作家，天主教信徒，在她的十卷《回憶錄》裡對伏爾泰極力攻擊。此書在歌德發表這篇談話時剛出版。

58 這篇談話反映出歌德對當時德國文學情況深爲不滿，希望將來再出現德國啟蒙運動領袖萊辛那樣光明正大而又堅強的人物。浪漫運動從開始出現在德國之日起就具有消極的頹廢色彩，這是使歌德特別感到失望的，所以他在談話中屢次強調作者須具有健康剛強的性格。他推崇希臘古典文學，也是針對浪漫主義的流弊所開的方劑。

一八二五年十二月二十五日（讚莎士比亞；拜倫的詩是「被扣壓的議會發言」）

……

歌德拿了一部非常有意思的英文作品給我看。這部作品替莎士比亞全集作了一些插畫來說明。每頁插上六張小圖，每張小圖下面寫了一些詩句，使每部作品的主旨和主要情境都呈現在眼前。全套不朽的悲劇和喜劇像戴面具的遊行隊伍一樣在我們的眼前走過。

歌德說：「瀏覽這些小圖使人感到震驚。由此人們可以初次認識到，莎士比亞多麼無限豐富和偉大呀！他把人類生活中的一切動機都畫出來和說出來了！而且顯得多麼容易，多麼自由！

「不過我們對莎士比亞簡直談不出什麼來，談得出的全不恰當。我在《威廉．麥斯特》裡已談過一些，可是都算不了什麼。莎士比亞並不是一個適合在舞臺上演的劇體詩人。他從來不考慮舞臺。對他的偉大心靈來說，舞臺太窄狹了，甚至這整個可以眼見的世界也太窄狹了。

「他太豐富，太雄壯了。一個創作家每年只應讀一種莎士比亞的劇本，否則他的創作才能就會被莎士比亞壓垮。我透過寫《葛茲．馮．伯利欣根》和《艾格蒙特》來擺脫莎士比亞，我做得對；拜倫不過分地崇敬莎士比亞而走他自己的道路，他也做得很對。有多少卓越的德國作家沒有讓莎士比亞和卡爾德隆壓垮呢！

「莎士比亞給我們的是銀盤裝著金橘。我們透過學習，拿到了他的銀盤，但是我們只能拿土豆來裝進盤裡。」

我笑了，很欣賞這個絕妙的比喻。

歌德接著把澤爾特的一封信讀給我聽，信裡談到《馬克白》在柏林上演，音樂跟不上劇本中雄偉精神性格的步伐，像澤爾特在信裡一些話所表明的。透過歌德的朗讀，信的生動效果都顯示出來。歌德讀到特別有意思的段落時往往停頓一下，讓我們玩味欣賞。

歌德這次說過：「我認爲《馬克白》在莎士比亞全部劇本中是一部最宜於在舞臺上演出的。它顯出莎士比亞對於舞臺的深刻理解。如果你想認識莎士比亞的毫無拘束的自由心靈，你最好去讀《特洛伊勒斯與克麗西達》，莎士比亞在這部劇本裡以自己的方式處理了荷馬史詩《伊利亞特》中的材料。」

話題轉到拜倫，談到拜倫和莎士比亞對比起來，在天眞爽朗方面較爲遜色，還談到拜倫由於在作品中對多方面所持的否定態度，往往引起了大半無理的譴責。

歌德說：「假如拜倫有機會透過一些強硬的議會發言把胸中那股反抗精神發洩掉，他就會成爲一個較純粹的詩人。但是他在議會裡很少發言，把反對他的國家的全部憤怒情感都藏在心裡，沒有其他方式可發洩，於是就用詩的方式發洩出來了。所以我可以把拜倫大部分表示否定態度的作品稱爲『被扣壓的議會發言』，我想這個名稱對他那些詩不能說是不合適的。」

一八二六年

一八二六年一月二十九日（衰亡時代的藝術重主觀；健康的藝術必然是客觀的）

第一流的德國即席演唱家、漢堡的沃爾夫博士來到這裡已有幾天，並且公開展示過他的稀有才能了。星期五晚上，他向廣大聽眾和威瑪宮廷顯貴作了一次即席演唱的光輝表演。當天晚上他就接到歌德一份請帖，時間約在次日中午。

昨晚他在歌德面前表演之後，我跟他談過話。他非常興高采烈，說這天晚上在他的生平將是劃時代的；因為歌德向他說了幾句話，向他指出一條嶄新的道路，並且一針見血地指出了他的毛病。

今晚我在歌德家，話題立即針對著沃爾夫。我告訴歌德說：「您給沃爾夫的忠告，他聽到很歡喜。」

歌德說：「我對他很直率，如果我的話對他發生了影響，引起了激動，那倒是一個吉兆。他無疑有明顯的才能，但是患著現時代的通病，即主觀的毛病，我想對他進行醫療。我出了一個題目來試驗他，向他說，請替我描繪一下你回漢堡的行程。他馬上就準備好了，信口說出一段音調和諧的詩。我不能不感到驚訝，但是我並不讚賞。他描繪的不是回到漢堡的行程，而只是回到父母親友身邊的情緒，他的詩用來描繪回到漢堡和用來描繪回到梅澤堡或耶拿都是一樣。可是漢堡是多麼值得注意的一個奇特的城市啊！如果他懂得或敢於正確地抓住題目，漢堡這個豐富的領域會提供多麼好的機會來做出細緻的描繪啊！」

我插嘴說：「這種主觀傾向要歸咎於聽眾，聽眾都明確地對賣弄情感的貨色喝彩嘛。」

歌德說：「也許是那樣，但是聽眾如果聽到較好的東西，他們會更高興。我敢說，如果憑沃爾夫的即席演唱的才能，來忠實地描繪羅馬、那不勒斯、維也納、漢堡或倫敦之類大城市的生活，把它描繪得有聲有色，使聽眾覺得一切如在目前，他們都會欣喜若狂。沃爾夫如果能對客觀事物鞭辟入裡，他就會得救。這是他能辦到的，因爲他並不缺乏想像力。只是他必須當機立斷，牢牢抓住客觀眞相。」

我說：「我恐怕這比我們所想像的要難，因爲這需要他的思想方式來一個大轉變。如果他做到了這一點，他在創作方面就要有一個暫時的停頓，還要經過長期鍛鍊，才能熟悉客觀事物，客觀事物對他才成爲一種第二自然。」

歌德說：「跨出的這一步當然是非常大的；不過他必須拿出勇氣，當機立斷。這正如在游泳時怕水，我們只要把心一橫，馬上跳下去，水就歸我們駕馭了。」

歌德接著說：「一個人如果想學歌唱，他的自然音域以內的一切音對他是容易的，至於他的音域以外的那些音，起初對他卻是非常困難的。但是他既想成爲一個歌手，他就必須克服那些困難的音，因爲他必須能夠駕馭它們。就詩人來說，也是如此。要是他只能表達他自己的那一點主觀情緒，他還算不上什麼；但是一旦能掌握住世界而且能把它表達出來，他就是一個詩人了。此後他就有寫不盡的材料，而且能寫出經常是新鮮的東西，至於主觀詩人，卻很快就把他的內心生活的那一點材料用完，而且終於陷入習套作風了。[1]

1 「習套作風」原文是 Manier。在這一點上，歌德和黑格爾是一致的，參看黑格爾的《美學》第一卷論「主觀的作風」（即習套作風）節。

「人們老是談要學習古人[2]，但是這沒有什麼別的意思，只是說，要面向現實世界，設法把它表達出來，因爲古人也正是寫他們在其中生活的那個世界。」

歌德站起來在室內走來走去，我遵照他的意思仍在桌旁凳上坐著。他在爐旁站了一會兒，若有所思，又走到我身邊來，把手指按著嘴唇向我說：

「現在我要向你指出一個事實，這是你也許會在經驗中證實的。一切倒退和衰亡的時代都是主觀的，與此相反，一切前進上升的時代都有一種客觀的傾向。我們現在這個時代是一個倒退的時代，因爲它是一個主觀的時代。這一點你不僅在詩方面可以見出，就連在繪畫和其他許多方面也可以見出。與此相反，一切健康的努力都是由內心世界轉向外在世界，像你所看到的一切偉大的時代都是努力前進的，都是具有客觀性格的。」

這些話引起了一次頂有趣的談話，特別提到了十五和十六世紀那個偉大的時期。

話題又轉到戲劇和近代作品中的軟弱、感傷和憂鬱的現象。我說：「現在我正從莫里哀那裡得到力量和安慰。我已經把他的《守財奴》譯出來，現在正譯《不由自主的醫生》。莫里哀眞是一位純眞偉大的人物啊！」歌德說：「對，『純眞的人物』對他是一個很恰當的稱呼，他沒有什麼隱諱或歪曲的地方。還有他的偉大！他統治著他那個時代的風尚，我們德國伊夫蘭和科策布這兩個喜劇家卻不然，他們都受現時德國風尚的統治，就侷限在這種風尚裡，被它圍困住。莫里哀按照人們本

2 指古希臘人。

來的樣子去描繪他們，從而懲戒他們。」

…………

一八二六年七月二十六日（上演的劇本不同於只供閱讀的劇本；備演劇目）

今晚我榮幸地聽到歌德談了很多關於戲劇的話。

我告訴歌德說，我有一個朋友想把拜倫的劇本《福斯卡里父子倆》[3]安排上演。歌德對它能否成功表示懷疑。

他說：「那確實是一件有引誘力的事。一部劇本讀起來對我們產生巨大效果，我們就認爲可以拿它上演，不費什麼力量就可以成功。但這是另一回事。一部劇本如果本來不是作者本著自己的意圖和才力爲上演而寫出的，上演就不會成功，不管你怎麼演，它還是有些彆扭甚至引起反感。我費過多少力量寫出《葛茲·馮·伯利欣根》！可是作爲上演的劇本，它就不對頭。它太長了，我不得不把它分成兩部分，後一部分倒是可以產生戲劇效果的，可是前一部分只能看作一種說明性的情節介紹[4]。如果把前一部分只作爲情節介紹先來一次演出，以後連場複演時只演後一部分，那也許會

3 《福斯卡里父子倆》寫威尼斯政府首腦和他的犯法判死刑的兒子的歷史悲劇。

4 「情節介紹」原文是 Exposition，是劇藝中一個術語，指關於矛盾的產生的介紹。西方劇本一般分五幕，情節發展的頂點通常在第三幕，以後便轉入矛盾的解決。

行。席勒的《華倫斯坦》也有類似的情況，其中皮柯樂米尼部分經不住複演，後來華倫斯坦之死部分卻是人們常看不厭的。」[5]

我問，一部劇本要怎樣寫才會產生戲劇效果。

歌德說：「那必須是象徵性的。這就是說，每個情節必須本身就有意義，而且指向某種意義更大的情節。從這個觀點看，莫里哀的《僞君子》是個極好的模範。想一想其中第一景是個多麼好的情節介紹啊！一開始一切都有很大的意義，而且導向某種更大的意義。萊辛的《明娜．馮．巴爾赫姆》[6]的情節介紹也很高明，但是《僞君子》的情節介紹在世間只能見到一次，它在同類體裁中要算是最好的。」

接著我們談到卡爾德隆的劇本。

歌德說：「在卡爾德隆的作品裡，你可以看到同樣完美的戲劇效果。他的劇本全都便於上演，其中沒有哪一筆不是針對所要產生的效果而著意寫出來的。他是一個同時具有最高理解力的天才。」

我說：「很奇怪，莎士比亞所有的劇本都是爲著上演而寫出的，可是按嚴格的意義來說，卻不能算是便於上演的劇本。」

歌德回答說：「莎士比亞所寫的劇本全是吐自衷曲，而且他的時代以及當時舞臺的布置對他也

---

5 《華倫斯坦》分爲三部：《華倫斯坦的陣營》、《皮柯樂米尼父子》和《華倫斯坦之死》。

6 萊辛的戲劇傑作之一，新興市民劇的範例。

沒有提出什麼要求，人們滿足於莎士比亞拿給他們的東西。假如他是爲馬德里宮廷或是路易十四的劇院而寫作的，他也許要適應一種較嚴格的戲劇形式。但是也沒有什麼可惜的，因爲莎士比亞作爲戲劇體詩人，就我們看雖有所損失，而作爲一般詩體詩人卻得了好處。莎士比亞是一個偉大的心理學家，從他的劇本中我們可以學會懂得人類的思想感情[7]。」

接著我們談到劇院管理方面的困難。

歌德說：「困難在於懂得如何移植偶然性的東西而不致背離我們的基本原則。這些基本原則之一就是：要有一個包括優秀的悲劇、歌劇和喜劇的很好的備演戲目，把它看作固定的、經常演出的，至於我所稱爲偶然性東西的是指聽眾想看的新劇本、客串演出[8]之類。我們不能讓這類東西打亂我們的步調，要經常回到我們的備演戲目。我們這個時代有很多的優秀劇本，對於一個行家來說，制定出一套很好的備演戲目是件極容易的事，而堅持按照備演戲目演出卻是件極難的事。

「過去席勒和我掌管威瑪劇院時，我們有一個便利，整個夏季都在洛希斯塔特[9]演出。那裡有一批優選的聽眾，非好戲不看，所以回到威瑪時已把一批好戲排練得很熟，可以在冬季複演夏季演過的節目。威瑪聽眾信任我們的領導，即使上演了他們不能欣賞的東西，他們也相信我們的表演是

---

7 原文是 Wie den Menschen zumute ist。英譯作「人性的祕密」，加注說，「以上譯文只近似原文」；法譯作「怎樣懂得人心」。

8 客串演出（Gastrolle）指某一劇院有拿手好戲的演員在另一戲院裡以做客的身分演出。

9 洛希斯塔特，哈雷市的一個浴場，威瑪劇院有個分院在那裡。

根據一種較高的宗旨的。

「到了九十年代[10]，我關心戲劇的眞正時期已過去，不再寫戲上演了，我想完全轉到史詩方面。席勒使我已拋棄的戲劇興趣復活了，我又參加了劇院，爲了演出他寫的劇本。在我的劇本《克拉維哥》[11]寫成的時期，我要寫一打劇本也不難，有的是題材，寫作對我也是駕輕就熟的。我可以每週寫出一個劇本來，可惜我沒有寫。」

一八二六年十二月十三日（繪畫才能不是天生的，必須認真學習）

婦女們在席間讚賞一位年輕畫家畫的一幅肖像。她們說：「値得驚贊的是，他是全靠自學的。」這是從畫的那雙手上看得出來的，畫得不正確，也不藝術。

歌德說：「我們看得出這位年輕人有才能，只是他全靠自學，因此，你們對他不應讚賞而應責備。才能不是天生的，可以任其自便的，而是要鑽研藝術，請教良師，才會成材。近幾天我讀了莫札特答覆一位寄些樂譜給他看的男爵的信，大意是說：『你這樣稍事涉獵藝術的人通常有兩點毛病應受責備！一是沒有自己的思想而抄襲旁人的思想，一是有了自己的思想而不會處理。』這話說得

10 指十八世紀九十年代。

11 《克拉維哥》，歌德早期的劇本，一七七四年出版。

多麼好！莫札特關於音樂所說的眞話不是也適用於其他藝術嗎？」

接著歌德又說：「達・芬奇說：『如果你的兒子沒有本領用強烈的陰影把所作的素描烘托出來，使人覺得可以用雙手把它抓住，那麼，他就沒有什麼才能。』達・芬奇在下文又說：『如果你的兒子已完全掌握透視和解剖，你就把他送交一個好畫師去請教。』」

歌德繼續說：「現在我們的青年藝術家還沒有學通這兩門學問，就離開師傅了。時代眞是變了。」

歌德接著說：「我們的青年畫家所缺乏的是心胸和精神。他們的作品沒有說出什麼，起不到什麼作用。他們畫的是不能切割的刀、打不中靶子的箭，使我不免想到，在這個世界上精神彷彿已完全消失了。」

我說：「我們應該相信，近年來一些大戰應該使人們精神振作起來了。」

歌德說：「振作起來的與其說是精神，毋寧說是意志；與其說是藝術精神，毋寧說是政治精神。素樸天眞和感性具體卻全都消逝了。一個畫家如果不具備這兩種特點，怎麼畫得出使人喜聞樂見的東西呢？」

……………

歌德接著說：「我觀察我們德國繪畫，已有五十多年了，不僅是觀察，而且企圖施加一點影響。現在我只能說，照目前狀況看，沒有多大希望。必須有一個有卓越才能的人出來，立即吸取現時代的一切精華，從而超過一切。現在一切手段都已擺在那裡，路已經指出來而且鋪平了。現在菲狄亞斯的作品已擺在我們眼前[12]，這在我們的青年時代是夢想不到的。我剛才已說過，現在是萬事俱備，只欠才能了。我希望才能終會到來，也許它已躺在搖籃裡，你大概還能活到看見它放光輝。」

12 古希臘藝術作品經過長久埋沒，到十八世紀後期才逐漸出現，由於溫克爾曼的介紹和宣傳，對當時德國文學和藝術發生了廣泛的影響。

一八二七年

一八二七年一月四日（談雨果和貝朗瑞的詩以及近代德國畫家；復古與反古）

歌德很讚賞雨果的詩。他說：「雨果確實有才能，他受到了德國文學的影響。他的詩在少年時期不幸受到古典派學究氣的毒害。不過現在他得到《地球》的支持[1]，所以他在文壇上打了勝仗。我想拿他來比曼佐尼[2]。他很能掌握客觀事物，我看他的重要性並不亞於拉馬丁[3]和德拉維尼[4]這些先生們。如果對他進行正確的考察，我就看得很清楚，他和類似他的一些有才能的青年詩人都來源於夏多布里昂[5]這位很重要的、兼有演說才能和詩才的詩人。要想看到雨果的寫作風格，你最好讀一讀他寫拿破崙的〈兩個島〉[6]。」

歌德把這首詩放在我面前，然後走到火爐邊，我就讀起來。他說：「雨果沒有頂好的形象

---

1 雨果是法國浪漫派的重要詩人，「古典派學究氣」指十七世紀法國新古典主義派布瓦洛的《詩藝》之類所提倡的風尚。《地球》是支持浪漫派的刊物。

2 曼佐尼（Manzoni, 1785-1873），當時義大利的最大詩人和小說家，寫過兩部歷史悲劇和一部著名小說《未婚夫妻》。他是自由民主的擁護者。

3 拉馬丁（Lamartine, 1790-1869），法國消極浪漫派詩人，政治活動家。

4 德拉維尼（Delavigne, 1793-1843），法國詩人，寫過諷刺復辟王朝的作品。

5 夏多布里昂（Chateaubriand, 1768-1848），法國浪漫派作家，他的詩擅長修辭雄辯，在這一點上對雨果和其他法國浪漫派詩人都發生過影響。

6 詩見雨果的《曙光歌集》。

嗎？他對題材不是用很自由的精神來處理的嗎？」然後又走到我身邊，對我說：「你且只看這一段，多麼妙！」他讀了暴風雨中的電光從下面往上射到這位英雄身上那一段。「這段很美！因爲形象很眞實。在山峰上你經常可以看到山下風雨縱橫，電光直朝山上射去。」

我就說：「我佩服法國人。他們的詩從來不離開現實世界這個牢固基礎。我們可以把他們的詩譯成散文，把本質性的東西都保留住。」

歌德說：「那是因爲法國詩人對事物有知識，而我們德國頭腦簡單的人們卻以爲在知識上下功夫就顯不出他們的才能。其實一切才能都要靠知識來營養，這樣才會施展才能的力量。我們且不管這種人，我們沒法幫助他們。眞正有才能的人會摸索出自己的道路。許多青年詩人在寫詩這個行業，卻沒有眞正的才能。他們所證實的只是一種無能，受到德國文學高度繁榮的吸引才從事創作。」

歌德接著說：「法國人在詩的方面已由學究氣轉到較自由的作風了，這是不足爲奇的。在大革命之前，狄德羅和一些志同道合的人就已在設法打破陳規了。大革命本身以及後來拿破崙時代對這種變革事業都是有利的。因爲戰爭年代儘管不容許人發生眞正的詩的興趣，暫時對詩神不利，可是在這個時代有一大批具有自由精神的人培育起來了，到了和平時期，這批人覺醒過來，就作爲重要的有才能的人嶄露頭角了。」

我問歌德，古典派是否也反對過貝朗瑞[7]這位卓越詩人。歌德說：「貝朗瑞所作的那種體裁的

---

7 貝朗瑞（Béranger, 1780-1857）是受法國大革命影響較大的一位進步詩人，他反對十七世紀的法國古典派

詩，本是人們所慣見的一種從前代流傳下來的老體裁；不過他在很多方面都比前人寫得自由，所以他受到學究派的攻擊。」

話題轉到繪畫和崇古派的流毒。歌德說：「你在繪畫方面本來不充內行，可是我要讓你看一幅畫。這幅畫雖然出於現在還活著的一位最好的德國畫家之手，你也會一眼就看出其中一些違反藝術基本規律的明顯錯誤。你會看出細節都描繪得很細緻，但是整體卻不會使你滿意，你會感到這幅畫的意義不知究竟何在。這並不是因爲畫家沒有足夠的才能，而是因爲應該指導才能的精神像其他頑固復古派的頭腦一樣被沖昏了，所以他忽視完美的畫師而退回到不完美的前人，把他們奉爲模範。

「拉斐爾和他的同時代人是衝破一種受拘束的習套作風而回到自然和自由的。而現在畫家們卻不感謝他們，不利用他們所提供的便利，沿著頂好的道路前進，反而又回到拘束狹隘的老路。這太糟了，我們很難理解他們的頭腦竟會沖昏到這種地步。他們既走上了這條路，就不能從藝術本身獲得支撐力，於是設法從宗教和黨派方面去找這種支撐力。沒有這兩種東西，他們就軟弱到簡直連站都站不住了。」

歌德接著說：「各門藝術都有一種源流關係。每逢看到一位大師，你總可以看出他吸取了前人的精華，就是這種精華培育出他的偉大。像拉斐爾那種人並不是從土裡冒出來的，而是植根於古代藝術，吸取了其中的精華的。假如他們沒有利用當時所提供的便利，我們對於他們就沒有多少可談

（即「學究派」），發揚民間詩歌傳統，用比較自由的方式寫出一些清新爽朗的詩歌，反映新興的巴黎市民的生活。值得注意的是，歌德談論法國作家時，多次提到和予以高度評價的只有莫里哀和貝朗瑞兩人。

的了。」

話題轉到前代德國詩，我提到弗勒明[8]。歌德說：「弗勒明是一個頗有優秀才能的人，有一點散文氣和市民氣，現在沒有什麼實際用處了。」他接著說：「說來有點奇怪，儘管我寫了那麼多的詩，卻沒有一首可以擺在路德派的『頌聖詩』裡。」我笑了，承認他說得對，同時心裡在想，這句妙語的含義比乍看起來所能見到的要深刻得多。

一八二七年一月十五日（宮廷應酬和詩創作的矛盾）

…………

我把話題轉到《浮士德》第二部，特別是《古典的巫婆集會之夜》那一幕。[9]這一幕才打了一個草稿。歌德過去告訴我說他有意就拿草稿付印，我曾不揣冒昧，勸阻了他，因爲我恐怕一旦付印，這一幕就會永遠以未定稿的形式保存下去。歌德一定已考慮過這個問題，因爲今晚一見面他就告訴我，他已決定不拿草稿付印了。我說：「這使我很高興，因爲現在還可以希望您把它寫完。」

8 弗勒明（Paul Fleming, 1609-1640），十七世紀早期德國青年抒情詩人，其詩集名《宗教詩和世俗詩》，因此下文歌德聯想到自己的詩沒有宗教氣味，由此可以看出歌德對基督教的態度。

9 見《浮士德》第二部第二幕。第二部即下卷。

歌德說：「寫完要三個月，哪裡找得到一段安靜的時間呢！白天要求我做的雜事太多，很難讓我把自己和外界隔開，來過孤寂的生活。今早大公爵的大公子待在我這裡，大公爵夫人又約好明天正午來看我。我得珍視這種訪問，把它看作一種大恩惠，它點綴了我的生活，但是也要干擾我的詩興，我必須揣摩著經常拿點什麼新東西來擺在這些高貴人物面前，怎樣款待他們才和身分相稱。」[10]

我說：「不過去年冬天你還是把〈海倫后〉[11]一幕寫完了，當時外界對你的干擾並不比現在少。」

歌德回答說：「現在也還能寫下去，而且必須寫下去，不過有些困難。」

我說：「幸好您已有了一個很詳細的綱要。」

歌德說：「綱要固然是現成的，只是最難的事還沒有做，在完成寫作的過程中，一切都還要碰運氣。《古典的巫婆集會之夜》必須押韻，可是全幕都還須帶有古希臘詩的性格。[12]要找出適合這種詩的一種韻律實在不容易；而且還有對話！」

我就問：「這不是草稿裡都已有的東西嗎？」

歌德說：「已有的只是什麼（das Was），而不是如何（das Wie）。請你只試想一下，在那樣怪誕的一夜裡所發生的一切應如何用語言表達出來！例如浮士德央求陰間皇后把海倫交給他，該說

10 這一節生動地證實了恩格斯所指出的歌德的雙重性。

11 〈海倫后〉是《浮士德》第二部第三幕，寫成於第二部其他各幕之前，作爲一篇獨立的詩。

12 古希臘詩不用韻。

什麼樣的話，才能使陰間皇后自己也感動得流淚！這一切是不容易做到的，多半要碰運氣，幾乎要全靠下筆時一瞬間的心情和精力。」

一八二七年一月十八日（仔細觀察自然是藝術的基礎；席勒的弱點：自由理想害了他）

……

我們談起《威廉．麥斯特的漫遊時代》[13]裡的一些零篇故事和短篇小說，提到它們每篇不同，各有特殊的性格和語調。

歌德說：「我想向你說明一下理由。我寫那些作品時是和畫家一樣進行工作的。畫家畫某些對象時常把某種顏色沖淡，畫另一些對象時常把某種顏色加濃。例如畫早晨的風景，他就在調色板上多放一些綠色顏料，少放一些黃色顏料；畫晚景，他就多用黃色，幾乎不用綠色。我用同樣的方法進行文學創作，讓每篇各有不同的性格，就可以感動人。」

我心裡想，這確是非常明智的箴言，歌德把它說出了，我很高興。特別聯繫到過去所說的那篇短篇小說，我驚贊他描繪自然風景時所用的細節。

歌德說：「我觀察自然，從來不想到要用它來作詩。但是由於我早年練習過風景素描，後來又

---

13 這是較早的《威廉．麥斯特的學習時代》的續編。當時歌德正在整理續編的稿子。

進行一些自然科學的研究，我逐漸學會熟悉自然，就連一些最微小的細節也熟記在心裡。所以等到我作爲詩人要運用自然景物時，它們就隨召隨到，我不易犯違反事實眞相的錯誤。席勒就沒有這種觀察自然的本領。他在《威廉．泰爾》那部劇本裡所用的瑞士地方色彩都是我告訴他的。但是席勒的智力是驚人的，聽到我的描述之後，馬上就用上了，還顯得很眞實。」

接著我們就完全談席勒，歌德說了下面的話：

「席勒特有的創作才能是在理想方面，可以說，在德國或外國文學界很少有人能比得上他。他具有拜倫的一切優點，不過拜倫認識世界要比席勒勝一籌。我倒想看見席勒在世時讀到拜倫的作品，想知道席勒對於拜倫這樣一個在精神上和他自己一致的人會怎樣評論。席勒在世時拜倫是否已有作品出版了？」

我猶豫起來，不敢做出確有把握的回答。歌德就取出詞典來查閱有關拜倫的一條，邊讀邊插進一些簡短的評論，終於發現拜倫在一八〇七年以前沒有出版什麼作品，所以席勒沒有來得及讀到拜倫的作品。[14]

歌德接著說：「貫串席勒全部作品的是自由這個理想。隨著席勒在文化教養上向前邁進，這個理想的面貌也改變了。在他的少年時期，影響他自己的形成而且流露在他作品裡的是身體的自由；到了晚年，這就變成理想的自由了。

14 席勒死於一八〇五年，拜倫在一八〇七年還在劍橋當大學生，出了一部詩集《處女作》。

「自由是一種奇怪的東西。每個人都有足夠的自由，只要他知足。多餘的自由有什麼用，如果我們不會用它？試看這間書房以及透過敞開的門可以看見的隔壁那間臥房，都不很大，還擺著各種家具、書籍、手稿和藝術品，就顯得更窄，但是對我卻夠用了，整個冬天我都住在裡面，前廂那些房間，我幾乎從來不進去。我這座大房子和我從這間房到其他許多房間的自由對我算得什麼，如果我並不需要利用它們？

「一個人如果只要有足夠的自由來過健康的生活，進行他本行的工作，這就夠了。這是每個人都容易辦得到的。我們大家都只能在某種條件下享受自由，這種條件是應該履行的。市民和貴族都一樣自由，只要他遵守上帝給他的出身地位所規定的那個界限。貴族也和國王一樣自由，他在宮廷上只要遵守某些禮儀，就可以自覺是國王的同僚[15]。自由不在於不承認任何比我們地位高的人物，而在於尊敬本來比我們高的人物。因爲尊敬他，我們就把自己提高到他的地位；承認他，我們就表明自己心胸中有高貴品質，配得上和高貴人物平等。

「我在旅遊中往往碰到德國北方的商人，他們自認爲和我平等，就在餐桌上很魯莽地挨著我身邊坐下來。這種粗魯方式就說明他們不是和我平等的。但是如果他們懂得怎樣尊敬我，怎樣對待我，那麼，他們就變成和我平等了。

「身體的自由對少年時代的席勒起了那麼大的影響，這固然有一部分由於他的精神性格，大部

15 或：和國王平等。

分卻由於他在軍事學校所受到的拘束。[16]等到後來他有了足夠的身體自由，他就轉向理想的自由。我幾乎可以說，這種理想斷送了他的生命，因爲理想迫使他對自己提出超過體力所能及的要求。

「自從席勒到威瑪來安家，大公爵就規定每年給他一千元的年金，並且約定萬一他因病不能工作，還可以加倍頒發。席勒拒絕接受加倍的條款，沒有使用過加倍的那部分年金。他說：『我有才能，可以靠自己過活。』到了晚年，他的家累更重，爲了維持生活，他不得不每年寫出兩部劇本。要完成這項工作，他往往在身體不好時也被迫一週接著一週、一天接著一天地寫下去。他的才能每個小時都須聽他指使。席勒本來不大喝酒，是個很有節制的人；但是在身體虛弱的時刻，也不得不藉喝酒來提精神。這就損害了他的健康，對他的作品也有害。有些自作聰明的人在席勒作品中所挑出的毛病，我認爲都來源於此。凡是他們認爲不妥的段落，我可以稱之爲病態的段落，因爲席勒在寫出那些段落時適逢體力不濟，沒有能找到恰當的動力。儘管我很尊敬絕對命令[17]，知道它可以產生很多的好處，可是也不能走向極端，否則理想自由這種概念一定不能產生什麼好處。」

……

16 席勒少年時代就學於軍事學院，畢業後當過短時期的軍醫。

17 「絕對命令」是康德在《實踐理性批判》（即倫理學）裡用的一個術語，指的是根據最高原則（理想）在倫理問題上所做出的絕對必須遵守的、指導意志行爲的判斷。席勒是康德的忠實信徒，他的「理想自由」實際上也就是「絕對命令」。

一八二七年一月二十九日（談貝朗瑞的詩）

今晚七點鐘我帶著短篇小說手稿和一部貝朗瑞的詩集去見歌德。我看見他正在和梭勒先生[18]談論法國文學。……梭勒是在日內瓦出生的，不會說流利的德語，歌德的法語還說得不壞，所以談話是用法語進行的，只有在我插話時才說德語。我從口袋裡掏出貝朗瑞詩集遞給歌德，他本想重溫一下其中一些卓越的歌。梭勒認爲卷首的作者肖像不太像本人。歌德卻很高興地把這個漂亮的版本接到手裡。他說：「這些歌都很完美，在這種體裁中算得上第一流的，特別是每章中的疊句用得好。對於歌這種體裁來說，如果沒有疊句，就不免太嚴肅、太精巧、太簡練了。貝朗瑞經常使我想到賀拉斯[19]和哈菲茲，這兩人也是超然站在各自時代之上，用諷刺和遊戲的態度揭露風俗的腐朽。貝朗瑞對他的環境也抱著同樣的態度。但是因爲他屬於下層階級，對淫蕩和庸俗不但不那麼痛恨，而且還帶著一些偏向。」

……

18 梭勒（F. J. Soret, 1795-1865），瑞士人，威瑪宮廷教師，同歌德往來很密，也記錄了歌德的一些談話，愛克曼在其《談話錄》補編裡採用了梭勒的一部分筆記。

19 賀拉斯（Horace），公元前一世紀著名的羅馬詩人，寫過諷刺詩、田園詩和《詩藝》。

一八二七年一月三十一日（中國傳奇和貝朗瑞的詩對比；「世界文學」；曼佐尼過分強調史實）

在歌德家吃晚飯。歌德說：「在沒有見到你的這幾天裡，我讀了許多東西，特別是一部中國傳奇[20]，現在還在讀它。我覺得它很值得注意。」

我說：「中國傳奇？那一定顯得很奇怪呀。」

歌德說：「並不像人們所猜想的那樣奇怪。中國人在思想、行爲和情感方面幾乎和我們一樣，使我們很快就感到他們是我們的同類人，只是在他們那裡一切都比我們這裡更明朗，更純潔，也更合乎道德。在他們那裡，一切都是可以理解的，平易近人的，沒有強烈的情慾和飛騰動盪的詩興，因此和我寫的《赫爾曼與竇綠苔》以及英國理查森[21]寫的小說有很多類似的地方。他們還有一個特點，人和大自然是生活在一起的。你經常聽到金魚在池子裡跳躍，鳥兒在枝頭歌唱不停，白天總是陽光燦爛，夜晚也總是月白風清。月亮是經常談到的，只是月亮不改變自然風景，它和太陽一樣明亮。房屋內部和中國畫一樣整潔雅致。例如『我聽到美妙的姑娘們在笑，等我見到她們時，她

---

20 據法譯注：即《兩姊妹》，有法國漢學家阿伯爾·雷米薩特（Abel Rémusat）的法譯本。按，可能指《風月好逑傳》。歌德在這部傳奇法譯本上寫了很多評論，據說他準備晚年根據該書寫一部長詩，但是後來沒有來得及寫就去世了。

21 理查森（S. Richardson），十八世紀英國小說家，他的作品受到狄德羅的高度讚揚，對近代西方小說影響很大。代表作有《帕美拉》和《克拉里莎·哈羅》。

們正躺在籐椅上』，這就是一個頂美妙的情景。籐椅令人想到極輕極雅。故事裡穿插著無數的典故，援用起來很像格言，例如說有一個姑娘腳步輕盈，站在一朵花上，花也沒有損傷；又說有一個德才兼備的年輕人三十歲就榮幸地和皇帝談話，又說有一對鍾情的男女在長期相識中很貞潔自持，有一次他倆不得不同在一間房裡過夜，就談了一夜的話，誰也不惹誰。還有許多典故都涉及道德和禮儀。正是這種在一切方面保持嚴格的節制，使得中國維持到幾千年之久，而且還會長存下去。」

歌德接著說：「我看貝朗瑞的詩歌和這部中國傳奇形成了極可注意的對比。貝朗瑞的詩歌幾乎每一首都根據一種不道德的淫蕩題材，假使這種題材不是由貝朗瑞那樣具有大才能的人來寫的話，就會引起我的高度反感。貝朗瑞用這種題材卻不但不引起反感，而且引人入勝。請你說一說，中國詩人那樣澈底遵守道德，而現代法國第一流詩人卻正相反，這不是極可注意嗎？」

我說：「像貝朗瑞那樣的才能對道德題材是無法處理的。」歌德說：「你說得對，貝朗瑞正是在處理當時反常的惡習中揭示和發展出他的本性特長。」我就問：「這部中國傳奇在中國算不算最好的作品呢？」歌德說：「絕對不是，中國人有成千上萬這類作品，而且在我們的遠祖還生活在野森林的時代就有這類作品了。」

歌德接著說：「我愈來愈深信，詩是人類的共同財產。詩隨時隨地由成百上千的人創作出來。這個詩人比那個詩人寫得好一點，在水面上浮游得久一點，不過如此罷了。馬提森先生[22]不能

---

22 馬提森（Matthisson, 1761-1831）是和歌德同時的德國抒情詩人。

自視為唯一的詩人，我也不能自視為唯一的詩人。每個人都應該對自己說，詩的才能並不那樣稀罕，任何人都不應該因為自己寫過一首好詩就覺得自己了不起。不過說句實在話，我們德國人如果不跳開周圍環境的小圈子朝外面看一看，我們就會陷入上面說的那種學究氣的昏頭昏腦。所以我喜歡環視四周的外國民族情況，我也勸每個人都這麼辦。民族文學在現代算不了很大的一回事，世界文學[23]的時代已快來臨了。現在每個人都應該出力促使它早日來臨。不過我們一方面這樣重視外國文學，另一方面也不應拘守某一種特殊的文學，奉它為模範。我們不應該認為中國人或塞爾維亞人、卡爾德隆或尼伯龍根[24]就可以作為模範。如果需要模範，我們就要經常回到古希臘人那裡去找，他們的作品所描繪的總是美好的人。對其他一切文學我們都應只用歷史眼光去看。碰到好的作品，只要它還有可取之處，就把它吸收過來。」

…………

我們談到曼佐尼。……

歌德說：「曼佐尼什麼都不差，差的只是他不知道自己是個很優秀的詩人，也不知道作為詩人他應享有的權利。他太重視歷史，因此他愛在所寫的劇本中加上許多注解，來證明他多麼忠於史實細節。可是不管他的事實是不是歷史的，他的人物卻不是歷史的，正如我寫的陶阿斯和伊菲革涅

23 歌德在這裡提出「世界文學」，比馬克思、恩格斯在《共產黨宣言》裡提出這個名詞恰恰早二十年。基本的區別在於歌德從普遍人性論出發，而馬克思主義創始人則從經濟和世界市場的觀點出發。

24 《尼伯龍根之歌》，日耳曼民族的民間史詩，近代德國音樂家常用其中傳說作歌劇和樂曲。

亞[25]不是什麼歷史人物一樣。沒有哪一個詩人眞正認識他所描繪的那些歷史人物，縱使認識，他也很難利用他所認識的那種形象。詩人必須知道他想要產生的效果，從而調整所寫人物的性格。如果我設法根據歷史記載來寫艾格蒙特，他是一打兒女的父親，他的輕浮行爲就會顯得很荒謬。我所需要的艾格蒙特是另樣的，須符合他的動作情節和我的詩的觀點。克蕾爾欣[26]說得好，這是我的艾格蒙特。

「如果詩人只複述歷史家的記載，那還要詩人做什麼呢？詩人必須比歷史家走得遠些，寫得更好些。索福克里斯所寫的人物都顯出那位偉大詩人的高尚心靈。莎士比亞走得更遠些，把他所寫的羅馬人變成了英國人。他這樣做是對的，否則英國人就不會懂。」[27]

……

一八二七年二月一日（歌德的《顏色學》以及他對其他自然科學的研究）

……

25 《伊菲革涅亞》悲劇中的人物。

26 《艾格蒙特》的女主角，艾格蒙特的情人。

27 詩的眞實與歷史的眞實是個大問題，也就是文藝與現實的關係的問題，應參看馬克思和恩格斯分別給拉薩爾的論悲劇的信和毛澤東〈在延安文藝座談會上的講話〉。

歌德把他的《顏色學》打開放在我面前。……我閱讀了關於生理顏色的第一段。

歌德說：「你看，凡是在我們外界存在的，沒有不同時在我們內界存在，眼睛也和外界一樣有自己的顏色。顏色學的關鍵在於嚴格區分客觀的和主觀的，所以我正從屬於眼睛的顏色開始。這樣我們在一切知覺中就經常可以分清哪種顏色是真正在外界存在的，哪種顏色只是由眼睛本身產生的貌似的顏色。所以我認為我介紹這門科學時，先談一切知覺和觀察都必須依據的眼睛，是抓住了正確的起點的。」

我繼續閱讀下去，讀到了談所要求的顏色那些有趣的段落，其中講的是眼睛需要變化，從來不願只老看某一種顏色，經常要求換另一種顏色，甚至活躍到在看不到所要求的顏色時，自己就把它造出來。[28]

由此就談到一個適用於整個自然界而為整個人生和人生樂趣所憑依的重大規律。歌德說：「這種情況不僅其他各種感官都有，就連在我們的高級精神生活中也有。由於眼睛是最重要的感官，所以要求變化的規律在顏色中顯得特別突出，所以我們都可以清楚地意識到。例如舞蹈，大音階和小音階交替變化，就令人感到很愉快，如果老是用大音階或小音階，就馬上令人厭倦了。」

我說：「一種好的藝術風格看來也是根據這條規律的，在這方面我們也是討厭聽單一的調子。就連在戲劇裡這條規律也大可應用，只要用得恰當。劇本，特別是悲劇，如果始終用一個調

28 參看第二十八頁。

子，沒有變化，總有些令人生厭。演悲劇時如果在上一幕與下一幕之間休息時，樂隊還是演奏悲傷陰鬱的樂調，就會令人感到簡直不能容忍，想盡方法要避開了。」

歌德說：「莎士比亞放到他的悲劇裡的一些生動活潑的場面，也許就是依據這條要求變化的規律。但是對希臘人的高級悲劇來說，這條規律似乎並不適用，毋寧說，希臘悲劇總是自始至終都用一個基本的調子。」

我說：「希臘悲劇都不太長，所以始終一律的調子並不能使人厭倦，而且希臘悲劇中合唱隊的歌唱和演員的對話總是交替輪換的。此外，希臘悲劇有一種崇高感，不易令人厭倦，因為它總有一種純真的現實做基礎，而這一般是爽朗愉快的。」

歌德說：「你也許說得對，不過這條要求變化的普遍規律在多大程度上適用於希臘悲劇，還是值得研究一下。你可以看出，一切事物都是互相依存的，就連一條顏色規律也可以用來研究希臘悲劇。要當心的只是不能把這樣一條規律勉強推得太廣，把它看成許多其他事物的基礎。比較穩妥的辦法也許是只用它作為一種類比或例證。」

接著我們談到歌德表達他的顏色學的方式，他從一些普遍的總規律中推演出顏色學，遇到個別現象總是把它推演到這些總規律，從而使這種現象可以理解，成為精神的一項大收穫。

歌德說：「也許是這樣，因此你可以讚揚我。不過這種方法要求研究者專心致志，而且有能力掌握基本原理。有一些很聰明的人鑽研過我的顏色學，不過很不幸，他們不能堅持正路，乘我不意就轉到邪路上去了，他們不是始終把眼睛盯住客觀對象，而是從觀念出發。不過一個有頭腦的聰明人如果真正尋求真理，總是大有作為的。」

我們談到，某些教授在發現較好的學說之後還老是在講解牛頓的學說。歌德說：「這並不足爲奇，那批人堅持錯誤，因爲他們依靠錯誤來維持生活，否則他們要重新從頭學起，那就很不方便。」我說：「但是他們的實驗怎麼能證明眞理，既然他們的學說的基礎就是錯誤的？」

歌德說：「他們本來不是在證明眞理，他們也沒有這種意圖，他們唯一的意圖是要證明自己的意見。因此，他們把凡是可證明眞理、證明他們的學說靠不住的實驗結果都隱瞞起來了。

「至於談到一般學者，他們哪裡顧得什麼眞理？他們像其他人一樣，只要能靠經驗的方式就一門學問高談闊論一通，就已心滿意足了。全部眞相就是如此。人們的性格一般是奇怪的。湖水一旦凍了冰，成百上千的人都跑到平滑的冰面上逍遙行樂，從來不想到要研究一下湖水有多深，冰底下有什麼魚在游泳。尼布爾[29]最近發現一份很古的、羅馬和迦太基訂立的商業條約，由此可以證明，羅馬史學家李維著作中關於古羅馬民族生活情況的全部記載都只是些無稽之談，因爲條約證明羅馬在遠古時代就已有很高的文化，比李維所描述的高得多。不過你如果認爲這份新發現的條約會在羅馬史學領域裡造成翻天覆地的大變革，你就大錯特錯了。請經常想到那凍了冰的湖水，我已學會認識人們了，他們正是如此，沒有什麼別的樣子。」

我說：「不過您不會追悔寫成了這部顏色學；因爲您不僅替這門卓越的科學打下了堅實基礎，而且您也替科學處理方法樹立了榜樣，人們可以用這種方法來處理類似的科目。」

29 尼布爾（Niebuhr, 1776-1831），著名的荷蘭史學家，他的《羅馬史》三卷在歐洲有各種譯本。

歌德說：「我毫不追悔，儘管我在這門學問上已費了半生的功夫。要不然，我或許可以多寫五六部悲劇，不過如此而已。在我之後會有夠多的人來做寫劇本的工作。

「不過你說得對，我處理題材的方式是好的，其中有方法條理。我還用這種方法寫過一部聲學，我的《植物變形學》也是根據同樣的觀察和推演的。

「我研究植物變形，是走自己特有的道路的。我鑽研這門學問，就像赫歐爾[30]發明他的星宿。赫歐爾太窮，買不起望遠鏡，不得不自造了一架。但是他的幸運就在此。他自造的望遠鏡比已往的一切望遠鏡都好，他就用此做出他的許多重大發現。我走進植物學領域是憑實際經驗的。現在我才認識清楚，這門科學在雌雄性別的形成過程上牽涉到的問題太廣泛，我沒有勇氣掌握它了。這就迫使我用自己的方式來鑽研這門科學，來尋求適用於一切植物的普遍規律，不管其中彼此之間的差別。這樣我就發現了變形規律，植物學的個別部門不在我的研究範圍之內，我把這些個別部門留給比我高明的人去研究。我的唯一任務就是把個別現象歸納到普遍規律裡。

「我對礦物學也發生過興趣。這有兩點理由，一點是因為它有重大的實際利益，另一點是因為我想在礦物中找出實證來說明原型世界是如何形成的。韋爾納[31]的學說已使這個問題有解決的希

30 赫歐爾（W. Herschel, 1738-1822），著名的英籍德國天文學家，他用自製的望遠鏡發現了天王星和許多衛星及其運轉規律。他的望遠鏡據說有四十英尺長。

31 韋爾納（A. G. Werner, 1750-1817），德國礦物學家。他的學說在當時礦物學界引起了激烈爭論，他是「水成岩論」者，反對哈通（I. Hutton）的「火成岩論」。歌德是站在韋爾納一邊的。

望。自從這位卓越的科學家去世以來，礦物學已鬧得天翻地覆，我不想再公開介入這場辯論，在默不作聲中保持自己的信念。

「在《顏色學》裡，下一步我還要鑽研虹的形成。這是一個非常難的課題，不過我希望能解決它。因此我很高興和你一起重溫一下顏色學，你既然對這門科學特別感興趣，藉此可以重新受到啟發。」

歌德接著說：「我對各門自然科學都試圖研究過，我總是傾向於只注意身旁地理環境中一些可用感官接觸的事物，因此我不曾從事天文學。因爲在天文學方面單憑感官不夠，還必須求助於儀器、計算和力學，這些都要花費畢生精力，不是我分內的事。

「如果我在順便研究過的一些學科中做出了一點成績，那就要歸功於我出生的時代在自然界的重大發明上比任何其他時代都更豐富。在兒童時期我就接觸到富蘭克林關於電的學說，他當時剛發現了電的規律。在我這一生中，一直到現在，重大的科學發明一個接著一個出現，所以我不僅在早年就投身到自然界，而且把對自然界的興趣一直保持到現在。

「就在我們指引的道路上現在也已有人邁出了前進的步子，這是我沒有預料到的。我好比一個人迎著晨曦前進，等到紅日東升，它的燦爛光輝會使他不由自主地感到驚訝。」[32]

……

32 歌德畢生除文藝之外一直孜孜不倦地研究自然科學，特別是光學和顏色學。在《談話錄》裡他經常談到這方面的問題。一八二四年一月四日的談話稍稍涉及了牛頓，現在又增選了這一篇，因爲它多少是總結性的。歌

一八二七年三月二十一日（黑格爾門徒亨利克斯的希臘悲劇論）

歌德給我看亨利克斯[33]論希臘悲劇本質的一本小冊子。他說：「我已讀過，很感興趣。亨利克斯用索福克里斯的《伊底帕斯王》和《安蒂岡妮》兩部悲劇來闡明他的觀點。這本書很值得注意，我把它借給你讀一讀，以便下次我們討論。我並不贊成他的意見，但是看一看像亨利克斯這樣受過澈底哲學教養的人怎樣從他那一派哲學觀點來看詩的藝術作品，是很有教益的。今天我的話就到此爲止，免得影響你自己的意見。你且讀一讀，就可以發現它會引起各種各樣的思想。」

一八二七年三月二十八日（評黑格爾派對希臘悲劇的看法；對莫里哀的讚揚；評施萊格爾）

亨利克斯的書已仔細讀過，今天我把它帶還歌德。爲著完全掌握他所討論的題目，我把索福克

德的一些科學研究現已過時，但在科學歷史上的功勞是得到公認的，特別是他在達爾文以前就提出生物進化的學說。他在文藝上反對從概念出發，強調要有現實生活做基礎。這種現實主義的文藝觀點和他的科學訓練有密切關聯。

33 亨利克斯（W. Hinrichs, 1794-1861），德國黑格爾派美學家，他的悲劇論只是黑格爾的悲劇論的闡述。他的書出版時，黑格爾的《美學》還沒有出版，亨利克斯的悲劇論是根據他聽黑格爾講美學課時所作的筆記來寫成的。

里斯的全部現存作品重溫了一遍。

歌德問我：「你覺得這本書如何？是不是把問題談得很透？」

我回答說：「我覺得這本書很奇怪。旁的書從來沒有像這本書一樣引起我這麼多的思考和這麼多的反對意見。」

歌德說：「正是如此。我們贊同的東西使我們處之泰然，我們反對的東西才使我們的思想獲得豐產。」

我說：「我看他的意圖是十分可欽佩的，他從來不停留在表面現象上。不過他往往迷失在細微的內心情況裡，而且純憑主觀，因而既失去了題材在細節上的眞相，也失去了對整體的全面觀察。在這種情況下，我們就不得不對自己和題材都施加暴力，勉強予以歪曲，才能和他想到一起。此外，我還往往感覺到自己的感官彷彿太粗糙，分辨不出他所提出的那些非常精微奧妙的差別。」

歌德說：「假如你也有他那樣的哲學訓練，事情就會好辦些。說句老實話，這位來自德國北方海邊的亨利克斯無疑是個有才能的人，而他竟被黑格爾哲學引入迷途，我眞感到很惋惜。他因此就失去了用無拘束的自然方式去觀察和思考的能力。他在思想和表達兩方面都逐漸養成了一種既矯揉造作又晦澀難懂的風格。所以他的書裡有些段落叫我們看不懂，簡直不知所云。[34]

「…………

「我想這就夠了！我不知道英國人和法國人對於我們德國哲學家們的語言會怎樣想，連我們德

---

34 歌德引了一段晦澀的話，這裡沒有譯出。

國人自己也不懂他們說些什麼。」

我說：「儘管如此，我們還是一致同意，承認這部書畢竟有一種高尚的意圖，而且還有一個能激發思考的特點。」

歌德說：「他對家庭和國家的看法以及對家庭和國家之間可能引起的悲劇衝突的看法[35]，當然很好而且富於啟發性，可是我不能承認他的看法對於悲劇藝術來說是最好的，甚至是唯一正確的。我們當然都在家庭裡生活，也都在國家裡生活。一種悲劇命運落到我們頭上，當然和我們作為家庭成員和作爲國家成員很難毫無關係。但是我們單是作爲家庭成員，或單是作爲國家成員，還是完全可以成爲很合適的悲劇人。因爲悲劇的關鍵在於有衝突而得不到解決，而悲劇人物可以由於任何關係的矛盾而發生衝突，只要這種矛盾有自然基礎，而且眞正是悲劇性的。例如埃阿斯[36]由於榮譽感受損傷而終於毀滅，赫拉克勒斯[37]由於妒忌而終於毀滅。在這兩個事例裡，都很難見出家庭恩愛和

---

35 亨利克斯的悲劇衝突論完全來自黑格爾。參看黑格爾的《美學》第一卷和第三卷論戲劇體詩的悲劇部分。黑格爾也把《伊底帕斯王》和《安蒂岡妮》看作悲劇衝突的典型例證。

36 埃阿斯是僅次於阿喀琉斯的希臘遠征軍的猛勇將領。阿喀琉斯死後，埃阿斯和奧德修斯爭著要他的盔甲武器，主帥判決給奧德修斯，埃阿斯認爲這有損他的榮譽，發了瘋，終於自殺。

37 赫拉克勒斯是大力神，他的妻子被半人半馬的怪物強姦，他用毒箭把怪物射死，怪物臨死前告訴大力神的妻子，說自己的中毒的血可以防治丈夫不忠貞。赫拉克勒斯後來另有所戀，他妻子把他的襯衫浸在這毒血裡，再交給他穿，他因此中毒身死，所以說他死於妒忌。

國家忠貞之間的衝突。可是按照亨利克斯的說法，家與國的衝突卻是希臘悲劇的要素。」

……………

歌德接著說：「你想必已注意到，亨利克斯是完全從理念[38]出發來考察希臘悲劇的，並且認爲索福克里斯在創作劇本時也是從理念出發，根據理念來確定劇中人物及其性別和地位。但是索福克里斯在寫劇本時並不是從一種理念出發，而是抓住在希臘人民中久已流傳的某個現成的傳說，其中已有一個很好的理念或思想，他就從這個傳說構思，想把它描繪得盡可能地美好有力，搬到舞臺上演出。」……

我插嘴說：「亨利克斯關於克瑞翁的行爲所說的話好像也站不住腳。他企圖證明克瑞翁禁止埋葬波呂尼刻斯是純粹執行國法，說他不僅是一個普通人，而是一個國王，國王是國家本身的人格化，正是他才能在悲劇中代表國家權力，也正是他才能表現出最高的政治道德。」[39]

38　理念是黑格爾的術語，指絕對概念。

39　這裡講的是索福克里斯的名劇《安蒂岡妮》中的情節。安蒂岡妮是波呂尼刻斯的妹妹，伊底帕斯的女兒。伊底帕斯死後，忒拜國王位規定先由長子繼承到指定的時期，到期由次子波呂尼刻斯繼承。但長子到期不肯讓位，次子就借鄰國的兵來奪權，在戰爭中弟兄兩人都被打死了。新國王克瑞翁下令禁止收葬波呂尼刻斯的屍體。和克瑞翁的兒子訂了婚的安蒂岡妮爲了家庭骨肉的恩情，違令收葬了死者。克瑞翁又下令要把她關在墓道裡活活悶死，但是她自殺了，克瑞翁的兒子也隨之自殺了。黑格爾把《安蒂岡妮》看作典型的希臘悲劇，其中衝突起於家庭義務和國家義務，雙方都是片面性的要求。亨利克斯的說法也完全是依照黑格爾的。

歌德帶著微笑回答說：「那些話是沒有人會相信的。克瑞翁的行動並不是從政治道德出發，而是從對死者的仇恨出發。波呂尼刻斯在他的家族繼承權被人用暴力剝奪去之後，設法把它奪回來，這不是什麼反對國家的滔天罪行，以致死還不足贖罪，還要懲罰無辜的死屍。

「一種違反一般道德的行動絕不能叫做政治道德。克瑞翁禁止收葬波呂尼刻斯，不僅使腐化的死屍汙染空氣，而且讓鷹犬之類把屍體上撕下來的骨肉碎片銜著到處跑，以致汙染祭壇。這樣一種人神共嫉的行動絕不是一種政治**德行**，而是一種政治**罪行**。不僅如此，劇中每個人物都是反對克瑞翁的：組成合唱隊的國中父老、一般人民、星相家，乃至他自己的全家人都反對他。但是他都不聽，頑固到底，直至毀滅了全家人，而他自己也終於只成了一個陰影。」

我說：「可是聽到克瑞翁說的話，我們卻不免相信他有理。」

歌德說：「這裡正足以見出索福克里斯的大師本領，這也是一般戲劇的生命所在。索福克里斯所塑造的人物都有這種口才，懂得怎樣把人物動作的動機解釋得頭頭是道，使聽眾幾乎總是站在最後一個發言人一邊。

「人們都知道，索福克里斯自幼受過很好的修辭訓練，慣於搜尋一件事物的眞正的道理和表面的道理。」……

接著我們進一步談到索福克里斯在他的劇本裡著眼於道德傾向的較少，他著眼較多的是對當前題材的妥當處理，特別是關於戲劇效果的考慮。

歌德說：「我並不反對戲劇體詩人著眼於道德效果，不過如果關鍵在於把題材清楚而有力地展現在觀眾眼前，在這方面他的道德目的就不大有幫助；他就更多地需要描繪的大本領以及關於舞臺的知識，這樣才會懂得應該取什麼和捨什麼。如果題材中本來寓有一種道德作用，它自然會呈現出來，詩人所應考慮的只是對他的題材作有力的藝術處理。詩人如果具有像索福克里斯那樣高度的精神意蘊，不管他怎樣做，他的道德作用會永遠是好的。此外，他了解舞臺情況，懂得他的行業。」

……

歌德接著說：「就我們近代的戲劇旨趣來說，我們如果想學習如何適應舞臺，就應向莫里哀請教。你熟悉他的《幻想病》吧？其中有一景，我每次讀這部喜劇時都覺得它象徵著對舞臺的透澈了解。我所指的就是幻想病患者探問他的小女兒是否有一個年輕人到過她姊姊房子裡那一景。另一個作家如果對他的行業懂得不如莫里哀那樣透澈，他就會讓小路易莎馬上乾乾脆脆把事實真相說出來，那麼，一切就完事大吉了。可是莫里哀爲著要產生生動的戲劇效果，在這場審問中用了各種各樣的延宕花招。他首先讓小路易莎聽不懂她父親的話，接著讓她說她什麼都不知道；她父親要拿棍子打她，她就倒下裝死；她父親氣得發昏，神魂錯亂，她卻從裝死中狡猾地嬉皮笑臉地跳起來，最後才逐漸把眞相吐露出來。

「我這番解釋只能使你對原劇的生動活潑有個粗淺的印象。你最好親自去細讀這一景，去深刻體會它的戲劇價值。你會承認，從這一景裡所獲得的實際教益比一切理論所能給你的都要多。」

歌德接著說：「我自幼就熟悉莫里哀，熱愛他，並且畢生都在向他學習。我從來不放鬆，每年必讀幾部他的劇本，以便經常和優秀作品打交道。這不僅因爲我喜愛他的完美的藝術處理，特別是因爲這位詩人的可愛的性格和有高度修養的精神生活。他有一種優美的特質、一種妥帖得體的機智和一種適應當時社會環境的情調，這只有像他那樣生性優美的人每天都能和當代最卓越的人物打交道，才能形成的。對於麥南德[40]，我只讀過他一些殘篇斷簡，但對他懷有高度崇敬，我認為他是唯一可和莫里哀媲美的偉大希臘詩人。」

我回答說：「我很幸運，聽到您對莫里哀的好評。你的好評和施萊格爾先生的話當然不同調啊！就在今天，我把施萊格爾在戲劇體詩講義[41]裡關於莫里哀的一番話勉強吞了下去，很有反感。施萊格爾高高在上地俯視莫里哀，依他的看法，莫里哀是一個普通的小丑，只是從遠處看到上等社會，他的職業就是開各種各樣的玩笑，讓他的主子開心。對於這種低級趣味的玩笑，他倒是頂伶巧的，不過大部分還是剽竊來的。他想勉強擠進高級喜劇領域，但是沒有成功過。」

歌德回答說：「對於施萊格爾之流，像莫里哀那樣有才能的人當然是一個眼中釘。他感到莫里哀不合自己的胃口，所以不能忍受他。莫里哀的《厭世者》令我百讀不厭，我把它看作我最喜愛的一種劇本，可是施萊格爾卻討厭它。他勉強對《僞君子》說了一點讚揚話，可還是在儘量貶低它。他不肯寬恕莫里哀嘲笑有些學問的婦女們裝腔作態。像我的一位朋友所說的，施萊格爾也許感覺到自己如果和莫里哀生活在一起，就會成爲他嘲笑的對象。」

歌德接著說：「不可否認，施萊格爾知道的東西極多。他的非凡的淵博幾乎令人吃驚，但是事

---

40 麥南德（Menander, B.C. 342-291），希臘新喜劇的始祖，其劇本留存下來的很少，直到一九〇五年法國學者勒弗夫勒（Lefebvre）才在埃及發現他的四部喜劇的殘卷。

41 指浪漫派理論家奧古斯特・威廉・施萊格爾（1767-1845）的《戲劇藝術和文學講義》（一八〇八年）。這部書在十九世紀影響很大，但是歌德很瞧不起它。

情並不到此爲止。知識淵博是一回事，判斷正確又是另一回事。施萊格爾的批評完全是片面的。他幾乎對所有的劇本都只注意到故事梗概和情節安排，經常只指出劇本與前人作品的某些微末的類似點，毫不操心去探索一部劇本的作者替我們帶來什麼樣的高尚心靈所應有的美好生活和高度文化教養。但是一個有才華的人要出一切花招有什麼用處，如果從一部劇本裡我們看不到作者的可敬愛的偉大人格？只有顯出這種偉大人格的作品才能爲民族文化所吸收。

「在施萊格爾處理法國戲劇的方式中，我只看到替一個低劣的評論員所開的藥方，這位評論員身上沒有哪一個器官能欣賞高尚卓越的東西，遇到才能和偉大人物性格也熟視無睹，彷彿那只是糟糠。」[42]……

……

一八二七年四月一日（談道德美；戲劇對民族精神的影響；學習偉大作品的作用）

……

42 這篇談話概括了歌德對西方一些重要的劇作家的看法，特別是對當時兩個影響最大的文藝理論家黑格爾和施萊格爾的評論。他高度評價希臘悲劇，但認爲莫里哀著眼到舞臺效果，更值得近代劇作家效法。在理論方面他和黑格爾派是對立的，黑格爾派從理念出發，而歌德卻主張從現實具體情況出發。對浪漫派理論家施萊格爾，歌德表示極端鄙視，因爲他只炫耀淵博的知識而缺乏判斷力，迷失在細節裡而抓不住藝術作品的眞正靈魂。

昨晚劇院上演了歌德的《伊菲革涅亞》。……

歌德說：「一個演員也應該向雕刻家和畫家請教，因爲要演一位希臘英雄，就必須仔細研究流傳下來的希臘雕刻，把希臘人的坐相、站相和行爲舉止的自然優美銘刻在自己心裡。但是只注意身體方面還不夠，還要仔細研究古今第一流作家，使自己的心靈得到高度文化教養。這不僅對了解他所扮演的角色有幫助，而且也使自己整個生活和儀表獲得一種較高尚的色調。」……

話題轉到索福克里斯的《安蒂岡妮》以及貫串其中的道德色彩，最後又談到世間道德的起源問題。

歌德說：「像一切美好的事物一樣，道德也是從上帝那裡來的。它不是人類思維的產品，而是天生的內在的美好性格。它多多少少是一般人類生來就有的，但是在少數具有卓越才能的心靈裡得到高度顯現。這些人用偉大事業或偉大學說顯現出他們的神聖性[43]，然後透過所顯現的美好境界，博得人們愛好，有力地推動人們尊敬和競賽。

「但是道德方面的美與善可以透過經驗和智慧而進入意識，因爲在後果上，醜惡證明是要破壞個人和集體幸福的，而高尚正直則是促進和鞏固個人和集體幸福的。因此，道德美便形成教義，作爲一種明白說出的道理在整個民族中傳播開來。」

我插嘴說：「我最近還在閱讀中碰到一種意見，據說希臘悲劇把道德美看作一個特殊的目標。」

43 這是明顯的人性論和天才論。

歌德回答說：「與其說是道德，倒不如說是整個純眞人性；特別是在某種情境中，它和邪惡勢力發生了衝突，它就變成悲劇性格。在這個領域裡，道德確實是人性的主要組成部分。

「此外，《安蒂岡妮》中的道德因素並不是索福克里斯創造的，而是題材本來就有的，索福克里斯採用了它，使道德美本身顯出戲劇性效果。」[44]

⋯⋯⋯⋯

話題接著轉到一般劇作家及其對人民大眾所已起或能起的重要影響。

歌德說：「一個偉大的戲劇體詩人如果同時具有創造才能和內在的強烈而高尚的思想情感，並把它滲透到他的全部作品裡，就可以使他的劇本中所表現的靈魂變成民族的靈魂。我相信這是值得辛苦經營的事業。高乃依就起了能培育英雄品格的影響。[45]這對於需要有一個英雄民族的拿破崙是有用的，所以提到高乃依時他說過如果高乃依還在世，他就要封他為王。所以一個戲劇體詩人如果認識到自己的使命，就應孜孜不倦地工作，精益求精，這樣他對民族的影響就會是造福的、高尚的。

「我們要學習的不是同輩人和競爭對手，而是古代的偉大人物。他們的作品從許多世紀以來一直得到一致的評價和尊敬。一個資稟眞正高超的人就應感覺到這種和古代偉大人物打交道的需要，

44 歌德基本上從人性論出發，但也不忽視經驗和教育對「人性」的作用。他主張戲劇應有道德美，但這是題材本身就已包含有的，而不是由詩人外加的。

45 高乃依的名著《熙德》、《賀拉斯》等等都是歌頌英雄人物的。

而認識這種需要正是資稟高超的標誌。讓我們學習莫里哀，讓我們學習莎士比亞，但是首先要學習古希臘人，永遠學習希臘人。」[46]

……

一八二七年四月十一日（魯本斯的風景畫妙肖自然而非模仿自然；評萊辛和康德）

……

我們回來[47]了，吃晚飯還太早，歌德趁這時讓我看看魯本斯[48]的一幅風景畫，畫的是夏天的傍晚。在前景左方，可以看到農夫從田間回家，畫的中部是牧羊人領著一群羊走向一座村舍；稍往後一點，右方停著一輛乾草車，人們正在忙著裝草，馬還沒套上車，在附近吃草；再往後一點，在草地和樹叢裡，有些騾子帶著小騾在吃草，看來是要在那裡過夜。一些村莊和一個小鎮市遠遠出現在

---

46 歌德和席勒都是德國古典派的代表，所以尊崇希臘，厚古習氣很濃。這一方面是受到文藝復興的影響，另一方面也是因為當時德國文學還在草創時代，優秀作品確實不多（除掉歌德和席勒以外）。在前世紀高士德及其門徒把法國新古典主義輸入德國，歌德鄙之為「學究派」。流行的德國浪漫派是消極的，也是和歌德對立的。

47 從鄉間遊玩回來。

48 魯本斯（Rubens, 1577-1640），荷蘭大畫家，擅長歷史畫、風景畫和風俗畫。

地平線上，最美妙地把活躍而安靜的意境表現出來了。

我覺得整幅畫安排得融貫，顯得很眞實，而細節也畫得維妙維肖，就說魯本斯完全是臨摹自然的。

歌德說：「絕對不是，像這樣完美的一幅畫在自然中是從來見不到的。這種構圖要歸功於畫家的詩的精神。不過魯本斯具有非凡的記憶力，他腦裡裝著整個自然，自然總是任他驅使，包括個別細節在內。所以無論在整體還是在細節方面，他都顯得這樣眞實，使人覺得他只是在臨摹自然。現在沒有人畫得出這樣好的風景畫了，這種感受自然和觀察自然的方式已完全失傳了。我們的畫家們所缺乏的是詩。」

……

晚飯後歌德帶我到園子裡繼續談話。

我說：「關於萊辛，有一點很可注意，在他的理論著作裡，例如《拉奧孔》[49]，他不馬上得出結論，總是先帶著我們用哲學方式去巡視各種意見、反對意見和疑問，然後才讓我們達到一種大致可靠的結論。我們體會到的毋寧是他自己在進行思考和搜索，而不是拿出能啟發我們思考，使我們具有創造力的那種重大觀點和重大眞理。」

歌德說：「你說得對。萊辛自己有一次就說過，假如上帝把眞理交給他，他會謝絕這份禮

---

49 萊辛的主要理論著作有《漢堡劇評》和《拉奧孔，論繪畫與詩的界限》。

物，寧願自己費力去把它找到。……

「萊辛本著他的好辯的性格，最愛停留在矛盾和疑問的領域，分辨是他當行的本領，在分辨中他最能顯出他的高明的理解力。你會看出我和他正相反。我總是回避矛盾衝突，自己設法在心裡把疑問解決掉。我只把我所找到的結果說出來。」

我問歌德，在近代哲學家之中他認爲誰最高明。

歌德說：「康德，毫無疑問。只有他的學說還在發生作用，而且深深滲透到我們德國文化裡。你對康德雖沒有下過功夫，他對你也發生了影響。現在你已用不著研究他了，因爲他可以給你的東西，你都已經有了。如果你將來想讀一點康德的著作，我介紹你讀《判斷力批判》[50]。」

我問歌德是否和康德有過私人來往。

歌德回答說：「沒有。康德沒有注意到我，儘管我本著自己的性格，走上了一條類似他所走的道路。我在對康德毫無所知的時候就已寫出了《植物變形學》，可是這部著作卻完全符合康德的教義。主體與客體[51]的區分，以及每一物的存在各有自己的目的，軟木生長起來不是只爲我們做瓶塞之類看法，我和康德是一致的，我很高興在這方面和他站在一起。後來我寫了《實驗論》[52]，可以

---

50 這是近代一部最重要的唯心主義和形式主義的美學經典著作。

51 即對象。

52 原題是《實驗作爲客體與主體的中介者》，一七九三年出版。德文 Vermittelung 直譯爲「中介」或「調解」，黑格爾常用來表示「統一」。值得注意的是此書帶有實踐觀點。

看作對主體與客體的批判和主體與客體的中介。

「席勒經常勸我不必研究康德哲學。他常說康德對我不會有用處。但是席勒自己對研究康德卻極熱心，我也研究過康德，這對我並非沒有用處。」[53]……

一八二七年四月十八日（就魯本斯的風景畫泛論美；藝術既服從自然，又超越自然）

晚飯前，我陪歌德乘馬車沿著通往埃爾福特的道路遊了一陣子。我們碰到各種各樣的車輛運貨上萊比錫的集市，也碰到一長串的馬，其中有很美的。

歌德說：「我對美學家們不免要笑，笑他們自討苦吃，想透過一些抽象名詞，把我們叫做美的那種不可言說的東西化成一種概念。美其實是一種本原現象（Urphänomen），它本身固然從來不出現，但它反映在創造精神的無數不同的表現中，都是可以目睹的，它和自然一樣豐富多彩。」

我說：「我聽說過，自然永遠是美的，它使藝術家們絕望，因爲他們很少有能完全趕上自然的。」

---

53 歌德經常提到的德國哲學家只有康德、萊辛和黑格爾。他對黑格爾不甚贊同，黑格爾的《美學》他沒有來得及讀，其中對歌德的評價卻很高。康德對歌德的影響沒有對席勒的那麼大。歌德在精神和方法上倒更近於萊辛，兩人都是從客觀現實而不是從概念出發的。

歌德回答說：「我深深了解，自然往往展示出一種可望而不可攀的魅力，但是我並不認爲自然的一切表現都是美的。自然的意圖[54]固然總是好的，但是使自然能完全顯現出來的條件卻不盡是好的。

「拿橡樹爲例來說，這種樹可以很美。但是需要多少有利的環境配合在一起，自然才會產生一棵眞正美的橡樹呀！一棵橡樹如果生在密林中，周圍有許多大樹圍繞著，它就總是傾向於朝上長，爭取自由空氣和陽光，樹幹周圍只生長一些脆弱的小枝杈，過了百把年就會枯謝掉。但是這棵樹如果終於把樹頂上升到自由空氣裡，它就會不再往上長，開始向四周展開，形成一種樹冠。但是到了這個階段，樹已過了中年了，多少年來向上伸展的努力已消耗了它最壯健的氣力。它於是努力向寬度發展，也就得不到好結果。長成了，它高大強健，樹幹卻很苗條，樹幹與樹冠的比例不相稱，還不能使樹顯得美。

「如果這棵橡樹生在低窪潮溼的地方，土壤又太肥沃，只要有合適的空間，它就會過早地在樹幹四周長出無數枝杈，沒有什麼抵抗它或使它長慢一點的力量，這樣它就顯不出挺拔嶙峋、盤根錯節的姿勢，從遠處看來，它就像菩提樹一樣柔弱，仍然不美，至少是沒有橡樹的美。

「最後，如果這棵橡樹生在高山坡上，土壤瘦，石頭多，它會生出太多的癬疤，不能自由發展，很早就枯凋，不能令人感到驚奇。」

54 意圖就是目的。歌德在這一點上受到康德的目的論的影響，康德認爲一切事物不但各有原因，而且各有目的，也不以人的意志爲轉移。這當然還是先驗論和命定論。

我聽到這番話很高興，就說：「幾年以前，我從哥廷根到威悉河流域作短途旅行，倒看到過一些橡樹很美，特別是在霍克斯特附近。」

歌德接著說：「沙土地或夾沙土使橡樹可以向各方面伸出茁壯的根，看來於橡樹最有利。它坐落的地方還應有足夠的空間，使它從各方面受到光線、太陽、雨和風的影響。如果它生長在避風雨的舒適地方，那也長不好。它須和風雨搏鬥上百年才能長得健壯，在成年時它的姿勢就會令人驚贊了。」

我問：「從你這番話是否可以得出結論說，事物達到了自然發展的頂峰就顯得美？」

歌德回答說：「當然，不過什麼叫做自然發展的頂峰，還須解釋清楚。」

我回答說：「我指的是事物生長的一定時期，到了這個時期，某一事物就會完全現出它所特有的性格。」

歌德說：「如果指的是這個意思，那就沒有什麼可反對的，但還須補充一句：要達到這種性格的完全發展，還需要一種事物的各部分肢體構造都符合它的自然定性，也就是說，符合它的目的。

「例如達到結婚年齡的姑娘，她的自然定性是孕育孩子和給孩子哺乳，如果骨盤不夠寬大，胸脯不夠豐滿，她就不會顯得美。但是骨盤太寬大，胸脯太豐滿，也還是不美，因爲超過了符合目的的要求。

「爲什麼我們可以把我們在路上看到的某些馬看作美的呢？還不是因爲體格構造符合目的嗎？這不僅因爲牠們的運動姿勢的輕快秀美，而且還有更多的因素，這些因素只有善騎馬的人才會說明，而我們一般人只能得到一般印象。」

我問：「我們可不可以把一匹駕車的馬也看作美的呢？例如我們不久以前看到的拉貨車到布拉邦特去的那些馬？」

歌德說：「當然可以，爲什麼不可以？一位畫家也許會覺得這種駕車的馬性格鮮明，筋骨發展得很健壯，比起一匹較溫良、較俊秀的馴馬更能顯出各種各樣的美豐富多彩地配合在一起。」

歌德接著說：「要點在於種[55]要純，沒有遭到人工的摧殘，一匹割掉鬃和尾的馬，一條剪掉耳尖的獵狗，一棵砍掉大枝、其餘枝杈剪成圓頂形的樹，特別是一位身體從小就被緊束胸腹的內衣所歪曲和摧殘的少婦，都是使鑑賞力很好的人一看到就要作嘔的，只有在庸俗人的那一套美的教條裡才有地位。」……

吃晚飯時大家都很熱鬧。歌德的公子剛讀過他父親的《海倫后》，談起來很有些顯出天生智力的看法。他顯然很喜歡用古曲精神寫出的那部分，但是我們可以看出，他讀這篇詩時，對其中歌劇性和浪漫色彩較濃的部分並不大起勁。

歌德說：「你基本上是正確的，這篇詩有一點奇特。我們固然不能說，凡是合理的都是美的，但凡是美的確實都是合理的，至少是應該合理的。你歡喜寫古代的那部分，因爲它是可以理解的，可以巡視其中各個部分，可以用你自己的理解力來推測我的理解力。詩的第二部分雖然也運用並展開了各種各樣的知解力和理解力，但是很難，須經過一番研究，讀者才能理解其中的意義，才

55 血緣。

可以用自己的理解力去探索出作者的理解力。」

…………

歌德叫人取出登載荷蘭大畫師們的作品複製件的畫冊。……他把魯本斯的一幅風景畫擺在我面前。

他說：「這幅畫你在這裡已經看過[56]，但是傑作看了多次都還不夠，而且這次要注意的是一種奇特現象。請你告訴我，你看到了什麼？」

我說：「如果先從遠景看，最外層的背景是一片很明朗的天光，彷彿是太陽剛落的時候。在這最外層遠景裡還有一個村莊和一座市鎮，由夕陽照射著。畫的中部有一條路，路上有一群羊忙著走回村莊。畫的右方有幾堆乾草和一輛已裝滿乾草的大車。幾匹還未套上車的馬在附近吃草。稍遠一點，散布在小樹叢中的有幾匹騾子帶著小騾子吃草，看來是要在那裡過夜。接近前景的有幾棵大樹。最後，在前景的左方有一些農夫在下工回家。」

歌德說：「對，這就是全部內容。但是要點還不在此。我們看到畫出的羊群、乾草車、馬和回家的農夫這一切對象，是從哪個方向受到光照的呢？」

我說：「光是從我們對面的方向照射來的，照到對象的陰影都投到畫中來了。在前景中那些回家的農夫特別受到很明亮的光照，這產生了很好的效果。」

---

56 參看第一四九頁。

歌德問：「但是魯本斯用什麼辦法來產生這樣美的效果呢？」

我回答說：「他讓這些明亮的人物顯現在一種昏暗的地面[57]上。」

歌德又問：「這種昏暗的地面是怎樣畫出來的呢？」

我說：「它是一種很濃的陰影，是從那一叢樹投到人物方面來的。呃，怎麼搞的？」我驚訝起來了，「人物把陰影投到畫這邊來，而那一叢樹又把陰影投到和看畫者對立的那邊去！這樣，我們就從兩個相反的方向受到光照，但這是違反自然的！」

歌德笑著回答說：「關鍵正在這裡啊！魯本斯正是用這個辦法來證明他偉大，顯示出他本著自由精神站得比自然要**高一層**，按照他的更高的目的來處理自然。光從相反的兩個方向射來，這當然是牽強歪曲，你可以說，這是違反自然。不過儘管這是違反自然，我還是要說它高於自然，要說這是大畫師的大膽手筆，他用這種天才的方式向世人顯示：藝術並不完全服從自然界的必然之理，而是有它自己的規律。」

歌德接著說：「藝術家在個別細節上當然要忠實於自然，要恭順地模仿自然，他畫一個動物，當然不能任意改變骨骼構造和筋絡的部位。如果任意改變，就會破壞那種動物的特性。這就無異於消滅自然。但是，在藝術創造的較高境界裡，一幅畫要真正是一幅畫，藝術家就可以揮灑自如，可以求助於**虛構**（Fiktion），魯本斯在這幅風景畫裡用了從相反兩個方向來的光，就是如此。

57 底色。

「藝術家對於自然有著雙重關係：他既是自然的主宰，又是自然的奴隸。他是自然的奴隸，因爲他必須用人世間的材料來進行工作，才能使人理解；同時他又是自然的主宰，因爲他使這種人世間的材料服從他的較高的意旨[58]，並且爲這較高的意旨服務。

「藝術要透過一種完整體向世界說話。但這種完整體不是他在自然中所能找到的，而是他自己的心智的果實，或者說，是一種豐產的神聖的精神灌注生氣的結果。

「我們如果只從表面看魯本斯這幅風景畫，一切都會顯得很自然，彷彿是直接從自然臨摹來的。但事實並非如此。這樣美的一幅畫是在自然中看不到的，正如普尙或克勞德・洛蘭[59]的風景畫一樣，我們也覺得它很自然，但在現實世界裡卻找不出。」

我問：「像魯本斯用雙重光線這樣的藝術虛構的大膽手筆，在文學裡是否也有呢？」

歌德想了一會兒，回答說：「不必遠找，我可以從莎士比亞的作品裡舉出十來個例子給你看。姑且只舉《馬克白》。馬克白夫人要唆使她丈夫謀殺國王，說過這樣的話：

『……我餵過嬰兒的奶……』[60]

---

58 目的。

59 克勞德・洛蘭（Claude Lorrain, 1600-1682），法國風景畫家。

60 見《馬克白》第一幕第七景。馬克白夫人慫恿丈夫殺國王篡位，到了有機可乘時他卻猶豫不絕，她罵他是膽小鬼，說她自己爲著遵守誓言，可以把自己餵過奶的心愛的嬰兒殺掉，毫不猶豫。

這話是眞是假，並沒有關係，但是馬克白夫人這樣說了，而且她必須這樣說，才能加強她的語調。但是在劇本的後部分，麥克達夫聽到自己的兒女全遭殺害時，狂怒地喊道：

『他沒有兒女啊！』[61]

這話和上面引的馬克白夫人的話正相反。但這個矛盾並沒有使莎士比亞爲難。他要的是加強當時語調的力量。麥克達夫說『他沒有兒女』，正如馬克白夫人說『我餵過嬰兒的奶』，都是爲著加強語調。」

歌德接著說：「一般地說，我們都不應把畫家的筆墨或詩人的語言看得太死、太窄狹。一件藝術作品是由自由大膽的精神創造出來的，我們也就應盡可能地用自由大膽的精神去觀照和欣賞。」[62]……

61 見原劇第四幕第三景。麥克達夫是國王的忠臣，馬克白殺害了他全家兒女，他聽到這消息時非常悲憤，他的同夥中有人說要報仇，他說這個仇報不了，馬克白沒有兒女可殺害。

62 在這篇極重要的談話裡，歌德用自然、繪畫和文學作品中生動具體的事例來說明他的基本美學觀點：藝術要服從自然，也要超越自然。從美學觀點看，這篇談話是最值得注意的，也是一般美學著作經常援引的。

一八二七年五月三日（民族文化對作家的作用；德國作家處境不利；德國和法、英兩國的比較）

斯塔普弗[63]譯的歌德戲劇集非常成功，安培爾先生[64]去年在巴黎《地球》雜誌上發表了一篇也很高明的書評。這篇書評歌德很讚賞，經常提到它，並表示感激。

他說：「安培爾先生的觀點是很高明的。我國評論家在這種場合總是從哲學出發，評論一部詩作時所採取的方式，使意在闡明原書的文章只有他那一派的哲學家才看得懂，對其餘的人卻比他要闡明的原著還更難懂。安培爾先生的評論卻切實而又通俗。作爲一個行家，他指出了作品與作者的密切關係，把不同的詩篇當作詩人生平不同時期的果實來評論。

「他極深入地研究了我的塵世生活的變化過程以及我的精神狀態，並且也有本領看出我沒有明說而只在字裡行間流露出來的東西。他正確地指出，我在威瑪做官的宮廷生活頭十年中幾乎沒有什麼創作，於是在絕望中跑到義大利，在那裡帶著創作的新熱情抓住了塔索的生平，用這個恰當的題材來創作[65]，從而擺脫了我在威瑪生活中的苦痛陰鬱的印象和回憶。所以他把我的塔索恰當地稱爲

63 斯塔普弗（P. A. Stapfer）的法文譯本出版於一八二六年。

64 安培爾（J. J. Ampère, 1800-1864），法國文學家和史學家。他的父親是著名的物理學家，在電學方面有些發明。

65 歌德的劇本《塔索》是用義大利十六世紀詩人塔索（T. Tasso，《耶路撒冷的解放》的作者）的生平來影射自己在威瑪宮廷的苦悶生活。

提高了的維特[66]。

「關於《浮士德》，他說得也很妙，他指出不僅主角浮士德的陰鬱的、無饜的企圖，就連那惡魔的鄙夷態度和辛辣諷刺，都代表著我自己性格的組成部分。」

……我們一致認爲安培爾先生一定是個中年人，才能對生活與詩的互相影響懂得那樣清楚。所以我們感到很驚訝，前幾天安培爾先生到威瑪來了，站在我們面前的卻是一個活潑快樂的二十歲左右的小夥子！我們和他多來往了幾次，還同樣驚訝地聽他說，《地球》的全部撰稿人（這些人的智慧、克制精神和高度文化教養是我們一向欽佩的）都是年輕人，和他的年紀差不多。

我說：「我很理解一個年輕人能創作出重要的作品，例如梅里美在二十歲就寫出了優秀作品。但是像這位《地球》撰稿人那樣年輕就能如此高瞻遠矚，見解深刻，顯出高度的判斷力，這對於我卻完全是件新鮮事。」

歌德說：「對於像你這樣在德國荒原上出生的人來說，這當然是不很容易的，就連我們這些生在德國中部的人要得到一點智慧，也付出了夠高的代價。我們全都過著一種基本上是孤陋寡聞的生活！我們很少接觸眞正的民族文化，一些有才能、有頭腦的人物都分散在德國各地，東一批，西一批，彼此相距好幾百里，所以個人間的交往以及思想上的交流都很少有。當亞歷山大・洪堡來此地時，我一天之內從他那裡得到的我所尋求和必須知道的東西，是我在孤陋狀態中鑽研多年也得不到

66 指《少年維特的煩惱》的主角。

的。從此我體會到，孤陋寡聞的生活對我們意味著什麼。

「但是試想一想巴黎那樣一個城市。一個大國的優秀人物都聚會在那裡，每天互相來往，互相鬥爭，互相競賽，互相學習和促進。那裡全世界各國最好的作品，無論是關於自然還是關於藝術的，每天都擺出來供人閱覽；還試想一想在這樣一個世界首都裡，每走過一座橋或一個廣場，就令人回想起過去的偉大事件，甚至每一條街的拐角都與某一歷史事件有聯繫。此外，還須設想這並不是死氣沉沉時代的巴黎，而是十九世紀的巴黎，當時莫里哀、伏爾泰、狄德羅之類人物已經在三代人之中掀起的那種豐富的精神文化潮流，是在全世界任何一個地點都不能再看到的。這樣想一想，你就會懂得，一個像安培爾這樣有頭腦的人生長在這樣豐富的環境中，何以在二十四歲就能有這樣的成就。

「你剛才說過，你可以理解一位二十歲的青年能寫出梅里美所寫的那樣好的作品，我毫不反對你的話，但是總的來說，我也同意你的另一個看法：對於一個年輕人來說，寫出好作品要比做出正確判斷來得容易。但是在我們德國，一個人最好不要在梅里美那樣年輕時就企圖寫出像梅裡美的《克拉拉．加蘇爾》[67]那樣成熟的作品。席勒寫出《強盜》、《陰謀與愛情》和《斐哀斯柯》那幾部劇本時，年紀固然還很輕，不過說句公道話，這三部劇本都只能顯出作者的非凡才能，還不大能顯出作者文化教養的高度成熟。不過這不能歸咎於席勒個人，而是要歸咎於德國文化情況以及我們大家都經歷過的在孤陋生活中開闢道路的巨大困難。

67 指一八二五年梅里美假托西班牙女演員克拉拉．加蘇爾的名義所發表的《克拉拉．加蘇爾戲劇集》。

「另一方面可舉貝朗瑞爲例。他出身於貧苦的家庭，是一個窮裁縫的後裔。他有一個時期是個窮印刷學徒，後來當個低薪小職員。他從來沒有進過中學或大學。可是他的詩歌卻顯出豐富的成熟的教養，充滿著秀美和微妙的諷刺精神，在藝術上很完滿，在語言的處理上也特具匠心。所以不僅得到整個法國而且也得到整個歐洲文化界的驚贊。

「請你設想一下，這位貝朗瑞假若不是生在巴黎並且在這個世界大城市裡成長起來，而是耶拿或威瑪的一個窮裁縫的兒子，讓他在這些小地方困苦地走上他的生活途程，請你自問一下，一棵在這種土壤和氣氛中生長起來的樹，能結出什麼樣的果實呢？

「所以我重複一句，我的好朋友，如果一個有才能的人想迅速地幸運地發展起來，就需要有一種很昌盛的精神文明和健康的教養在他那個民族裡得到普及。

「我們都驚贊古希臘的悲劇，不過用正確的觀點來看，我們更應驚贊的是使它可能產生的那個時代和那個民族，而不是一些個別的作家。因爲這些悲劇作品彼此之間儘管有些小差別，這些作家之中儘管某一個人顯得比其他人更偉大、更完美一點，但是總的看來，他們都有一種始終一貫的獨特的性格。這就是宏偉、妥帖、健康、人的完美、崇高的思想方式、純眞而有力的觀照，以及人們還可舉出的其他特質。但是，如果這些特質不僅顯現在流傳下來的悲劇裡，而且也顯現在史詩和抒情詩裡，乃至在哲學、辭章和歷史之類著作裡；此外，在流傳下來的造型藝術作品裡這些特質也以同樣的高度顯現出來，那麼我們由此就應得出這樣的結論：上述那些特質不是專屬於某些個別人物，而是屬於並且流行於那整個時代和整個民族的。

「試舉伯恩斯[68]爲例來說，倘若不是前輩的全部詩歌都還在人民口頭上活著，在他的搖籃旁唱著，他在兒童時期就在這些詩歌的陶冶下成長起來，把這些模範的優點都吸收進來，作爲他繼續前進的有生命力的基礎，伯恩斯怎麼能成爲偉大詩人呢？再說，倘若他自己的詩歌在他的民族中不能馬上獲得會欣賞的聽眾，不是在田野中唱著的時候得到收割莊稼的農夫們的齊聲應和，而他的好友們也唱著他的詩歌歡迎他進小酒館，伯恩斯又怎麼能成爲偉大詩人呢？在那種氣氛中，詩人當然可以做出一些成就！

「另一方面，我們這些德國人和他們比起來，現出怎樣一副可憐相！我們的古老詩歌也並不比蘇格蘭的遜色，但是在我們青年時代，有多少還在眞正的人民中活著呢？赫德和他的繼承者才開始蒐集那些古老詩歌，把它們從遺忘中拯救出來，然後至少是印刷出來，放在圖書館裡。接著，畢爾格爾和弗斯[69]還不是寫出了許多詩歌！誰說他們的詩歌就比不上伯恩斯的那樣重要，那樣富於民族性呢？但是其中有多少還活著，能得到人民齊聲應和呢？它們寫出來又印出來了，在圖書館裡擺著，和一般德國詩人的共同遭遇完全一樣。也許其中有一兩首還由一個漂亮姑娘彈著鋼琴來唱著，但是在一般眞正的人民中它們卻是音沉響絕了。當年我曾親耳聽到過義大利漁夫歌唱我的《塔索》

68 伯恩斯（R. Burns, 1759-1796），英國蘇格蘭的農民詩人，近代西方少數偉大的工農出身的詩人之一，他的許多詩歌至今還在蘇格蘭民間傳誦著。

69 弗斯（Voss, 1751-1826），研究希臘古典文藝的德國學者，譯過荷馬史詩，寫過民歌體的反映農民生活的抒情詩，曾任耶拿大學教授。

中的片段，我的情緒是多麼激昂呀！

「我們德國人還是過去時代的人。我們固然已受過一個世紀的正當的文化教養，但是還要再過幾個世紀，我們德國人才會有足夠多和足夠普遍的精神和高度文化，使得我們能像希臘人一樣欣賞美，能受到一首好歌的感發興起，那時人們才可以說，德國人早已不是野蠻人了。」[70]

一八二七年五月四日（談貝朗瑞的政治詩）

歌德家舉行盛大宴會，招待安培爾和他的朋友斯塔普弗。談論很活躍、歡暢，談到多方面的問題。安培爾告訴歌德許多關於梅里美、德・維尼[71]和其他重要文人的事情。關於貝朗瑞也談得很多，歌德經常想到貝朗瑞的絕妙的詩歌。談論中提到一個問題：是貝朗瑞的爽朗的愛情歌還是他的政治歌比較好。歌德發表的意見是：一般地說，一種純粹詩性的題材總比政治性題材為好，正如純粹永恆的眞理總比黨派觀點為好。

他接著又說：「不過貝朗瑞在他的政治詩歌方面顯示了他是法國的恩人。聯盟國入侵法國之

70 在這篇談話裡，歌德從自己的創作經驗談到詩歌同時代和民族的一般文化的密切關係。他拿德國同法國和英國對比來說明這個問題，深深感慨於當時德國詩人脫離人民和民族文化的孤陋境地。

71 德・維尼（Alfred de Vigny, 1797-1863），法國浪漫派詩人，其作品感傷色彩很重，帶點哲理意味。

後，法國人在貝朗瑞那裡找到了發洩受壓迫情緒的最好的喉舌。貝朗瑞指引他們回憶在拿破崙皇帝統治下所贏得的光輝戰績。對拿破崙的偉大才能貝朗瑞是愛戴的，不過他不願拿破崙的獨裁統治繼續下去。在波旁王朝統治下貝朗瑞似乎感到不自在。那一批人當然是孱弱腐朽的。現在的法國人希望高居皇位的人具有雄才大略，儘管同時也希望自己能參加統治，在政府裡有發言權。」

……

一八二七年五月六日（《威廉・泰爾》的起源；歌德重申自己作詩不從觀念出發）

歌德家舉行第二次宴會，來的還是前晚那些客人。關於歌德的《海倫后》和《塔索》談得很多。歌德對我們講，一七九七年他有過一個計畫，想用「泰爾傳說」[72]寫一部用六音步詩行的史詩。

---

72 泰爾，傳說中的瑞士英雄和神箭手。瑞士在中世紀受奧地利統治，奧皇派駐烏理州（泰爾出生的小州）的總督格斯勒很殘暴專橫，把自己的帽子掛在竿子上，飭令過路人都要向帽子敬禮。泰爾獨不肯敬禮，被格斯勒拘捕。格斯勒把一個蘋果放在泰爾的男孩頭上，罰他用箭把蘋果射掉。泰爾一箭命中蘋果，回頭用另一箭射死格斯勒。從此泰爾便領導瑞士人民起義，使瑞士擺脫奧地利帝國的統治。這個傳說始見於十五世紀一首民歌。近代歷史家大半認爲泰爾這個人物是虛構，不過他代表被壓迫民族爭取解放的熱烈希望。歌德的史詩沒有寫，席勒用這個傳說寫了他的著名劇本《威廉・泰爾》。近代音樂家也愛用這個傳說譜歌曲。

他說：「在所說的那一年，我再次（去瑞士）遊歷了幾個小州和四州湖。那裡美麗而雄偉的大自然使我再度得到很深的印象，我起了一個念頭，要寫一篇詩來描繪這樣豐富多彩、瞬息萬變的自然風景。為著使這種描繪更生動有趣，我想到最好用一些引人入勝的人物來配合這樣引人入勝的場所和背景。於是我想起泰爾的傳說在這裡很合適。

「我想像中的泰爾是個粗豪健壯、優游自得、純樸天真的英雄人物。作為一個搬運夫，他在各州奔波，到處無人不知道他、不喜愛他，他也到處樂意給人一臂之助。他平平安安地幹他的行業，供養著老婆和小男孩，不操心去管誰是主子，誰是奴隸。

「關於對立的一方，格斯勒在我想像中是個暴君，不過他貪安逸，很隨便，有時做點壞事，有時也做點好事，都不過藉此尋尋開心。他對人民和人民的禍福概不關心，在他眼中沒有人民存在。

「與此對立的人性中一些較高尚善良的品質，例如對家鄉的熱愛、對祖國法律保護下的自由和安全感、對遭受外國荒淫暴君的枷鎖和虐待的屈辱感，以及最後逐漸醞釀成熟的要擺脫可恨枷鎖的堅強意志，我把這些優良品質分配給瓦爾特．富斯特、斯陶法肖和文克爾里特[73]之類高尚人物。這些才是我要寫的史詩中的真正英雄人物，代表自覺行動的崇高力量，至於泰爾和格斯勒雖有時出現在情節裡，總的來說，卻只是一些被動的人物。

「當時我專心致志地在這個美好題目上運思，而且哼出了一些六音步格詩行。我看到靜悄悄的

73 泰爾傳說中一些英雄人物，都無史實可稽。

湖光月色，以及月光照到的深山濃霧。然後我又看到最美的一輪紅日之下充滿生命和歡樂的森林和草原。我在心中又描繪出一陣雷電交加的暴風雨從岩壑掠過湖面。那裡也不缺少寂靜的夜景和小橋僻徑的幽會。

「我把這一切都告訴了席勒。在他的意匠經營中，我的一些自然風景和行動的人物就形成了一部戲劇。因爲我有旁的工作，把寫史詩的計畫拖延下去，到最後我就把我的題目完全交給席勒，他用這個題目寫出了一部令人驚贊的大詩。」

我們聽到這番引人入勝的敘述都感到高興。我指出，《浮士德》第二部第一景用三行同韻格[74]寫的那段描繪紅日東升的壯麗景致的語句，可能就是根據對四州湖的回憶。

歌德說：「我不否認，那些景物確實是從四州湖來的。如果不是對那裡的美妙風景記憶猶新，我就不會用三行同韻格。不過我用泰爾傳說中當地風光的金子所熔鑄成的作品也就止於此。其餘一切我都交給席勒了。大家都知道，席勒對這種材料利用得非常美妙。」

話題於是轉到《塔索》以及歌德在這部劇本中企圖表現的觀念。

歌德說：「觀念？我似乎不知道什麼是觀念！我有塔索的生平，有我自己的生平，我把這兩個奇特人物和他們的特性融會在一起，我心中就浮起塔索的形象，我又想出安東尼奧[75]的形象作爲塔索形象的散文性的對立面，這方面我也不缺乏藍本。此外，宮廷生活和戀愛糾紛在威瑪還是和在菲

74　「三韻格」就是但丁在《神曲》中使用的格律。

75　安東尼奧，《塔索》中一個配角。

拉拉[76]完全一樣；關於我的描繪，可以說句眞話：這部劇本是**我的骨頭中的一根骨頭，我的肉中的一塊肉**。

「德國人眞是些奇怪的傢伙！他們在每件事物中尋求並且塞進他們的深奧的思想和觀念，因而把生活搞得不必要的繁重。哎，你且拿出勇氣來完全信任你的印象，讓自己欣賞，讓自己受感動，讓自己振奮昂揚，受教益，讓自己爲某種偉大事業所鼓舞！不要老是認爲只要不涉及某種抽象思想或觀念，一切都是空的。

「人們還來問我在《浮士德》裡要體現的是什麼觀念，彷彿以爲我自己懂得這是什麼而且說得出來！**從天上下來，通過世界，下到地獄**，這當然不是空的，但這不是觀念，而是動作情節的過程。此外，惡魔賭輸了，而一個一直在艱苦的迷途中掙扎、向較完善境界前進的人終於得到了解救，這當然是一個起作用的、可以解釋許多問題的好思想，但這不是什麼**觀念**，不是全部戲劇乃至每一幕都以這種觀念爲根據。倘若我在《浮士德》裡所描繪的那豐富多彩、變化多端的生活能夠用貫串始終的觀念這樣一條細繩串在一起，那倒是一件絕妙的玩意兒哩！」

歌德繼續說：「總之，作爲詩人，我的方式並不是企圖要體現某種**抽象**的東西。我把一些印象接受到內心裡，而這些印象是感性的、生動的、可喜愛的、豐富多彩的，正如我的活躍的想像力所提供給我的那樣。作爲詩人，我所要做的事不過是用藝術方式把這些觀照和印象融會貫通起來，

---

76 菲拉拉，義大利的一個小公國，塔索在那裡受到長期禮遇，最後被幽禁放逐。

加以潤色，然後用生動的描繪把它們提供給聽眾或觀眾，使他們接受的印象和我自己原先所接受的相同。

如果我作爲詩人，還想表現什麼觀念，我就用短詩來表現，因爲在短詩中較易顯出明確的整體性和統觀全局，例如我的動物變形和植物變形兩種科學研究以及〈遺囑〉之類的小詩。我自覺地要力圖表現出一種觀念的唯一長篇作品也許是《情投意合》[77]。這部小說因表現觀念而較便於理解，但這並不是說，它因此就成了較好的作品。我毋寧更認爲，一部詩作愈莫測高深，愈不易憑知解力去理解，也就愈好。」[78]

一八二七年七月五日（拜倫的《唐璜》；歌德的《海倫后》；知解力和想像的區別）

....

……這就把話題引到素描。歌德拿義大利一位大師的一幅很好的素描給我看，畫的是嬰兒耶穌和一些法師在廟裡。接著他又讓我看一幅按素描做出的繪畫的複製品，我們看來看去，一致認爲素描更好。

---

77 舊譯《親和力》。

78 在這篇談話裡，歌德用自己的創作經驗說明詩不應從抽象概念出發，而應從現實生活的具體印象出發。這種看法有它的進步意義，但也不能把它推到極端，以至否定文藝的思想性。

歌德說：「我近來很幸運，沒花很多錢就買到一些名畫家的很好的素描。這些素描眞是無價之寶，它們不僅顯示出藝術家們本來的用意，而且立刻讓我們感覺到他們在創作時的心情。例如這幅〈嬰兒耶穌在廟裡〉，每一筆都使我們看到作者心情的晶明透澈和鎭靜果斷，而且在觀賞中感染到這種怡悅的心情。此外，造型藝術還有一個很大便利，它是純粹客觀的，引人入勝，卻不過分強烈地激起情感。這種作品擺在面前，不是完全引不起情感，就是引起很明確的情感。一首詩卻不然，它所產生的印象模糊得多，所引起的情感也隨聽眾的性格和能力而各有不同。」

我接著說：「我最近在讀斯摩萊特的一部好小說《羅德瑞克・蘭登》[79]，它給我的印象卻和一幅好畫一樣。它照實描述，絲毫沒有賣弄風騷的氣息，它把實際生活如實地擺在我們面前，這種生活是夠討人嫌厭的，可是通體來說，給人的印象是明朗的，就因爲它的確是眞實的。」

歌德說：「我經常聽到人稱讚這部小說，我相信你的話是對的，不過我自己還沒讀過。」……

我又說：「在拜倫的作品裡我也經常發現把事物活靈活現地描繪出來，在我們內心引起的情緒也正和一位名手素描所引起的一樣。特別在他的《唐璜》[80]裡有很多這樣的例子。」

---

79 斯摩萊特（Smollet, 1721-1771），英國小說家，《羅德瑞克・蘭登》是他的第一部小說，寫一個水手的各種遭遇，是以人爲綱把許多互不連貫的事件串在一起的範例，描寫很生動。

80 《唐璜》寫一個美男子浪遊希臘、君士坦丁堡、俄國和英國沿途所發生的戀愛故事，其中包括他和俄國女皇葉卡捷琳娜的關係。但是主要的內容是對各國（特別是英國）社會生活的辛辣諷刺。此詩第三樂章〈哀希臘〉歌很早就譯成了漢文。

歌德說：「對，拜倫在這方面是偉大的，他的描繪有一種信手拈來、脫口而出的現實性，彷彿是臨時即興似的。我對《唐璜》知道得不多，但他的其他詩中有一些片段是我熟記在心的，特別是在他寫海景的詩裡間或出現一片船帆，寫得非常好，使人覺得彷彿海風在蕩漾。」

我說：「我特別欣賞他在《唐璜》裡描繪倫敦的部分。那裡信手拈來的詩句簡直就把倫敦擺在我們眼前。他絲毫不計較題材本身是否有詩意，抓到什麼就寫什麼，哪怕是理髮店窗口掛的假髮或給街燈上油的工人。」

歌德說：「我們德國美學家們大談題材本身有沒有詩意，在某種意義上他們也許並非一派胡說，不過一般說來，只要詩人會利用，眞實的題材沒有不可以入詩或非詩性的。」

……

我說：「……我對拜倫的作品讀得愈多，也就愈驚贊他的偉大才能。您在《海倫后》裡替拜倫豎立了一座不朽的愛情紀念坊，您做得很對。」[81]歌德說：「除掉拜倫以外，我找不到任何其他人可以代表現代詩。拜倫無疑是本世紀最大的有才能的詩人，他既不是古典時代的，也不是浪漫時代的，他體現的是現時代。我所要求的就是他這種人。他具有一種永遠感不到滿足的性格和愛好鬥爭的傾向，這就導致他在邁索隆吉翁[82]喪生，因此用在我的《海倫后》裡很合適。就拜倫寫一篇論文

81 歌德在〈海倫后〉（後併入《浮士德》第二部）裡寫浮士德和古希臘海倫後結了婚，生的兒子叫做歐福良，代表詩人拜倫。海倫后代表古典美，浮士德代表浪漫精神，兩人的結婚代表古典美與浪漫精神的統一。

82 拜倫在一八二三年參加希臘解放戰爭，次年病死在希臘的邁索隆吉翁，年僅三十六歲。此事轟動一時。歌德

既非易事，也不合適，我想抓住一切恰當時機，去向他表示尊敬和懷念。」

既然談到《海倫后》，歌德就接著談下去。他說：「這和我原來對此詩所設想的結局完全不同，我設想過各種各樣的結局，其中有一種也很好，現在不必告訴你了。當時發生的事件才使我想到用拜倫和邁索隆吉翁作爲此詩的結局，於是把原來的其他設想都放棄了。不過你會注意到，合唱到了挽歌部分就完全走了調子。前此整個氣氛是古代的，還沒有拋棄原來的處女性格，到了挽歌部分，它就突然變得嚴肅地沉思起來，說出原來不曾想到也不可能想到的話來了。」

我說：「我當然注意到了這一點。不過我從魯本斯的風景畫裡所用的雙重陰影[83]理解到虛構的意義，我對此就不覺得奇怪了。這類小矛盾只要能構成更高的美，就不必去吹毛求疵。挽歌是要唱的，既然沒有男合唱隊在場，那也就只得讓處女們去唱了。[84]」

歌德笑著說：「我倒想知道德國批評家們對此會怎麼說，他們有足夠的自由精神和膽量去繞過這個彎子麼？對法國人來說，知解力是一種障礙，他們想不到想像有它自己的規律，知解力對想像的規律不但不能而且也不應該去窺測。想像如果創造不出對知解力永遠是疑問的事物來，它就做不出什麼事來了。這就是詩和散文的分別。在散文領域裡起作用的一向是，而且也應該是，知解

當時正在寫〈海倫后〉，所以把它寫進詩裡。

83 參看第一五六至一五八頁。

84 希臘戲劇的合唱隊男女分工，輕快部分歸女聲唱，較嚴肅的部分歸較年老的男聲唱。《浮士德》下卷只有青年女子合唱隊，沒有男聲合唱隊，所以較嚴肅的部分仍由女聲合唱隊來唱。

力。」[85]

這時已到十點鐘，我就告別了。我們坐談時一直沒有點燭，夏夜的亮光從北方照到威瑪附近的厄脫斯堡。[86]

一八二七年七月二十五日（歌德接到華特．史考特的信）

歌德最近接到華特．史考特的一封信，感到很高興。今天他把這封信拿給我看，因為英文書法

---

85 德國古典哲學家康德和黑格爾都把理性（Vernunft）和知解力（Verstand）嚴格分開，理性是先驗和超驗的，根據絕對或最高原則來下判斷；知解力（過去誤譯為「悟性」）是根據經驗的，以歸納和演繹的方式來就經驗事實做出結論，參看一八二九年二月十三日談話。此外，西方美學家又常把知解力和想像力（Phantasie, Imagination）嚴格分開，前者用於散文，用於常識和經驗科學領域之類實事求是的論述；想像用於詩和藝術的虛構。實際上過去所講的超驗理性根本不存在，至於知解力和想像雖有分別，文藝也不能單憑想像而不要知解力（即不能單憑形象思維而不要抽象思維）。

86 這篇談話重申歌德的一些基本文藝觀點，即從現實出發，要使作品如實地反映現實，但並不排除藝術虛構。歌德說明了〈海倫后〉何以要用拜倫代表海倫后（古典美）和浮士德（浪漫精神）結合所產生的近代詩藝，作為全詩的結局。

他不大認得清楚，就叫我把信的內容譯出來。他像是先寫過信給這位著名的英國詩人[87]，而這封信就是答覆他的。史考特寫道：

「我感到很榮幸，我的某些作品竟有幸受到歌德的注意，我從一七九八年以來就是歌德的讚賞者之一。[88]當時我對德文雖然懂得很膚淺，卻夠大膽地把《葛茲・馮・伯利欣根》譯成英文了。在這種幼稚的嘗試中，我忘記了只感覺到一部天才作品的美並不夠，還要精通作品所用的語文才能把作品的美顯示給旁人看。不過我還是認為我的幼稚嘗試有點價值，它至少可以顯示出我能選擇一部值得驚贊的作品來譯。

「我曾從我的女婿洛克哈特[89]那裡聽到關於您的情況。這位年輕人有些文學才能，他在和我家結成親屬關係之前幾年，就已榮幸地拜訪過德國文學之父了。您不可能記得那麼多向您致敬者之中的每一個人，但是我相信，我的家庭中這個年輕成員比任何人都更敬仰您。

「我的朋友品克的霍浦爵士不久以前本來有訪問您的榮幸，我原想透過他寫信給您，我後來又想透過預定要到德國去旅行的他的兩位親戚帶信給您，可是他們因病未能

---

87 歌德曾於一八二七年一月十二日寫信給史考特。

88 信中對歌德有時用第三人稱，表示尊敬。

89 洛克哈特（I. G. Lockhart, 1794-1854）寫過《華特・史考特傳》，這是英國最著名的傳記之一。

成行，以致過了兩三個月才把信退還給我。所以老早以前，還在歌德那樣友好地向我致意以前，我就已冒昧地設法結識他了。

「凡是讚賞天才的人們知道一位最大的歐洲天才典範在高齡受到高度崇敬，在享受幸福而光榮的退隱生活，都會感到非常欣慰。可憐的拜倫勳爵的命運卻沒有讓他獲得這樣的幸運，而是在盛年就剝奪了他的生命，使一切對他的希望和期待都落了空。他生前對您給他的榮譽曾感到榮幸，對一位詩人深懷感激，而對這位詩人，現代一切詩人都深懷感激，感到自己不得不用嬰兒的崇敬心情來仰望著他。

「我已冒昧地托特勞伊特爾和伍爾茨圖書公司把我為一位值得注意的人物所試寫的傳記[90]寄給你，這位人物多年來對他統治過的世界起過大得可怕的影響。我不知道我自己是否有應當感謝他的地方，因為他使得我拿起武器打了十二年的仗[91]，當時我在一個英國民兵團服役，儘管長期跛腿，我還是變成了一個騎馬、打獵和射擊的能手。這些好手藝近來有些離開我了，而風溼病這種北方天氣的禍害已侵襲到我的肢腿了。不過我並不抱怨，因為我雖放棄了騎射，卻看到兒子們正在從騎射中找得樂趣。

「我的長子現在掌管著一個輕騎兵連，這對於一個二十五歲的青年人總是夠高的地位了。我的次子最近在牛津大學得了文學士的學位，在他走進世界以前，先在家裡待幾

90 指史考特所寫的《拿破崙傳》。

91 指英國參加的圍攻拿破崙的戰役。

個月。由於老天爺樂意要他們的母親拋開人世，我最小的女兒在管理家務。最大的女兒結了婚，已有她自己的家庭了。

「承垂詢到我，我的家庭情況就是如此。此外，儘管曾遭受過巨大損失，我還有足夠的家資使我生活得很稱意。我承繼了一座宏大的老邸宅，歌德的任何朋友來這裡會隨時受到歡迎。大廳裡擺滿了武器，這甚至配得上雅克斯特豪生[92]，還有一隻獵犬守著大門。

「不過我忘記了在世時曾多方努力使人們不要忘記他的那一位[93]。我希望您能原諒這部作品中的一些毛病，考慮到作者本意是想在他的島國成見所能容許的範圍內儘量忠誠地描述這位非凡人物。

「這次一位遊客提供我寫信給您的機會來得很突然，也很偶然，他不能等，我沒有時間再寫下去了。我只能祝願您保持健康和休養，向您表示最誠懇、最深厚的敬意！

華特·史考特

一八二七年七月九日，愛丁堡

我已說過，歌德看到這封信很高興。不過他認為這封信對他表示那樣高度崇敬，是由於作者的

92 葛茲·馮·伯利欣根的堡壘。史考特景仰中世紀的騎士，在住房陳設乃至一般生活方面都喜歡模仿中世紀傳奇人物。

93 指拿破崙，下文指史考特的《拿破崙傳》。

爵位和高度文化教養使他這樣有禮貌。

他提到華特·史考特那樣和藹親切地談他的家庭情況，這顯示出兄弟般的信任，使他很高興。

他接著說：「我急於想看到他答應寄來的《拿破崙傳》。我已聽到許多對這部書的反駁和強烈抗議，我敢說它無論如何是值得注意的。」

我問到洛克哈特，問他是否還記得這個人。

歌德回答說：「還記得很清楚，他的風度給人不會很快就能忘掉的深刻印象。從許多英國人乃至我的兒媳談到他的話來看，他一定是一個在文學方面有很大希望的青年人。

「此外我感到有些奇怪，史考特沒有一句提到卡萊爾[94]的話，卡萊爾對德國文化有濃厚的興趣，史考特一定知道他。

「卡萊爾值得欽佩的是，在評判我們德國作家時他總是特別著眼到精神的和倫理的內核，把它看作眞正起作用的因素。卡萊爾是一種有重大意義的道德力量，他有許多預兆未來的東西，現在還不能預見到他會產生什麼結果或發生什麼影響。」

---

94 卡萊爾（Thomas Carlyle, 1795-1881），蘇格蘭作家、歷史學家、唯心主義哲學家，德國文學的熱情宣傳者，譯過歌德的《威廉·麥斯特》，寫過《席勒傳》、《弗里德里希大帝的歷史》、《英雄和英雄崇拜》等。恩格斯在《英國狀況》中屢次對他做過評介。

一八二七年十月七日（訪耶拿；談弗斯和席勒；談夢和預感；歌德少年時代一段戀愛故事）

今晨天氣頂好。八點鐘以前我就陪歌德乘馬車到耶拿去，他打算在耶拿待到明晚。

到達耶拿還很早，我們就先到植物園。歌德瀏覽了園裡的草木，看到一切井然有條，欣欣向榮。我們還觀看了礦物館以及其他自然科學方面的收藏，然後就應邀乘車到克涅伯爾先生家[95]吃晚飯。

克涅伯爾先生很老了，走到門口去擁抱歌德時幾乎跌倒了。席間大家都很親熱活躍，不過沒有談什麼重要的話。這兩位老朋友都沉浸在重逢的歡樂中。

飯後我們乘車向南走，沿著薩勒河往前行駛。我早先就熟識這個地區，但是一切都很新鮮，彷彿不曾見過似的。

回到耶拿街上時，歌德吩咐馬車沿著一條小溪前行，到了一座外觀不大堂皇的房子門前就停下來。

他說：「弗斯從前就住在這裡，我帶你來看看這個帶有古典意味的場所。」我們穿過房子走進花園，裡面花卉不多，名品種很少。我們在果樹蔭下的草地上走著。歌德指著果樹說：「這是爲恩涅斯丁[96]而栽的。她老家在歐亭，到了耶拿還忘不了家鄉的蘋果。她曾向我誇獎這種蘋果多麼香甜。這是她兒時吃的蘋果，原因就在此！我和弗斯夫婦在這裡度過許多歡暢的良宵，現在我還

95　參看第三頁正文和註四。

96　弗斯夫人。

愛回憶過去那種好時光。像弗斯那樣的人物不易再碰到了，現在很少有人能像他那樣對德國高等文化發生深廣的影響。他的一切都是健康而堅實的，所以他對古希臘人的愛好並不是矯揉造作而是自然的，對我們這些人產生了頂好的結果。像我這樣深知他的好處的人簡直不知道怎樣懷念他才夠分。」

到了六點鐘左右，歌德想起該是到旅館去過夜的時候了。他原已在掛著熊招牌的旅館裡預定了房間。分配給我的房間很寬敞，套間裡擺著兩張床。日落未久，窗戶上還有亮光，我們覺得不點燭再坐一會兒是很愜意的。

歌德又談起弗斯，說：「無論對耶拿大學還是對我自己，弗斯都很有益。我本想把他留下來，但是海德堡大學向他提供了很優厚的條件，憑我們這裡不寬裕的經濟情況無法和它競爭。我讓弗斯走了，心裡很難過，幸好我得到了席勒。我和席勒的性格儘管不同，志向卻是一致的。所以我們結成了親密的友誼，彼此都覺得沒有對方就根本無法過活。」

歌德接著向我談了席勒的一些軼事，頗能顯出席勒的性格特徵。

他說：「席勒的性格是光明磊落的，我們可以想像到，他痛恨人們有意或確實向他表示任何空洞的尊敬和陳腐的崇拜。有一次科策布要在席勒家裡替席勒正式舉行慶祝，席勒對此非常討厭，感到噁心，幾乎暈倒了。[97]他討厭陌生人來訪。如果他當時有事不能見，約來客午後四時再來，到了約定的時間，他照樣怕自己會感到糟心甚至生病。在這種場合，他總是顯得很焦躁甚至粗魯。我親

97 科策布這位新起的劇作家對歌德和席勒所宣傳的古典主義表示反對，所以他慶祝席勒是虛偽的。

眼看見過一位素昧平生的外科大夫沒有經過傳達就闖進門來拜訪他，他那副暴躁的神色使那個可憐的家伙驚慌失措，抱頭鼠竄了。

「我也說過，而且這也是大家都知道的，我和席勒的性格很不同，儘管志向一致。這種不同不僅表現在心理方面，也表現在生理方面。對席勒有益的空氣對我卻像毒氣。有一天我去訪問他，適逢他外出。他夫人告訴我，他很快就會回來，我就在他的書桌旁邊坐下來寫點雜記。坐了不久，我感到身體不適，愈來愈厲害，幾乎發暈。我不知道怎麼會得來這種怪病。最後發現身旁一個抽屜裡發出一種怪難聞的氣味。我把抽屜打開，發現裡面裝的全是些爛蘋果，不免大吃一驚。我走到窗口，呼吸了一點新鮮空氣，才恢復過來。這時席勒夫人進來了，告訴我那只抽屜裡經常裝著爛蘋果，因爲席勒覺得爛蘋果的氣味對他有益，離開它，席勒就簡直不能生活，也不能工作。」98

歌德接著說：「明天早晨我帶你去看看席勒在耶拿的故居。」

這時上了燈，我們吃了一點晚飯，然後又坐了一會兒，閒談了一些往事。

我談起我在少年時代做過一次怪夢，到第二天早晨，這個夢居然成了眞事。

我說：「我從前養過三隻小紅雀，把整個心神都灌注在牠們身上，愛牠們超過愛任何東西。牠們在我房間裡自由地飛來飛去，我一進門，牠們就飛到我手掌上。有一天中午發生了一件不幸的事故，我走進房間裡，有一隻小紅鳥掠過我頭上飛了出去，不知道飛到哪裡去了。當天整個下午，我到所有的房頂上去找牠，可是終於失望，一直到天黑，小紅鳥連影子也見不到。我就帶著悲痛上床

---

98 文學家和藝術家往往藉喝酒、抽菸來振奮精神，爛蘋果發過酵，有點酒味，可能起刺激和振奮的作用。

睡覺了。睡到早晨，我做了一個夢，夢見我還在附近逛來逛去，找那隻失去的小紅鳥。突然間，我聽到牠的叫聲，看到牠在我們住宅的花園後鄰家的屋頂上。我召喚牠，牠鼓翼向我飛來，好像在求食，可是還不肯飛到我手掌上來。看到這種情況，我就飛快地穿過花園跑回到房子裡，用盒子裝滿小米，再跑回去，舉起牠愛吃的食物給牠看，牠就飛到我的手掌上來了。於是我滿心高興地把牠帶回房子裡，同牠的兩個小夥伴放在一起。

「我醒來時天正大亮，我趕快穿起衣服，匆匆忙忙地穿過小花園，飛奔到我夢見小紅鳥落腳的那座房子。小紅鳥果然在那裡！一切經過就和我夢見的完全一樣。我召喚牠，牠轉過身來，卻不肯馬上飛到我手掌上。我趕快跑回家，搬出鳥食，等牠飛到我手掌上，然後我就把牠同另外兩個小紅鳥放在一起了。」

歌德說：「你那段少年時代的經歷倒是頂奇特的。不過自然界類似這樣的事例還很多，儘管我們還沒有找到其中的奧妙。我們都在神祕境界中徘徊著，四周都是一種我們不認識的空氣，我們不知道它怎樣起作用，它和我們的精神怎樣聯繫起來。不過有一點是可以確定的：在某些特殊情況下，我們靈魂的觸角可以伸到身體範圍之外，使我們能有一種預感，可以預見到最近的未來。」

我說：「我最近也經歷過類似的情況。我正在沿埃爾福特公路散步回來，大約再過十分鐘就可以到達威瑪的時候，心裡忽然有一種預感，彷彿到了劇院的拐角就要碰見一個經年沒有見面而且許久不曾想念過的人。想到我會碰見她，我心裡有些不安。沒想到，到了劇院的拐角，我果然碰見了她，正是在十分鐘以前我在想像中看見她的那個地方，這使我大為驚訝。」

歌德回答說：「那也是一件怪事，而且並非偶然。剛才已說過，我們都在神祕而奇異的境界中摸索。此外，單是默然相遇，一個靈魂就可以對另一個靈魂發生影響，我可以舉出很多事例。我自己就有過這樣的經歷。有一次我和一個熟人一道散步，我心裡在沉思某一事物時，他馬上就向我談起那個事物。我還認識一個人，他能一聲不響，單憑他的意力操縱，使正在談得很歡的一群人突然鴉雀無聲。他甚至還能在這一群人中間製造一種困難氣氛，使他們感到不安。我們身上都有某種電力和磁力，像磁石一樣，在接觸到同氣質或不同氣質的對象時，就發出一種吸引力或抗拒力。如果一位年輕姑娘無意中碰巧和一個存心要謀害她的男子待在同一間黑屋裡，儘管她不知道他也在那裡，她心裡也可能很不安地感覺到他就在那裡，慄慄危懼起來，力圖逃脫這間黑屋，跑回家去。」

我插嘴說：「我知道有一部歌劇，其中有一場就表演一對遠別很久的情人無意中同待在一間黑屋裡，彼此本來不知道對方也在那裡，可是沒有多久，磁力就發揮作用，把這兩人吸引到一起，那位年輕姑娘很快就倒在那年輕男子懷抱中去了。」

歌德接著說：「在鍾情的男女中間，這種磁石特別強烈，就連距離很遠，也會發生作用。我在少年時代，像這樣的事例經歷過很多。有時我孤零零一個人在散步，渴望我所愛的那位姑娘來給我做伴，一心一意地想念著她，直到她果然來到我身邊，對我說：『我在房子裡悶得慌，忍不住走到這裡來了。』

「我還記得從前我住在耶拿這裡頭幾年中的一段經歷。我到這裡不久又愛上一個女子。那時我遠遊回來已經有好幾天，因為每夜都被宮廷事務拖住，抽不出時間去看我愛的那位女子。我和她相愛已引起人們注意，所以白天我不敢去看她，怕惹起更多的流言蜚語。等到第四天或第五天晚上，我再也忍不住了，就走上到她家的那條路，不知不覺地走到了她家門口。我輕步登上樓梯，正準備進她房子裡，卻聽見裡面人聲嘈雜，顯然她不是單獨一個人在家。我就悄悄地下了樓，很快又回到黑暗的街頭，當時街上還沒有點燈。我心裡既煩躁又苦痛，在這個鎮市裡四面八方地亂衝亂闖，差不多有一個鐘頭，又闖回到她家門口，一直在想念著她。最後我終於準備回到我的孤獨的房子裡去，又穿過她家門前，望見她房裡燈已熄滅，就自言自語地說，她也許出門了，但是在這黑夜裡她到哪裡去呢？我在哪裡能碰見她呢？我又逛了好幾條街，碰見了許多人，往往碰見的人模樣和身材很像她，但是近看又不是她。我當時已深信強烈的交感力，單憑強烈的眷戀就可以把她吸引到我身邊來。我還相信我周圍有無形可見的較高的精靈，於是我向他們禱告，請求把她的腳步引向我，或是把我的腳步引向她。這時我又自己罵自己說：『可是你眞傻呀！你不想再嘗試一次，回到她那裡去，卻在央求什麼徵兆和奇蹟！』

「這時我已走到大街盡頭的空地，到了席勒從前住過的那所小房子，心裡忽然想要朝宮殿方向轉回去，然後轉到右邊的小道。我朝這個方向還沒有走上一百步，就看見一個女子向我走來，體形完全像我夢寐以求的那個人。偶爾有視窗射出微弱的燈光，照得街道還有點亮。當晚我已多次因體形類似受了騙，所以不敢冒昧地向她打招呼。我們兩人走得很靠近，胳膊碰到了胳膊。我站住不動，巡視著周圍；她也採取這種姿勢。她開口道：『是你？』我認出她的口音，就說：『終於見到啦！』歡喜得流淚。我們的手緊握住了。我說：『哈，我的願望到底沒有落空，我萬分焦急地四處找你，我心裡想，一定會把你找到。現在我可快活啦！多謝老天爺，我的預感成了現實啦！』她說：『你這人眞壞，爲什麼不來？今天我聽說你回來已經三天了，今天我哭了一個下午，以爲你把我忘掉了。剛才，一個鐘頭以前，我突然又非常想你，說不出來多麼焦躁。有兩位女友來看我，老待著不走。她們一走，我馬上抓起帽子和大衣，有一股力量迫使我非出門在黑夜裡走走不可，要走到哪裡，我也沒有個打算。你經常盤踞在我心坎裡，我感覺到你一定會來看我。』她說的是眞心話。我們緊握著手，緊緊地擁抱著，讓對方了解到別離並不曾使我們的愛情冷下來。我陪她走到門口，走進她家裡。樓梯黑暗，她走在前面，捉住我的手拉著我跟她走。我說不出地歡喜，不僅因爲我終於再見到她，而且也因爲我的信心和我對冥冥中無形影響的預感都沒有落空。」

歌德的心情顯得頂舒暢。我就是再聽他繼續談幾個鐘頭也是樂意的，可是他逐漸感到疲倦了，我們就到套間，不久就上床睡覺了。[99]

一八二七年十月十八日（歌德和黑格爾談辯證法）

黑格爾來到威瑪。歌德對黑格爾這個人很尊敬，儘管對黑格爾哲學所產生的某些效果不太滿

---

99 這篇記錄得很生動的談話，表明歌德對西方一向流行的占夢、異地交感、「天眼通」、無形神力之類迷信仍感到津津有味，儘管他的科學訓練養成了他基本上傾向唯物主義的世界觀。他和席勒的個性差異和親密友誼也是西方文藝界傳誦的佳話。歌德在少年時代有不少的戀愛經歷，從這篇談話所敘述的那件事例也可以想見一斑。這裡談到的女子據說就是著名的夏洛蒂·馮·斯坦因夫人（Frau Charlotte von Stein, 1742-1827），參看一九三〇年《萬人叢書》中英譯本所載的英國評論家哈維洛克·艾利斯（Havelock Ellis）的序文。斯坦因夫人有一點文名。歌德給她的書信集在一八四八到一八五一年發表過。

意。今晚他舉行茶會招待黑格爾，準備今晚離開威瑪的澤爾特也在座。

關於哈曼[100]談得很多，黑格爾是主要發言人。他對這位才智非凡的哲學家發表了一些深刻的見解，要不是他對哈曼進行過最仔細、最認眞的研究，就不會有那樣深刻的見解。

後來話題轉到辯證法的本質。黑格爾說：「歸根到底，辯證法不過是每個人所固有的矛盾精神經過規律化和系統化而發展出來的。這種辯證才能在辨別眞僞時起著巨大的作用。」

歌德插嘴說：「但願這種伶巧的辯證技藝沒有經常被人誤用來把眞說成僞，把僞說成眞！」

黑格爾說：「你說的那種情況當然也會發生，但也只限於精神病患者。」

歌德說：「幸好對自然科學的研究使我沒有患精神病！因爲在研究自然時，我們所要探求的是無限的、永恆的眞理，一個人如果在觀察和處理題材時不抱著老實認眞的態度，他就會被眞理拋棄掉。我還深信，辯證法的許多毛病可以從研究自然中得到有效的治療。」

大家談得正歡，澤爾特站了起來，一聲不響就離開了。我們明白澤爾特對於要和歌德告別感到很難過，所以採用這種辦法來避免告別時的悲傷。[101]

---

100 哈曼（I. G. Hamann, 1730-1788），德國啟蒙運動中的哲學家。

101 這篇短兵相接的談話生動地說明了歌德和黑格爾在哲學觀點上的基本對立。歌德從自然科學出發，傾向唯物主義，堅持實際觀察和實驗，所以反對黑格爾的從「理念」出發的辯證法，認爲它不免顚倒眞僞。不過從歌德在自然科學方面強調有機觀和綜合法來看，以及從他在美學方面強調藝術與自然、特殊與一般以及客觀世界與主觀世界的對立統一來看，他的思想中也有很明顯的辯證因素，他所反對的不過是黑格爾宣揚的那種辯證法而已。

一八二八年

一八二八年三月十一日（論天才和創造力的關係：天才多半表現於青年時代）

……………

今天飯後我在歌德面前顯得不很自在，不很活潑，使他感到不耐煩。他不禁帶著諷刺的神氣向我微笑，還開玩笑說：「你成了第二個項狄，有名的特利斯舛的父親[1]啦。他有半生的光陰都因爲房門吱吱嘎嘎地響而感到煩惱，卻下不定決心在門軸上抹上幾滴油，來消除這種每天都碰到的干擾。

「不過我們一般人都是這樣。**一個人精神的陰鬱和爽朗就形成了他的命運**！我們總是每天都需要護神牽著走，每件事都要他催促和指導。只要這位精靈丟開我們，我們就不知所措，只有在黑暗中摸索了。

「在這方面拿破崙眞了不起！他一向爽朗，一向英明果斷，每時每刻都精神飽滿，只要他認爲有利和必要的事，他說幹就幹。他一生就像一個邁大步的半神，從戰役走向戰役，從勝利走向勝利。可以說，他的心情永遠是爽朗的。因此，像他那樣光輝燦爛的經歷是前無古人的，也許還會後無來者。

「對呀，好朋友，拿破崙是我們無法模仿的人物啊。」

---

1 《特利斯舛．項狄》是英國作家斯特恩（Sterne, 1713-1768）寫的一部著名的長篇小說。主角的父親是個典型的脾氣壞而心地善良的古怪人。

……

歌德關於拿破崙的一番話引起我深思默想，於是我設法就這個題目談下去。我說：「我想拿破崙特別是在少年時代精力正在上升的時期，才不斷地處在那樣爽朗的心情中，所以我們看到當時彷彿有神在保佑他，他一直在走好運。他晚年的情況卻正相反，爽朗精神彷彿已拋棄了他，他的好運氣和他的護星也就離開他了。」

歌德回答說：「你想那有什麼辦法！就拿我自己來說吧，我也再寫不出我的那些戀歌和《維特》了。我們看到，創造一切非凡事物的那種神聖的爽朗精神總是同青年時代和**創造力**聯繫在一起的。拿破崙的情況就是如此，他就是從來沒有見過的最富於創造力的人。

「對了，好朋友，一個人不一定要寫詩歌、戲劇才顯出富於創造力。此外還有一種**事業方面的創造力**，在許多事例中意義還更為重要。醫生想醫好病，也得有創造力，如果沒有，他只能碰運氣，偶爾醫好病，一般地說，他只是一個江湖醫生。」

我插嘴說：「看來你在這裡是把一般人所謂『天才』（Genie）叫做創造力。」

歌德回答說：「天才和創造力很接近。因為天才到底是什麼呢？它不過是成就見得上帝和大自然的偉大事業的那種創造力，因此天才這種創造力是產生結果的，長久起作用的。莫札特的全部樂曲就屬於這一類，其中蘊藏著一種生育力，一代接著一代地發揮作用，取之不盡，用之不竭。

「其他大作曲家和大藝術家也是如此。菲狄亞斯和拉斐爾在後代起了多大影響，還有杜勒[2]和

2 杜勒（Dürer, 1471-1528），文藝復興時代日耳曼民族最大的畫家和版畫家。

霍爾拜因[3]。最初發明古代德國建築形式比例、爲後來史特拉斯堡大教堂和科隆大教堂[4]準備條件的那位無名建築師也是一位天才，因爲他的思想到今天還作爲長久起作用的創造力而保持它的影響。路德就是一位意義很重大的天才，他在過去不少的歲月裡發生過影響。他在未來什麼時候會不再發揮創造力，我們還無法估量。萊辛不肯接受天才這個大頭銜，但是他的持久影響就證明他是天才。另一方面，我們在文學領域裡也有些要人在世時曾被捧爲偉大天才，身後卻沒有發生什麼影響，他們比自己和旁人所估計的要渺小。因爲我已經說過，沒有發生長遠影響的創造力就不是天才。此外，天才與所操的是哪一行一業無關，各行各業的天才都是一樣的。不管是像奧肯[5]和洪堡那樣顯示天才於科學，像弗里德里希、彼得大帝和拿破崙那樣顯示天才於軍事和政治，還是像貝朗瑞那樣寫詩歌，實質都是一樣，關鍵在於有一種思想、一種發明或所成就的事業是活的而且還要活下去。

「我還應補充一句，看一個人是否富於創造力，不能只憑他的作品或事業的**數量**。在文學領域裡，有些詩人被認爲富於創造力，因爲詩集一卷接著一卷地出版。但是依我的看法，這種人應該被

---

3 霍爾拜因（Holbein, 1497-1549），長期在英國工作的德國名畫家。

4 兩座著名的德國哥特式建築。歌德早年在史特拉斯堡大學就學，受哥特式建築影響很深，寫過一篇有名的文章歌頌史特拉斯堡大教堂。

5 奧肯（Oken, 1779-1851），當時耶拿一位自然科學家，他和歌德一樣是進化論的先驅，參看《反杜林論》三版序言，《馬克思恩格斯選集》第三卷。

看作最無創造力的，因爲他們寫出來的詩既無生命，又無持久性。反之，戈德史密斯寫的詩很少，在數量上不值得一提，但我還是要說他是最富於創造力的，正是因爲他的少量詩有內在的生命，而且還會持久。」

談話停了一會兒，歌德在房子裡踱來踱去，我很想他就這個重要題目再談下去，因此設法引他再談，就問他：「這種天才的創造力是單靠一個重要人物的精神，還是也要靠身體呢？」

歌德回答說：「身體對創造力至少有極大的影響。過去有過一個時期，在德國人們常把天才想像爲一個矮小瘦弱的駝子。但是我寧願看到一個身體健壯的天才。

「人們常說拿破崙是個花崗石做的人，這也是主要就他的身體來說的。有什麼艱難困苦拿破崙沒有經歷過！從火焰似的敘利亞沙漠到莫斯科的大雪紛飛的戰場，他經歷過無數次的行軍、血戰和夜間露營！哪樣的困倦飢寒他沒有忍受過！覺睡得極少，飯也吃得極少，可是頭腦仍經常顯得高度活躍。在霧月十八日的整天緊張活動[6]之後，到了半夜，雖然他整天沒有進什麼飲食，卻毫不考慮自己的體力，還有足夠的精力在深更半夜裡寫出那份著名的告法蘭西人民書。如果想一想拿破崙所成就和所忍受的一切，就可以想像到，在他四十歲的時候，身上已沒有哪一點還是健全的了。可是甚至到了那樣的年齡，他還是作爲一個完好的英雄挺立著。

「不過你剛才說得對，他的鼎盛時期是在少年時期。一個出身寒微的人，處在群雄角逐的時

---

6 法國共和八年霧月十八日即一七九九年十一月九日，是拿破崙發動政變、實行軍事獨裁的日子。

代，能夠在二十七歲就成爲一國三千萬人民的崇拜對象，這確實不簡單啊。呃，好朋友，要成就大事業，就要趁青年時代。拿破崙不是唯一的例子。……歷史上有成百上千的能幹人在青年時期就已在內閣裡或戰場上立了大功，博得了巨大的聲譽。」

歌德興致勃勃地繼續說：「假如我是個君主，我絕不把憑出身和資歷逐級上升，而現已到了老年、踏著習慣的步伐蹣跚爬行的人擺在高位上，因爲這種人成就不了什麼大事業。我要的是青年人，但是必須有本領，頭腦清醒，精力飽滿，還要意志善良，性格高尚。這樣，統治國家和領導人民前進，就會成爲一件樂事！但是哪裡去找願意這樣做、這樣用得其才的君主呢？

「我對現在的普魯士王太子[7]抱有很大的希望。據我所知道和聽到的，他是個傑出的人物。既是傑出的人物，他就必須選用德才兼備的人。因爲不管怎麼說，畢竟還是物以類聚，只有本身具有偉大才能的君主，才能識別和重視他的臣民中具有偉大才能的人。『替才能開路！』這是拿破崙的名言。拿破崙自己確實別具識人的慧眼，他所選用的人都是用得其才，所以在他畢生全部偉大事業中都得到妥當的人替他服務，這是其他君主難以辦到的。」

……

我覺得值得注意的是：歌德自己在這樣高齡仍任要職，卻這樣明確地重視青年，主張國家最高職位應由年輕而不幼稚的人來擔任。我不禁提到一些身居高位的德國人，他們雖屆高齡，可是在掌

7 指威廉親王，即後來的普魯士國王和德國皇帝威廉一世。

管各種重要事務的時候，卻並不缺乏精力和年輕人的活躍精神。

歌德回答說：「他們這種人是些不平凡的天才，他們在經歷一種第二屆青春期，至於旁人則只有一屆青春。

「…………

「我生平有過一段時期，每天要提供兩印刷頁的稿件，這是我很容易辦到的。我寫《兄妹倆》花三天，寫《克拉維哥》花一星期，這你是知道的。現在我好像辦不到了。我也還不應抱怨自己年老，已缺乏創造力了，不過年輕時期在任何條件下每天都辦得到的事，現在只有在時作時息而條件又有利的情況下才辦得到了。十年或十二年以前，在解放戰爭後那些快樂的日子裡，我全副精神都貫注在《西東胡床集》那些詩上，有足夠的創造力每天寫出兩三首來，不管在露天、在馬車上還是在小旅店裡都是一樣。現在我寫《浮士德》第二部，只有上午才能工作，也就是睡了一夜好覺，精神抖擻起來了，還要沒有生活瑣事來敗興才行。這樣究竟做出了多少工作呢？在最好的情況下能寫出一頁手稿，一般只寫出幾行，創造興致不佳時寫得更少。」

我就問：「一般說來，有沒有一種引起創作興致的辦法，或是創作興致不夠佳時有沒有辦法提高它？」

歌德回答說：「這是一個引起好奇心的問題，可想到的道理和可說的話很多。

「每種最高級的創造、每種重要的發明、每種產生後果的偉大思想，都不是人力所能達到的，都是超越一切塵世力量之上的。人應該把它看作來自上界、出乎望外的禮物，看作純是上帝的嬰兒，而且應該抱著歡欣感激的心情去接受它，尊重它。它接近精靈或護神，能任意操縱人，使人不自覺地聽它指使，而同時卻自以爲在憑自己的動機行事。在這種情況下，人應該經常被看作世界主宰的一種工具，看作配得上接受神力的一種容器。我這樣說，因爲我考慮到一種思想往往能改變整個世紀的面貌，而某些個別人物往往憑他們創造的成果給他們那個時代打下烙印，使後世人永記不忘，繼續發生有益的影響。

「不過此外還有另一種創造力，是服從塵世影響、人可以更多地憑自己的力量來控制的，儘管就是在這裡，人也還是有理由要感謝上帝。屬於這一類創造力的有按計畫來執行的一切工作、其結果已經歷歷在目的思想線索的一切中間環節，以及構成藝術作品中可以眼見的形體的那一切東西。[8]

「例如莎士比亞最初想到要寫《哈姆雷特》時，全劇精神是作爲一種突如其來的印象呈現到他心眼前的，他以高昂的心情巡視全劇的情境、人物和結局，這個整體對他純粹是來自上界的一種禮物，他對此沒有直接的影響，儘管他見到這個整體的可能性總要以具有他那種心靈爲前提。至於一些個別場面和人物對話卻完全可以憑他自己的力量去操縱，他可以時時刻刻寫，天天寫，寫上幾個星期，只要他高興。我們從他的全部作品看，的確可以看出他始終顯出同樣的創造力，在他的全部劇本裡我們指不出某一片段來說：『他在這裡走了調子，寫時沒有使盡全力。』我們讀他的作品時所得到的印象是，他這個人無論在精神方面還是在身體方面都很健康剛強。

8 指事業、科學哲學和文藝三方面的天才。

「不過假如一個戲劇體詩人身體沒有這樣強健，經常生病虛弱，每天寫作各幕各景所需要的創造力往往接不上來，一停就是好幾天，在這種時候他如果求助於酒來提高他的已虧損的創造力，彌補它的缺陷，這種辦法也許有時生效，但是，凡是用這種辦法勉強寫出的部分，總會使人發現很大的毛病。

「…………

「……創造力在休息和睡眠中和在活動中都可以起作用。水有助於創造力，空氣尤其如此。空曠田野中的新鮮空氣對人最適宜。在那裡，彷彿上帝把靈氣直接噓給人，人由此受到神力的影響。拜倫每天花大部分時間在露天裡過活，時而在海濱騎馬遨遊，時而坐帆船和用櫓划的船，時而在海裡洗澡，用游泳來鍛鍊身體。他是從來少見的一個最富於創造力的人物。」[9]

…………

9 這篇談話從歌頌拿破崙說起，著重地討論了天才這個西方文藝界的老問題。歌德基本上沒有擺脫唯心主義的先驗論觀點，認爲天才是天生的，是一種非人力所能控制的神力。但他一般強調學習甚於強調天才，在這裡也提出了幾個新論點：一、天才必須有民族文化的基礎；二、天才是一種創造力，表現於政治和軍事、科學和哲學、藝術和文學各方面；三、衡量天才的標準是有所創造，而所創造的須對人類發生有益的影響而且有持久性；四、天才必須有剛強爽朗的精神和健壯的身體，因此它最易表現於青年時代。從最後一點出發，歌德主張國家重用青年，但這些青年必須具備他所列舉的幾項條件；他又認爲有些人老而益壯，是在經歷「第二屆青春期」。

一八二八年三月十二日（近代文化病根在城市；年輕一代受摧殘；理論和實踐脫節）

……………

歌德說：「我們這老一輩子歐洲人的心地多少都有點惡劣，我們的情況太矯揉造作、太複雜了，我們的營養和生活方式是違反自然規律的，我們的社交生活也缺乏眞正的友愛和良好的祝願。每個人都彬彬有禮，但沒有人有勇氣做個溫厚而眞誠的人，所以一個按照自然的思想和情感行事的老實人就處在很不利的地位。人們往往寧願生在南海群島上做所謂野蠻人，盡情享受純粹的人的生活，不摻一點假。

「如果在憂鬱的心情中深入地想一想我們這個時代的痛苦，就會感到我們愈來愈接近世界末日了。罪惡一代接著一代地逐漸積累起來了！我們爲我們的祖先的罪孽受懲罰還不夠，還要加上我們自己的罪孽去貽禍後代。」

我回答說：「我往往也有這種心情。不過這時我只要碰到一隊德意志騎兵走過，看到這些年輕人的颯爽英姿，我就感到寬慰，對自己說，人類的遠景畢竟還不太壞啊。」

歌德說：「我們的農村人民確實保持著健全的力量，還有希望長久保持下去，不僅向我們提供英勇的騎兵，而且保證我們不會完全腐朽和衰亡。應該把他們看作一種寶庫，沒落的人類將從那裡面獲得恢復力量和新生的源泉。但是一走到我們的大城市，你就會看到情況大不相同。你且到『跛鬼第二』或生意興隆的醫生那邊打一個轉，他會悄悄地對你談些故事，使你對其中的種種苦痛和罪惡感到震驚和恐怖，這些都是攪亂人性，貽害社會的。

「……………

「就拿我們心愛的威瑪來說，我只消朝窗外看一看，就可以看出我們的情況怎樣。最近地上有雪，我的鄰家的小孩們在街頭滑小雪橇，警察馬上來了，我看到那些可憐的小家伙趕快紛紛跑開了。現在春天的太陽使他們在家裡關不住，都想和小朋友們到門前遊戲，我看見他們總是很拘謹，彷彿感到不安全，生怕警察又來光顧。沒有哪個孩子敢抽一下鞭子，唱個歌兒，或是大喊一聲，生怕警察一聽到就來禁止。在我們這裡總是要把可愛的青年人訓練得過早地馴良起來，把一切自然、一切獨創性、一切野蠻勁都驅散掉，結果只剩下一派庸俗市民氣味。

「你知道，我幾乎沒有一天不碰見生人來訪。看到他們的面貌，特別是來自德國東北部的青年學者們那副面貌，我要是說我感到非常高興，那我就是撒謊。近視眼，面色蒼白，胸膛瘦削，年輕而沒有青年人的朝氣，他們多數人給我看到的面相就是這樣。等到和他們談起話來，我馬上注意到，凡是我們感到可喜的東西對他們都像是空的、微不足道的，他們完全沉浸在理念裡，只有玄學思考中最玄奧的問題才能引起他們的興趣，他們對健康意識和感性事物的喜悅連影子也沒有。他們把青年人的情感和青年人的愛好全都排斥掉，使它們一去不復返了，一個人在二十歲就已顯得不年輕，到了四十歲怎麼能顯得年輕呢？」

歌德歎了一口氣，默然無語。

我想到上一個世紀歌德還年輕時那種好時光，塞森海姆的夏日微風就浮上心頭，於是念了他的兩句詩給他聽：

「我們這些青年人，
午後坐在涼風裡。」10

歌德歎息說：「那眞是好辰光啊！不過我們不要再想它吧，免得現在這種陰霧彌漫的愁慘的日子更使人難過。」

我就說：「要來第二個救世主，才能替我們消除掉現時代這種古板正經、這種苦惱和沉重壓力哩。」

歌德說：「第二個救世主要是來了，也會第二度被釘上十字架處死。我們還不需要那樣大的人物，如果我們能按照英國人的模子來改造一下德國人，少一點哲學，多一點行動的力量，少一點理論，多一點實踐，我們就可以得到一些拯救，用不著等到第二個基督出現了。人民透過學校和家庭教育可以從下面做出很多事來，統治者和他的臣僚們從上面也可以做出很多事來。

「舉例來說，我不贊成要求未來的政治家們學習那麼多的理論知識，許多青年人在這種學習中身心兩方面都受到摧殘，未老先衰。等到他們投身實際工作時，他們固然有一大堆哲學和學術方面的知識，可是在所操的那種窄狹行業中完全用不上，因而作爲無用的廢物忘得一乾二淨了。另一方面，他們需要的東西又沒有學到手，也缺乏實際生活所必需的腦力和體力。

10 一首題爲〈狐狸死了，皮還有用〉的小詩的頭兩句。

「…………

「所有這些人情況都很糟。那些學者和官僚有三分之一都捆在書桌上，身體糟蹋了，愁眉苦臉。上面的人應該採取措施，免得未來的世世代代人都再像這樣毀掉。」

歌德接著微笑說：「讓我們希望和期待一百年後我們德國人會是另一個樣子，看那時我們是否不再有學者和哲學家而只有人。」[11]

一八二八年十月十七日（翻譯語言；古典的和浪漫的）

歌德近來很愛閱讀《地球》，常拿這個刊物做談話資料。庫辛[12]和他那個學派的工作在他看來特別重要。

他說：「這批人在努力開闢溝通法國和德國的管道，他們鑄造了一種完全適合於交流兩國思想

---

11 在這篇談話中，歌德已看到西方文明在開始沒落，並且把原因歸到城市與鄉村的差別以及理論和實踐的脫節。他把德國未來的希望寄託在鄉村中身心健全的青年人，他還沒有來得及見到城市產業工人的有組織的力量。他的教育理想著重實踐和身心兩方面的健全，反對當時德國空談哲理的風氣。

12 庫辛（V. Cousin, 1792-1867），法國自由主義派和折中主義派哲學家，早年接近《地球》雜誌的文藝立場，與歌德有些私交，在法國開創了研究德國古典哲學的風氣。

的語言。」[13]

他對《地球》特別感興趣，也因爲它經常評論法國文學界的最新作品，而且熱情地爲浪漫派的自由或擺脫無用規律進行辯護。

他今天說：「過去時代那一整套陳舊規律有什麼用處？爲什麼在古典的和浪漫的這個問題上[14]大叫大嚷！關鍵在於一部作品應該通體完美，如果做到了這一點，它也就會是古典的。」

一八二八年十月二十日（藝術家憑偉大人格去勝過自然）

……

歌德說：「……已經發現許多傑作，證明希臘藝術家們就連在刻畫動物時也不僅妙肖自然，而且超越了自然。英國人在世界上是最擅長相馬的，現在也不得不承認有兩個古代馬頭雕像在形狀上比現在地球上任何一種馬都更完美。這兩個馬頭雕刻是希臘鼎盛時代傳下來的。在驚贊這種作品

---

13 用甲國語言介紹乙國思想，往往不能完全按照甲國語言習慣，而須遷就乙國思想和語言的習慣，彷彿要形成一種新語言。這說明翻譯對一國語文的發展有一定的影響。

14 這是當時爭論激烈的問題，特別在德國。歌德對當時德國浪漫派是不同情的，反陳舊規律是針對法國新古典主義說的。

時，我們不要認為這些藝術家是按照比現在更完美的自然馬雕刻成的，事實是，隨著時代和藝術的進展，藝術家們自己的人格已陶冶得很偉大，他們是憑著自己的偉大人格去對待自然的。」

……

歌德又說：「……關鍵在於是什麼樣的人，才能做出什麼樣的作品。但丁在我們看來是偉大的，但是他以前有幾個世紀的文化教養。羅斯柴爾德家族[15]是富豪，但是他們的家資不只是由一代人積累起來的。這種事情比人們所想到的要更深刻些。我們的守舊派藝術家們不懂得這個道理，他們憑著人格的軟弱和藝術上的無能去模仿自然，自以為做出了成績。其實他們比自然還低下。誰要想做出偉大的作品，他就必須提高自己的文化教養，才可以像希臘人一樣，把猥瑣的實際自然提高到他自己的精神的高度，把自然現象中由於內在弱點或外力阻礙而僅有某種趨向的東西[16]實現出來。」

……

一八二八年十月二十三日（德國應統一，但文化中心要多元化，不應限於國都）

……

15 羅斯柴爾德（Rothschild）家族是十八、十九世紀歐洲最大的猶太富豪。

16 露點苗頭而未發展完滿的東西。

接著我們談到德國的統一以及在什麼意義上統一才是可能的和可取的。

歌德說：「我倒不怕德國不能統一，我們的很好的公路和將建築的鐵路對此都會起作用。但是首先德國應統一而彼此友愛，永遠應統一以抵禦外敵。它應統一，使得德國貨幣的價值在全國都一律，使得我的旅行箱在全境三十六邦都通行無阻，用不著打開檢查，而一張威瑪公民的通行證就像外國人的通行證一樣，在德國境內鄰邦邊界上不被關吏認爲不適用。德國境內各邦之間不應再說什麼內地和外地。此外，德國在度量衡、買賣和貿易以及許多其他不用提的細節方面也都應統一。

「不過，我們如果設想德國的統一只在於這樣一個大國有個唯一的都城，既有利於發展個別人物的偉大才能，又有利於爲人民大眾謀幸福，那我們就想錯了。

「有人曾很恰當地把一國比作一個活人的身體，這樣，一國的都城也就可以比作心臟，維持生命和健康的血液從心臟裡流到全身遠近各個器官去，但是如果某個器官離心臟很遠，接收到的血液就漸漸微弱起來。有一個聰明的法國人——我想是杜邦[17]——繪製過一幅法國文化情況圖，用色調的明暗程度去表示法國各地區文化程度的高低。某些地區，特別是遠離都城的南方各省，就用純黑色來表示普遍的蒙昧狀態。但是美麗的法蘭西如果不只有**一**個大中心點，而有**十**個中心點在輸送光和生命，它的情況會怎樣呢？

「德國假如不是透過一種光輝的民族文化平均地流灌到全國各地，它如何能偉大呢？但是這種

17 杜邦（Dupin, 1784-1873），法國經濟學家和工程師。

民族文化不是從各邦政府所在地出發而且由各邦政府支持和培育的嗎？試設想自從幾百年以來，我們在德國只有維也納[18]和柏林兩個都城，甚或只有一個，我倒想知道，在這種情況下德國文化會像什麼樣，以及與文化攜手並進的普及全國的繁榮富足又會像什麼樣！

「德國現在有二十餘所大學分布在全國，還有一百餘所公家圖書館也分布在全國。此外還有數量很大的藝術品收藏和自然界動、植、礦物標本的收藏，因為各邦君主都在留心把這類美好事物搜來擺在自己身邊。中等學校和技藝專科學校多得不可勝數，幾乎沒有哪個德國鄉村沒有一所學校。在這一點上，法國的情況怎麼樣！

「再看德國有多少劇院，全國已有七十多座了。劇院作為支持和促進高級民族文化教養的力量，是絕不應忽視的。

「還要想一想德勒斯登、慕尼黑、斯圖加特、卡塞爾、不倫瑞克、漢諾威之類城市，想一想這些城市裡有多麼大量的生活必需品，它們對附近各地起了什麼作用，然後再想一想，它們假如不是許久以來就是各邦君主坐鎮的處所，能有這種情況嗎？

「法蘭克福、不來梅、漢堡和呂貝克都是偉大光輝的城市，它們對德國繁榮所起的作用是無法估計的。但是它們要是喪失了各自的主權，作為直轄區城市而併入一個大德國，它們還能像過去一樣嗎？我有理由對這一點表示懷疑。」[19]

---

18 維也納現在是奧地利首都，有較長時期，德、奧還沒有分為兩國。

19 德國在威廉一世稱帝以前還是些封建割據的小邦，情況很落後，統一德國成為當時德國人民的普遍希望。德

一八二八年十二月十六日（歌德與席勒合作的情況；歌德的文化教養來源）

今天我單獨和歌德在書房裡吃飯；我們談了各種文學問題。歌德說：「德國人擺脫不掉庸俗市民習氣。他們現在就某些詩既印在席勒的詩集裡又印在我的詩集裡這個問題爭論不休。在他們看來，把哪些作品歸席勒、哪些作品歸我分清楚彷彿是件大事，彷彿這種劃分有什麼益處，彷彿客觀存在的事實還不夠。

「像席勒和我這樣兩個朋友，多年結合在一起，興趣相同，朝夕晤談，互相切磋，互相影響，兩人如同一人，所以關於某些個別思想，很難說其中哪些是他的，哪些是我的。有許多詩句是咱倆在一起合作的，有時意思是我想出的，而詩是他寫的，有時情況正相反，有時他作頭一句，我作第二句，這裡怎麼能有你我之分呢？一個人如果把解決這種疑問當作大事，他準是在庸俗市民習氣中還陷得很深。」

我說：「類似的情況在文學界也不少見，例如人們懷疑這個或那個名人是否有獨創性，要追查他的教養來源。」

歌德說：「那太可笑了，那就無異於追問一個身體強健的人吃的是什麼牛、什麼羊、什麼豬，才有他那樣的體力。我們固然生下來就有些能力，但是我們的發展要歸功於廣大世界千絲萬縷

國啟蒙運動先驅們大半從唯心史觀出發，希望透過文化統一來達到政治統一。歌德基本上還是如此，不過他提出文化中心不宜過度集中而應分布到全國各地，這一點是值得注意的。

的影響，從這些影響中，我們吸收我們能吸收的和對我們有用的那一部分。我有許多東西要歸功於古希臘人和法國人，莎士比亞、斯特恩和戈德史密斯給我的好處更是說不盡的。但是這番話並沒有說完我的教養來源，這是說不完的，也沒有必要。關鍵在於要有一顆愛眞理的心靈，隨時隨地碰見眞理，就把它吸收進來。

「還有一點，這個世界現在太老了。幾千年以來，那麼多的重要人物已生活過，思考過，現在可找到和可說出的新東西已不多了。就連我關於顏色的學說也不完全是新的。柏拉圖、達・芬奇，還有許多其他卓越人物都已在一些個別方面先我有所發現，有所論述，我只不過又有所發現，有所論述而已。我努力在這個思想混亂的世界裡再開闢一條達到眞理的門路。這就是我的功績。

「我們對於眞理必須經常反覆地說，因爲錯誤也有人在反覆地宣傳，並且不是有個別的人而是有大批的人宣傳。在報刊上、辭典裡，在中學裡、大學裡，錯誤到處流行，站在錯誤一邊的是明確的多數。

「人們還往往把眞理和錯誤混在一起去教人，而堅持的卻是錯誤。例如，幾天前我還在一部英國百科全書裡讀到關於藍色起因的學說。先提到達・芬奇的正確觀點，然後就偷偷摸摸地轉到牛頓的錯誤觀點，而且還加上一句評語說，牛頓的觀點是應該遵從的，因爲它已被普遍接受了。」

……

一八二九年

一八二九年二月四日（常識比哲學可靠；奧斯塔德的畫；閱讀的劇本與上演的劇本）

歌德說：「我在繼續讀許巴特[1]，他確實是個有意思的人，如果把他的話翻譯成我們一般人的語言，他有很多話是頂好的。他這部書的要義是：在哲學之外還有一種健康人的常識觀點，科學和藝術如果完全離開哲學，單靠自由運用人的自然力量，就會做出更好的成績。這些話對我們都是有益的。我自己對哲學一向敬而遠之，健康人的常識觀點就是我的觀點，所以許巴特肯定了我畢生所說的和所行的。

「他有一點卻是我不能完全贊同的，那就是他在某些問題上所知道的比所說出來的更好，這樣他就不是抱著老實態度進行工作。像黑格爾一樣，他硬要把基督教扯進哲學裡，實際上這二者卻互不相干。基督教本身有一種獨立的威力，墮落的受苦受難的人們往往藉此來提高精神。我們既然承認基督教能起這種作用，它就已提高到哲學之上，就不能從哲學得到什麼支持。另一方面，哲學也不必乞靈於基督教，以便證明某些學說，例如永生不朽說[2]。人應當相信靈魂不朽，他有相信這一點的權利，這是符合他的本性的，他可以信任宗教的許諾。但是哲學家如果想根據一種傳說來證明靈魂不朽，這種證明就很軟弱，沒有多大價值。對於我來說，靈魂不朽的信念是由行動這個概念中

---

1 許巴特（K. E. Schubarth, 1796-1861），發表過評論歌德以及有關文學和藝術的著作。這裡提到的是他的《泛論哲學，並特論黑格爾的哲學科學全書》（一八二九年，柏林）。

2 即靈魂不朽說。

生出來的。因爲我如果孜孜不倦地工作直到老死，在今生這種存在不再能支持我的精神時，大自然就有義務給我另一種形式的存在。」

……

歌德叫人取來一部裝滿素描和版畫的畫冊。他默默地看了幾幅之後，就讓我看根據奧斯塔德[3]原畫刻製的一幅很美的版畫。他說：「這裡你可以看到一個賢夫賢妻的場面。我看到這幅版畫很歡喜。畫的是一間農民住房的內部，廚房、客廳和臥房都是這一間。夫妻面對面坐著，妻在紡紗，夫在絡紗，兩人腳邊躺著一個嬰兒。房裡面擺著一張床，地上到處擺著一些最粗陋、最必需的日用家具，門直通露天空地。這幅畫充分表現出局促情況下的婚姻生活的幸福。從這對夫妻對面相覷的面容上，可以看出心滿意足、安適和恩愛的意味。

我說：「這幅畫愈看愈使人歡喜，它有一種獨特的魔力。」

歌德說：「那是一種感性魔力，是任何藝術所不可缺少的，而在這類題材中則全靠它才引人入勝。另一方面，在表現較高的意趣時，藝術家走到理想方面，就很難同時顯出應有的感性魔力，因而不免枯燥乏味。在這方面，青年人和老年人就有宜與不宜之分，因此藝術家選擇題材時應省度自己的年紀。我寫《伊菲革涅亞》和《塔索》那兩部劇本獲得了成功，就因爲當時我還夠年輕，還可以把我的感性氣質滲透到理想性的題材裡去，使它有生氣。現在我年老了，理想性題材對我已不合

3 奧斯塔德（Ostade, 1610-1685），荷蘭名畫家。

適，我寧願選擇本身已具有感性因素的題材。……」

……

歌德接著說：「……一部寫在紙上的劇本算不得什麼回事。詩人必須了解他用來進行工作的手段，必須把劇中人物寫得完全適應要扮演他們的演員。……爲舞臺上演而寫作是一種特殊的工作，如果對舞臺沒有澈底了解，最好還是不寫。每個人都認爲一種有趣的情節搬上舞臺後也還一樣有趣，可是沒有這麼回事！讀起來很好乃至思考起來也很好的東西，一旦搬上舞臺，效果就很不一樣，寫在書上使我們著迷的東西，搬上舞臺可能就枯燥無味。讀過我的《赫爾曼與竇綠苔》的人認爲它可以上演。特普費爾[4]就嘗試過，但是效果如何呢？特別是演得不太高明時，誰能說它在各方面都是一部好劇本呢？一個人爲舞臺上演寫劇本，既要懂行，又要有才能。這兩點都是難能罕見的，如果不結合在一起，就很難收到好效果。[5]

---

4 特普費爾（Karl Töpfer, 1792-1871），德國劇作家，曾把歌德這部牧歌體詩改寫成劇本，上演過多次。

5 在這篇談話裡，歌德從常識觀點出發，駁斥當時流行的抽象哲學，反對把基督教扯到哲學裡。但他並不澈底，還捨不得拋棄靈魂不朽說，儘管他對靈魂不朽做了一種新的解釋。接著他較著重地討論了藝術中理性因素與感性因素的關係和適當配合，以及供閱讀的劇本與上演的劇本的區別。

一八二九年二月十二日（歌德的建築學知識：藝術忌軟弱）

…………

我們接著談到歌德自己的建築知識。我提到，歌德在義大利一定獲得很多這方面的知識。歌德說：「義大利使我懂得什麼才是嚴肅和偉大，但是沒有教會我什麼熟練的技巧。威瑪宮堡的建築給我的教益比什麼都多。我不得不參加這項工程，有時還得親自繪製柱頂盤的藍圖。我比專業人員有一點長處，我在意境方面比他們強。」

接著我們談到澤爾特。歌德說：「我接到他的一封信，他埋怨他的《救世主》樂曲在演唱中被他的一個女徒弟弄糟了。她在一個唱段裡顯得太軟弱、太感傷。軟弱是我們這個時代的特徵，我有一個假想，在德國，軟弱是力圖擺脫法國影響的結果。畫家們、自然科學家們、雕刻家們、音樂家們、詩人們，很少有例外，都顯得軟弱，就連廣大觀眾也不見得較好。」

…………

一八二九年二月十三日（自然永遠正確，錯誤都是人犯的；知解力和理性的區別）

和歌德單獨吃了晚飯。他說：「在寫完《漫遊時代》之後，我要回頭研究植物學，和梭勒繼續進行翻譯。[6] 我只怕這項工作牽涉很廣，終於要成為一種脫不了身的精神負擔。有許多大祕密還沒

6 歌德原已著手寫《植物變形學》，現在由梭勒譯成法文，歌德親自指導翻譯工作。

有揭開，對有些其他祕奧我現在只有一種預感。」……

接著他談到一些自然科學家進行研究，首先是爲著要證實自己原有的看法。他說：「布赫[7]新近出版了一部著作，書名本身就包含一種假說，他要討論的是到處散布著的花崗岩石，這種岩石是怎樣來或是從何而來的，我們全不知道。可是布赫先生心裡先有一個假說，認爲這些岩石是由地心某種力量迸散出來而分布於地面的，他的書名《迸散出花崗岩石》就已點明了這種假說。這就使迸散這個結論下得太快，把天眞的讀者們扔到錯誤的羅網裡，而他們還不自知。

「一個人要認清這一切，首先要到了相當的年紀才行，其次是要有足夠的錢爲經驗付出代價。我爲我的每一個警句就要花去一袋錢。我花去了五十萬私財，才換得現在我所有的這一點知識。我花去的不只是我父親的全部財產，還有我的薪俸以及五十多年的大量稿費版稅收入。此外和我關係很親密的公侯貴人們爲我所參加的一些大事業也花去了一百五十萬，他們的措施及其成功和失敗之中都有我的一份。

「要想成爲一個通人，單是有點才能還不夠，更重要的是身居高位，有機會去觀摩當代一些國手賽棋，而角逐的輸贏也牽涉到他自己。

「如果我沒有在自然科學方面的辛勤努力，我就不會學會認識人的本來面目。在自然科學以外的任何一個領域裡，一個人都不能像在自然科學裡那樣仔細觀察和思維，那樣洞察感覺和知解力的錯誤以及人物性格的弱點和優點。一切都是多少具有彈性、搖擺不定的，一切都是可以這樣或那樣

---

7 布赫（L. Buch, 1774-1853），德國地質學家。看下文，他似是火成岩論者。

處理的，但是自然從來不開玩笑，她總是嚴肅的、認眞的，她總是正確的；而缺點和錯誤總是屬於人的。自然對無能的人是鄙視的；她對有能力的、眞實的、純粹的人才屈服，才洩露她的祕密。

「知解力高攀不上自然，人只有把自己提到最高理性的高度，才可以接觸到一切物理的和倫理的本原現象所自出的神。神既藏在這種本原現象背後，又藉這種本原現象而顯現出來。[8]

「但是神只在活的事物而不在死的事物中起作用，只存在於發展和變革的事物中，不存在於已成的、凝固的事物中。所以傾向神的理性只管在變化發展中的活的事物，而知解力只管它所利用的、已成的、凝固的事物。

「所以礦物學是爲實際生活運用知解力的科學，它的對象是一種死的不再生展的事物，不再有綜合的可能了。氣象學的對象卻是一種活的事物，我們每天都看見它在活動和生展，它是以綜合爲前提的，只不過參加協作的因素極複雜，人還夠不上進行這種綜合，不免要在觀察和研究中白費一些精力。我們在起航駛向綜合這個想像的島嶼，也許這塊陸地終於是發現不到的。我並不爲此感到奇怪，因爲我知道從植物和顏色這類簡單事物達到某種綜合是多麼困難的事。」[9]

---

8 歌德把宇宙間最高的原理或「絕對理念」叫做「神」，這是根據康德而和黑格爾一致的。本原現象就是最高原理的具體顯現，例如各種科學和哲學所研究的對象。參看第一五二頁。

9 植物變形和顏色是歌德畢生研究的兩個科目。當時礦物學和氣象學都還很幼稚，歌德的話在很大程度上已過時了。他要著重說的是他心愛的綜合法，反對用機械的分析法去研究活的事物。分析法憑知解力，綜合法卻要憑理性。

一八二九年二月十七日（哲學派別和發展時期；德國哲學還要做的兩件大事）

……

我們的話題轉到印度哲學。

歌德說：「如果英國人所提供的資料可靠，印度哲學也並不稀奇，它毋寧是重演了我們大家都經歷過的幾個時期。我們還是孩子時都是感官主義者；到了講戀愛時成了理想主義者，在所愛的對象身上發現了本來沒有的特點；等到愛情發生動搖，疑心對方不忠實，於是我們又變成懷疑論者了，連自己也不知其所以然。到了暮年，一切都無足輕重，我們就聽其自然，終於變成清靜無為主義者了，就像印度哲學那樣。

「在我們德國哲學裡，要做的大事還有兩件。康德已經寫了《純粹理性批判》，這是一項極大的成就，但是還沒有把一個圓圈畫成，還有缺陷。現在還待寫的是一部更有重要意義的感覺和人類知解力的批判。如果這項工作做得好，德國哲學就差不多了。」

歌德接著說：「黑格爾在《柏林年鑑》上發表了一篇對哈曼[10]的批判。這幾天我在反覆地閱讀這篇論文，對它很讚賞。作為批判者，黑格爾的判斷向來是很好的。」[11]

---

10 哈曼，見第一八六頁註一〇〇。

11 這篇談話須和上篇論知解力和理性的談話合在一起看，話雖簡短，卻涉及哲學的未來命運這一重大問題，亦即科學之外是否還需要一門獨立的哲學？已往西方哲學家們為哲學的存在辯護，大半是說哲學和科學畢竟不

一八二九年三月二十三日（建築是僵化的音樂；歌德和席勒的互助和分歧）

歌德今天說：「我在手稿中查出一篇文稿，裡面說到建築是一種僵化的音樂[12]。這話確實有點道理。建築所引起的心情很接近音樂的效果。

「高樓大廈是蓋給王公富豪們住的。住在裡面的人們覺得安逸滿足，再也不要求什麼別的

同：科學只研究個別領域裡的特殊對象，哲學卻要研究統攝全宇宙的原則方法或概念；科學用的是知解力，哲學用的卻是比知解力更高的理性。德國古典哲學在康德和黑格爾手裡都是以絕對概念和永恆理性為其主要支柱的。這裡需要說明的是，西方哲學的「理性」和毛澤東所說的「理性認識」是兩回事。理性認識是以感性認識為基礎的，是根據感性經驗所得出的對自然和社會規律的認識，而西方唯心哲學的「理性」則是先驗的，甚至是超驗的，即超然獨立於感性經驗之外的。從馬克思主義觀點看，絕對是無限相對的總和，而先驗和超驗的理性根本不存在。獨立於感性認識之外的理性既站不住，則獨立於以感性認識為基礎的科學之外的哲學就勢必垮臺了。還須存在的只有關於思維本身規律的形式邏輯和辯證邏輯，其他一切都歸到關於自然和歷史的實證科學中去了。恩格斯在《反杜林論》的《概論》裡把這個道理說得最透闢。歌德還沒有擺脫康德的《純粹理性批判》的影響。但是作為一個傑出的自然科學家，他已看出德國哲學的最大漏洞在於蔑視感覺和知解力，而感覺和知解力正是恩格斯所說的「實證科學」的工具。在這一點上，歌德也受到前兩世紀英國經驗主義哲學和法國啟蒙運動的影響，這兩派代表們一直在探索的正是感覺和知解力的批判。

12 僵化的音樂，原文是 erstarrte Musik，後來美學家們常援引這句話。改作「凍結的音樂」似較好。

了。我的性格使我對此有反感。像我在卡爾斯巴德[13]的那座漂亮房子，我一住進去就懶散起來，不活動了。一所小房子，像我們現在住的這套簡陋的房間，有一點雜亂而又整齊，有一點吉卜賽流浪戶的氣派，恰好適合我的脾胃。它使我在精神上充分自由，能憑自力創造。」

我們談到席勒的書信、他和歌德在一起過的生活以及兩人每天在工作中互相促進的情況。我說：「就連對《浮士德》，席勒好像也很感興趣。看到他怎樣敦促你，怎樣受他自己的思想驅遣，想由他自己來替《浮士德》作續篇，倒頂有意思。我由此看出他的性格有點急躁。」

歌德說：「你說得對。他和一切太愛從觀念出發的人一樣，從來不肯安靜，從來沒有個完，從他那些有關《威廉．麥斯特》的書信，你就可以看出他時而主張這樣改，時而又主張那樣改。我總要費些周折，才能堅持自己的立場，不要使他的作品或我的作品受到這種影響。」

我說：「我今天上午在讀席勒的〈印第安人的喪歌〉，寫得頂好，我很喜歡。」

歌德說：「你看，席勒是個多麼偉大的藝術家，他也會掌握客觀方面，只要這客觀方面是作為掌故或傳說而擺在他眼前的。那篇〈印第安人的喪歌〉確實是他的詩中最好的一篇，我只盼望他寫上十來篇這樣的詩。可是他最親近的朋友們對這篇詩卻進行挑剔，認為沒有充分表現出他的理想性，這一點你該想像不到吧？是呀，我的好小夥子，一個人總難免受到朋友的挑剔呀！洪堡挑剔過我的竇綠苔[14]，因為她在受到士兵襲擊時居然拿起武器來和他們搏鬥。她在當時那種情境中這樣

13 威瑪附近的一個浴場。

14 《赫爾曼與竇綠苔》中的女主角。

做是正確的。如果沒有這一點特色，這位非凡的少女的性格就會遭到破壞，降低到一個平凡人的水準。你在將來的生活中會愈來愈看得清楚，很少有人能堅持把立足點擺在必然的道理上；一般人都只能讚賞和創作出符合自己要求的東西，剛才提到的還是第一流人物，至於大眾的意見如何，就可想而知了。你由此可以想像到，我們這種人永遠是孤立的。

「假如我沒有造型藝術和自然科學的基礎，我面對這個惡劣時代及其每天都發生的影響，就很難立定腳跟，不屈服於這些影響。幸好造型藝術和自然科學的基礎保護了我，我也可以從這方面幫助席勒。」

一八二九年四月二日（戰士才有能力掌握最高政權；「古典的」與「浪漫的」之區別；評貝朗瑞入獄）

今天吃晚飯時歌德對我說：「我向你洩露一個政治祕密，這遲早總會公布的。卡波．第斯特里亞[15]掌握希臘國家大權不會很久了，因爲他缺少居這樣高位所不可缺少的一種品質：他不是一個戰士。從來沒有先例能證明一個普通內閣閣員有能力去組織一個革命政權，控制軍隊和軍事領袖們。手裡握住刀，統率一支大軍，一個人才能發號施令，制定法律，有把握使人們服從他。沒有這樣的

15 卡波．第斯特里亞（Capo d'Istria, 1776-1831），希臘共和國總統。他執政專橫，遭到暗殺。

條件，掌大權就會危險。拿破崙如果不是個戰士，就不會升到最高權力；卡波・第斯特里亞不會久居高位，他很快要變成第二號人物了。我事先告訴你，你將來會親眼看到。這是事物的自然道理，非如此不可。」

接著歌德暢談法國人，……後來轉到法國詩人和「古典的」與「浪漫的」這兩個詞的意義。

歌德說：「我想到一個新的說法，用來表明這二者的關係還不算不恰當。我把『古典的』叫做『健康的』，把『浪漫的』叫做『病態的』。這樣看，《尼伯龍根之歌》就和荷馬史詩一樣是古典的，因為這兩部詩都是健康的、有生命力的。最近一些作品之所以是浪漫的，並不是因為新，而是因為病態、軟弱；古代作品之所以是古典的，也並不是因為古老，而是因為強壯、新鮮、愉快、健康。如果我們按照這些品質來區分古典的和浪漫的，就會知所適從了。」

話題轉到對貝朗瑞的監禁。[16]歌德說：「他是罪有應得。他近來的詩確實違反紀律和秩序，他反對國王、國家政權和公民治安感。他早年的詩卻不是這樣，都是愉快的、無害的，完全能使一群人歡喜熱鬧起來。這就是對短歌所能做的最好的讚揚了。」

……

16 一八二八年，貝朗瑞因詩集觸犯禁忌，受到九個月的監禁，還罰了巨款。

一八二九年四月三日（愛爾蘭解放運動；天主教僧侶的陰謀詭計）

…………

話題從耶穌會教士們及其財富轉到天主教徒和愛爾蘭解放運動。庫德雷[17]說：「可以看到，解放將會得到批准，但是英國國會將會加上許多條文，使解放不致對英國有危險。」

歌德說：「對於天主教徒們，一切預防措施都沒有用處。羅馬教廷有些我們夢想不到的利益計較，也有些我們毫無概念的暗地使用的手段。假使我是英國國會議員，我也不會防止這種解放運動；但是我要請求把這一條記錄在案：倘若有一個重要的愛爾蘭新教徒頭一次因為天主教徒投票反對他而斷送了頭顱，就請人們回想一下我這番話。」

…………

話題又回到天主教徒們以及他們的巨大影響和暗地裡的陰謀活動。人們提到漢諾地方有一位青年作家，在他主編的刊物上發表文章譏笑天主教念珠祈禱儀式。僧侶們透過他們的影響，把他們管轄的各教區內所有這一期刊物都買去了。歌德說：「我的《少年維特》出版不久，米蘭就出版了義大利文譯本，但是沒過多少時候，這一版的譯本連一本也看不到了。當地大主教吩咐僧侶們在各地區把整版譯本都買去了。我並不生氣，反而對這班狡猾的老爺們的做法感到高興。他們馬上看出《少年維特》對天主教徒們是一部壞書。我得佩服他們馬上採取了有效措施，偷偷摸摸地把它銷毀

17 庫德雷（Coudray, 1775-1845），威瑪建築工程總監，歌德的好友。

掉。」

一八二九年四月六日（日耳曼民族個人自由思想的利弊）

……

歌德談起基佐，他說：「我還在讀他的講義[18]，還是寫得頂好。……

「基佐談到過去時代各民族對高盧族[19]的影響時，我對他關於日耳曼民族所說的一番話特別注意。他說：『日耳曼人給我們帶來了個人自由的思想，這種思想尤其是日耳曼民族所特有的。』這話不是說得很好嗎？他不是完全說對了嗎？個人自由的思想不是直到今天還在我們中間起作用嗎？宗教改革的思想根源在此，瓦爾特堡大學生們的造反陰謀也是如此，好事和壞事都受了這種思想的影響。我們文學界的雜亂情況也與此有關，詩人們都渴望顯出獨創性，每人都相信有必要另闢蹊徑，乃至我們的學者們分散孤立，人各一說，各執己見，都是出於同一個來源。法國人和英國人卻不然，他們彼此聚會的機會多得多，可以互相觀摩切磋。他們在儀表和服裝方面都顯出一致

18 基佐（Guizot, 1787-1874），一八四八年法國革命失敗後的法國內閣大臣，著名歷史家。「講義」指他的《近代史講義》，下面引文見該書第一卷第七講（結尾部分）。

19 高盧族是法蘭西民族的祖先。

性。他們怕標新立異，怕惹人注目或譏笑。德國人卻各按自己的心意行事，只求滿足自己，不管旁人如何。基佐看得很正確，個人自由的思想產生了很多很好的東西，卻也產生了很多很荒謬的東西。」[20]

一八二九年四月七日（拿破崙擺布世界像彈鋼琴；他對《少年維特》的重視）

…………

歌德說：「……我在讀《拿破崙征埃及記》，這是天天隨從他的布里安[21]寫的。……可以看出，拿破崙之所以進行這次遠征，是因爲這段時期他在法國沒有什麼能使自己成爲統治者的事可幹。他起初還拿不定主意，曾到大西洋法國海港檢閱軍艦，看看可不可以去征英格蘭。他看出這不

---

20 歌德在這篇談話裡看出了個人主義是近代西方資產階級的一個本質性的特徵。不過他把英、法兩國人和德國人對立起來，似有問題。一則英、德人同屬日耳曼民族，與屬於拉丁族的法國人的差別似較突出；二則個人主義的發展與資本主義的發展分不開，既進入資本主義即不可能無個人主義，只是發展的遲早稍有不同而已。

21 布里安（Bourrienne），法國傳記作家，寫過從拿破崙執政到復辟時期的《回憶錄》十卷，一八二八至一八三〇年出版。

行，於是決定去征埃及。」

我說：「我感到驚贊的是拿破崙當時那樣年輕，卻能那樣輕易地、穩當地在世界大事中扮演要角，彷彿他早有多年實踐經驗似的。」

歌德說：「親愛的孩子，那是偉大能人的天生資稟。拿破崙擺布世界，就像胡梅爾[22]擺布他的鋼琴一樣。這兩人的成就都使我們驚奇，我們不懂其中奧妙，可是事實擺在眼前，確實如此。拿破崙尤其偉大，因爲他在任何時候都是一樣。無論在戰役前還是在戰役中，也無論是戰勝還是戰敗，他都一樣堅定地站著，對於他要做的事既能看得很清楚，又能當機立斷。在任何時候他都胸有成竹，應付裕如，就像胡梅爾那樣，無論演奏的是慢板還是快板，是低調還是高調。凡是眞正的才能都顯出這種伶巧，無論在和平時期的藝術中還是在軍事藝術中，無論是面對鋼琴還是站在大炮後面。」

…………

歌德接著很高興地說：「可是你得向我致敬。拿破崙在行軍時攜帶的書籍中有什麼書？有我的《少年維特》！」

我說：「從他在埃爾福特那次接見中可以看出，他對《少年維特》是仔細研究過的。」

歌德說：「他就像刑事法官研究證據那樣仔細研究過。他和我談到《少年維特》時也顯出這種

22 胡梅爾（Hummel），德國音樂家，莫札特的徒弟，威瑪宮廷樂隊指揮。

認眞精神。布里安在他的著作裡把拿破崙帶到埃及的書開列了一個目錄，其中就有《少年維特》。這個目錄有一點值得注意，所帶的書用不同的標籤分了類。例如在政治類裡有《舊約》、《新約》和《古蘭經》，由此可知拿破崙是怎樣看待宗教的。」

一八二九年四月十日（洛蘭的畫達到外在世界與內心世界的統一；歌德學畫的經驗）

「在等著上湯，我趁此讓你飽一下眼福。」說了這句友好的話，歌德就把一本克勞德·洛蘭[23]的風景畫擺在我面前。

我是初次看到這位大畫師的作品。印象不同尋常，每翻閱一頁，我愈看愈驚贊。兩邊分布著大片陰影，顯得雄強有力，強烈的日光從背後射到空中，在水裡現出返影，也產生出一種明確有力的印象。我覺得這是在這位大畫師作品中經常出現的藝術規矩。我也高興地看到每幅畫都構成一個獨立小天地，其中沒有一件東西不符合或不烘托出主導的情調。不管畫的是一個海港，停著一些船，水邊漁人在活躍地工作，聳立著一些漂亮的房屋；或是一片寂靜的荒山丘，山羊在吃草，小溪上橫著小橋，幾窩矮樹叢夾著一棵枝葉扶疏的大樹，一個牧羊人躺在樹蔭裡吹笛；或是一片沼澤地中一些靜止的小池塘，在酷熱的夏天給人一種清涼感；隨便在哪一幅裡，你總可以看到全局和諧一致，

23 洛蘭，見第一五八頁註五十九。

沒有哪一點不和全局相稱，沒有哪一件是勉強拼湊來的東西。

歌德對我說：「這一次你從這些畫裡看到了一個完全的人，他想到的和感覺到的都美，他胸中有一個在外界不易看到的世界。這些畫都具有最高度的眞實，但是沒有一點實在的痕跡。克勞德．洛蘭最熟悉現實世界，直到其中的最微小的細節，他用這些作爲媒介，來表現他的優美的心靈世界。這正是眞正的理想性，它會把現實媒介運用來產生一種幻覺，彷彿像是眞的東西，像是實在的或實有其事。」[24]

……

歌德接著說：「在過去一切時代裡，人們說了又說，人應該努力認識自己。[25]這是一個奇怪的要求，從來沒有人做得到，將來也不會有人做得到。人的全部意識和努力都是針對外在世界即周圍世界的，他應該做的就是認識這個世界中可以爲他服務的那部分，來達到他的目的。只有在他感到歡喜或苦痛的時候，人才認識到自己；人也只有透過歡喜和苦痛，才學會什麼應追求和什麼應避免。除此以外，人是一個蒙昧物，不知道自己從哪裡來，向哪裡去，他對世界知道得很少，對自己知道得更少。我就不認識我自己，但願上帝不讓我認識自己！我想說的只有一點，當我四十歲在義大利時我才有足夠的聰明，認識到自己沒有造型藝術方面的才能，原先我在這方面的志向是錯誤

24 這幾句話概括了理想主義藝術信條：既要忠實於客觀自然，也要表達出藝術家的靈魂世界，表裡要融成一片。

25 「認識你自己」是古希臘一句格言，西方資產階級思想家一向認爲這句格言體現了人類的最高智慧。

的。如果我畫點什麼，我就缺乏足夠的動力去掌握物體形象。我有點害怕，怕對象對我施加過分強烈的壓力，比較柔和有節制的東西才合我的口味。如果我畫一幅風景畫，我總是從較暗淡的遠景畫起，畫到中部，對前景總不敢把它畫得有足夠的魄力，所以我的畫產生不出應有的效果。此外，我不經過練習就沒有進步，如果沒有畫完就擱下來，再畫時總是要重新從頭畫起。可是我在這方面也不是毫無才能，特別是就風景畫來說。哈克爾特[26]經常對我說：『假如你願跟我在一起住上一年半，你會作出使你自己和旁人都喜歡的畫哩。』」

我很感興趣地聽了這番話，就問：「一個人怎樣才能知道自己在造型藝術方面有眞正的才能呢？」

歌德回答說：「眞正的才能對形象、關係和顏色要有天生的敏感，不要多少指導，很快就會處理得妥帖。對物體形狀要特別敏感，還要有一種動力或自然傾向，能透過光照把物體形狀畫得彷彿伸手可摸那樣活靈活現，縱使在練習間歇期間，畫藝仍在下意識裡進展和增長。這樣一種才能是不難認識出的，認識得最準確的是畫師。」[27]

…………

26 哈克爾特（Hackert, 1737-1807），德國風景畫家，歌德的朋友。

27 歌德早年喜作畫，四十歲到義大利遊歷後，看到一些造型藝術的傑作，認識到自己在這方面很難有成就，就毅然放棄了。在這次談話裡，他現身說法，勸人不要單憑愛好藝術的傾向，就幻想自己可以成爲卓越的藝術家。歌德的出發點仍然是天才論，但他這番話是藝術家的甘苦之談，有值得借鑑的地方。

一八二九年四月十二日（錯誤的志向對藝術有弊也有利）

…………

歌德繼續說：「最糟糕的是人們在生活中經常受到錯誤志向的阻礙而不自知，直到擺脫了那些阻礙時才明白過來。」

我問：「怎樣才能知道一個志向是錯誤的呢？」

歌德回答說：「錯誤的志向不能創作出什麼，縱使有所創作，作品也沒有價值。察覺旁人的錯誤志向並不難，難在察覺自己的錯誤志向，這需要很大的神智清醒。就連察覺了也往往無濟於事。人們還是在躊躇、猶疑，決定不下來，就像一個人總捨不得拋棄一個心愛的姑娘，儘管已有很多跡象證明她不忠貞。我這樣說，是因爲我想到自己需要經過許多年才察覺我原先要從事造型藝術的志向是錯誤的，而且以後又經過許多年，才決定放棄造型藝術。」

我說：「你要搞造型藝術的志向給你帶來了很大的益處，很難說它是錯誤的。」

歌德說：「我獲得了見識，所以我可以安心了。這就是從錯誤志向中所能得到的益處。對音樂沒有適當才能的人要搞音樂，固然不會成爲音樂大師，但是他可以由此學會識別和珍視音樂大師所作的樂調。儘管我費過大力，我沒有能成爲藝術家；可是我既然嘗試過每門藝術，我也學會了懂得每一個色調，會區別好壞。這就是個不小的收穫，所以錯誤的志向也不是毫無益處……」[28]

28 這段談話應該聯繫前一篇談話看，說明藝術鑑賞也要有點創作實踐的基礎，所以「錯誤的志向」還是有益處。

一八二九年九月一日（靈魂不朽的意義；英國人在販賣黑奴問題上言行不一致）

我告訴歌德說，有一個路過威瑪的人聽到過黑格爾論證神的存在的演講。歌德和我一致認爲這種演講已不合時宜了。

歌德說：「懷疑的時代已過去了，現在很少有人懷疑自己的存在或神的存在。關於神的本質、靈魂不朽、我們靈魂的存在和靈魂與肉體的關係這類長久不得解決的問題，哲學家們不能再有什麼新東西給我們講了。最近一位法國哲學家很有把握似的開宗明義就講：『人所共知，人是由肉體和靈魂兩部分構成的。我們先講肉體，接著再講靈魂。』費希特稍微前進了一步，比較聰明地從這個難題中脫了身。他說：『我們將討論作爲肉體的人和作爲靈魂的人。』他懂得很清楚，那樣一個緊密結合的整體是不能分開的。康德劃定了人類智力所能達到的界限，把這個不可解決的問題[29]丟開不管，這無疑是最有益的辦法。人們在這種問題上費過多少哲學思維，但是達到什麼結果呢？我並不懷疑我們的永生，因爲自然不能沒有生命力[30]，但是我們並不是同樣不朽，要在將來表現出偉大的生命力，就應（在今世）也是一種偉大的生命力。[31]

---

29 指靈魂和肉體的關係。

30 原文用的是個希臘詞 Entelechie，有人譯爲「靈魂」，也有人只譯音，實際上就是生物所具有的精神特質。故譯爲生命力。

31 靈魂不朽在西方哲學中是經常辯論的問題，特別在基督教流行以後；法國啟蒙運動時期無神論才開始抬頭。

「德國人在勞心焦思以求解決哲學問題時，英國人卻本著他們的實踐方面的理解力在譏笑我們，自己則先把這個世界拿到手再說。每個人都知道英國人反對奴隸買賣的宣言。他們向我們說教，說他們反對奴隸買賣是根據人道主義原則，可是現在人們已發現他們眞正的動機是追求一種現實目標[32]。英國人採取某種行動時不會沒有某種現實目標，這是眾所周知的，我們事前最好懂得這一點。英國人自己在他們的非洲西岸廣大領地裡就在利用黑奴。如果把黑奴運到別處去賣，他們自己的利益就會受到損害。他們在美洲也建立了一些大面積的黑人區殖民地，都很有生產價值，每年從黑人方面撈得大量利益，他們用這些黑人供應北美的需要。他們既這樣進行這種利潤很大的買賣，從別處販運黑人進來就會違反他們的商業利益，所以他們是從實際利益出發來宣揚非洲黑奴買賣不人道的。就連在維也納會議上英國使節還振振有詞地宣揚這一套，可是葡萄牙使節夠聰明，絲毫不動聲色地回答說，他不知道大家來開會究竟爲什麼，是來對世界進行一般的法律裁判呢，還是決定採取哪些道德原則？他很明白英國的目的，他也有自己的目的，他懂得怎樣來辯護，怎樣達到自己的目的。」[33]

德國古典哲學雖受了無神論的影響，但一般不敢公開反對基督教義，比較進步的也只採用偷梁換柱的辦法。黑格爾用客觀理念代替神，歌德則用事業、思想或文藝的深遠影響代替靈魂不朽。歌德既肯定肉體和靈魂是個不可分割的整體，那麼，肉體死後，靈魂也就應消亡。可是歌德沒有敢下這個明顯的正確結論。

32 或：物質利益。

33 英國是繼西班牙和葡萄牙之後的老牌殖民帝國，初期都靠剝削黑奴和販賣黑奴過日子。他們說得冠冕堂皇，

一八二九年十二月六日（《浮士德》下卷第二幕第一景）

今天飯後，歌德向我朗誦了《浮士德》（下卷）第二幕第一景，給我的印象很深刻，在我的內心裡產生了高度的幸福感。我們又回到浮士德的書齋，梅菲斯特發現室中一切陳設還和從前他離開這裡時一樣。[34]他從掛鉤上取下浮士德的舊工作服，成千的蛾子和蟲子飛出來，按照梅菲斯特指定的地方藏了起來，於是這間房子看來就很明亮了。他穿上那件工作服，想趁浮士德癱瘓在簾幕後面

做得卻陰險卑鄙，在歌德時代已如此。這是一個不能忘記的歷史教訓。歌德對這一點看得很清楚，足見他還是關心當時的國際政治的。他拿德國和英國對比，覺得德國人搞抽象哲學，讓英國人「把這個世界拿到手」，是失算，彷彿勸德國人放棄哲學，也來撈一把。這番談話是耐人尋味的。

34 《浮士德》上卷一七七〇年開始寫作，一八〇八年出版；下卷一直在歌德思想中醞釀，到他死前幾年才繼續寫作，寫到一八三二年臨死前完成，死後才出版。上卷寫浮士德貪圖世間快樂，出賣靈魂給惡魔，藉惡魔之助誘姦了一位鄉間少女，又遺棄了她，她憤而自殺，浮士德也變得悲觀失望。下卷寫數十年之後浮士德又落到那個惡魔的掌握中，藉惡魔之助，和古希臘美人海倫后結婚，據說是象徵浪漫藝術與古典藝術的統一，生下一個兒子，據說是象徵英國詩人拜倫。浮士德和海倫后的關係也終於破裂，於是他到海邊去把海灘開墾成爲良田。他做了這件好事，感到寬慰。地獄試圖劫奪他的靈魂，但天使們拯救了他，護衛他上了天。《浮士德》是歌德的最大一部作品，雖是根據基督教的犯罪和贖罪的觀念，卻也表達了一個深刻的意義：書生困守在書齋幻想，貪圖滿足肉慾，靈魂就遭到毀滅；一旦跳出書齋轉到實踐行動，開拓新天地，爲人類造福，靈魂就獲得挽救。

時再扮演一次書齋主人的角色。他拉了一下門鈴，鈴子在這座凄涼的古寺院裡發出可怕的聲響，門開了，牆壁也震盪起來。僕人跑進來，看見梅菲斯特坐在浮士德的座位上，他不認得梅菲斯特，卻對他表示尊敬。在答問中，他報告了華格納[35]的消息，說華格納現在成了名人，正在盼望著老師回來，據說華格納此刻正在實驗室忙著製造一個人造人。僕人退出，學士[36]就進來了。他還是多年前我們見過的、被穿著浮士德工作服的梅菲斯特開玩笑的那位羞怯的青年學生。這些年來他已長成壯年人，很自負不凡，連梅菲斯特也拿他沒有辦法，只好把座位逐漸往前移，轉向樂隊池。

歌德把這一景朗誦到末尾，我看到其中還顯出青年人的創造力，通體融貫緊湊，不勝欣羡。歌德說：「這裡的構思很早，五十年來我一直在心裡想著這部作品。材料積累得很多，現在的困難工作在於剪裁。這第二卷的意匠經營已很久了，像我已經說過的。我把它留到現在，對世間事物認識得比過去清楚，才提筆把它寫下來，結果也許會好些。我在這一點上就像一個人在年輕時積蓄了許多銀幣和銅幣，年歲愈大，這些錢幣的價值也愈提高，到最後，他青年時代的財產在他面前塊塊都變成純金了。」

我們談到華格納學士的性格，我問：「他是不是代表講理念的那一派的某個哲學家呢？」歌德說：「不是，他所體現的是某些青年人所特有的那種高傲自大，在我們德國解放戰爭後頭幾年裡就有些突出的例子。實際上每個人在青年時代都認爲自從有了他，世界才開始，一切都是專爲他而存

35 華格納原是浮士德的助手，典型的學究。

36 指華格納。

在的。在東方確實有過這樣一個人，他每天早晨都把他的手下人召集到自己身旁，在他吩咐太陽出來以前，不許他們去工作。不過他還是夠機警的，不到太陽快要自動地升起那一刻，他絕不下叫太陽出來的命令。」

關於《浮士德》及其寫作和有關問題，我們還談了很多。歌德歇了一會兒，沉浸在默默回憶中，然後接著說：「人到老年，對世間事物的想法就和青年時代不同。我不禁想起，有些精靈[37]在戲弄人類，間或把幾個特殊人物擺在人間，他們有足夠的引誘力使每個人都想追攀他們，卻又太高大，沒有人能追攀得上。例如擺出一個拉斐爾，無論在構思方面還是在實踐方面，他都是十全十美的畫家，他的個別的傑出追隨者雖然離他很近，卻始終沒有人能達到那個水準。再如莫札特在音樂方面是個高不可攀的人物，莎士比亞在詩方面也是如此。我知道你對這番話會提反對的意見，不過我所指的只是自然本性，只是偉大的自然資稟。再如拿破崙也是個高不可攀的人物。俄國人懂得自制，沒有去君士坦丁堡[38]，因此也很偉大；拿破崙可以媲美，他也克制了自己，沒有去羅馬。」

這個大題目可以引起很多聯想。我心裡想到精靈們擺出歌德來，也有類似的意圖，因爲他也是能引誘每個人都想去追攀而又太高大、沒有人能追攀得上的人物。

---

37 參看第二七四頁至二七七頁。

38 君士坦丁堡即今伊斯坦堡，過去長期是土耳其國都，爲控制黑海和地中海交通的戰略要地。俄國從彼得大帝以後，歷代沙皇一直想侵占它，曾釀成俄土戰爭。第一次世界大戰中，俄國與英、法簽訂密約，讓君士坦丁堡一帶割歸俄國。十月革命後列寧才宣布廢除該密約。

一八三〇年

一八三〇年一月三日（《浮士德》上卷的法譯本；回憶伏爾泰的影響）

歌德拿一八三〇年的英文《紀念年曆》給我看，其中有些很美的插畫，還有拜倫的幾封非常有意思的書信。飯後我閱讀了這些書信，歌德自己拿起新出版的傑拉[1]的《浮士德》法譯本翻著看，偶爾還隨意讀一點。

歌德說：「我腦子裡浮起了一些奇怪的感想。這部詩已用五十年前由伏爾泰統治的那種法文譯出供人閱讀了。你無法了解我對這一點的感想，因爲你對伏爾泰及其同時的偉大人物在我青年時代產生過多大影響以及他們那批人統治整個文明世界的情況，都毫無概念。我在自傳裡也沒有說清楚這批法國人對我青年時代的影響，以及我費過大力使自己不受這種影響的束縛以便立定腳跟，正確地對待自然。」……

傑拉的法譯本儘管大部分用散文，歌德卻稱讚他譯得成功。他說：「我對《浮士德》德文本已看得不耐煩了，這部法譯本卻使全劇更顯得新鮮雋永。」

他接著說：「不過《浮士德》這部詩有些不同尋常，要想單憑知解力去了解它，那是徒勞的。第一部是從個人的某種昏暗狀態中產生的。不過這種昏暗狀態對人也有些魔力，人還是想用心去了解它，不辭困倦，正如對待一切不可解決的問題那樣。」

1 傑拉（Gerard de Nerval, 1808-1850），法國一位青年詩人。

一八三〇年一月二十七日（自然科學家須有想像力）

……

歌德又回到馬蒂烏斯[2]的話題上，稱讚他有想像力。他說：「一個偉大的自然科學家根本不可能沒有想像力這種高尚資稟。我指的不是脫離客觀存在而想入非非的那種想像力，而是站在地球的現實土壤上、根據眞實的已知事物的尺度，來衡量未知的設想的事物的那種想像力。這樣才可以證實這種設想是否可能，是否不違反已知規律。這種想像力的先決條件就是要有開闊的冷靜的頭腦，把活的世界及其規律都巡視遍，而且能夠運用它們。」

……

一八三〇年一月三十一日（歌德的手稿、書法和素描）

陪威瑪大公爵的公子訪問歌德，歌德在書房裡接見了我們。

我們談到歌德著作的各種版本。我很驚訝地聽到，這些版本的大部分歌德自己並沒有收藏，就連附有他親筆素描插圖的《羅馬狂歡節》第一版也沒有。他說在拍賣行裡出過六個銀元去買它，可

2　馬蒂烏斯（K. F. P. Martius, 1794-1868），德國自然科學家。他有一個重要的假說，說植物生長是按螺旋上升而不是按直線上升。歌德的《植物變形學》多少受到馬蒂烏斯的影響，儘管這位科學家比歌德年輕得多。

是沒有買到手。

隨後他把《葛茲・馮・伯利欣根》的初稿拿給我們看，這還是五十年前他受他妹妹慫恿，在幾個星期之內就寫成的那個原樣子。那時他的書法韶秀而揮灑自如，已完全顯出他後來一直到現在的德文書法的風格。手稿寫得很清楚，往往整頁不見修改痕跡，令人猜想這也許是謄清本而不是原跡。

歌德告訴我們，他的早期著作，包括《維特》在內，都是親筆寫出的，但是手稿已遺失了。到了後來他卻把想好的作品口述出來叫旁人寫下，只有一些短詩和匆匆加注的提綱才是親筆寫的。他往往無意給新作品留下一個謄清本，聽任最有價值的作品由機緣去擺布，經常把唯一的稿本送到斯圖加特印刷所。

我們看過《葛茲》的手稿之後，歌德又把《義大利遊記》的手稿拿給我們看。從這些逐日記下觀察和感想的手稿中，仍可看出早年《葛茲》手稿裡的那種優美的書法風格。一切都顯得果決剛健，不加修改，可以看出，就連隨時加注的細節也總是先在作者心中想得很清楚的。沒有什麼要改進的，除掉稿紙。稿紙是他遊到什麼地方就在那地方購買的，樣式和顏色都不一致。

在《義大利遊記》手稿末尾，我發現歌德親筆畫的一張黑白素描。畫的是一位義大利律師，穿著律師制服，手持發言稿，站在法庭上發言。這是人所能想像到的絕妙的人物形象。他那身服裝特別突出，令人猜想他選了這套衣，彷彿是準備去參加化裝舞會。可是一切都是現實生活的忠實描繪。他把食指放在大拇指的頂端，其餘三指都是伸直的。這位身材魁梧的演說家很安穩地站在那裡，這點手指的小動作配上他戴的那副龐大的假髮，倒也十分相稱。

同日（談彌爾頓的《參孫》）

在歌德家吃飯。我們談到彌爾頓[3]。歌德說：「不久以前，我讀過他的《參孫》。這部悲劇在精神上比任何近代詩人的作品都更能顯出希臘古典風格。他是很偉大的。他自己的失明是一個便利條件，使他能把參孫的情況描繪得很真實。[4]彌爾頓眞正是個詩人，我們對他應該表示最高的崇敬。」

一八三〇年二月三日（回憶童年的莫札特）

在歌德家吃晚飯。我們談起莫札特。歌德說：「莫札特還是六歲的小孩時我見過他。他在巡迴演奏。我自己當時大約是十四歲。他那副鬈髮佩劍的小大人的模樣我還記得很清楚。」……

---

3 彌爾頓是十七世紀英國革命時代最偉大的詩人。《力士參孫》是他寫民族鬥爭中一個被囚禁的大力士摧毀一座大宮殿和敵人同歸於盡的一部悲劇，反映出詩人自己的革命情緒。

4 參孫也是一個失明的老人。

同日（歌德譏誚邊沁老年時還變成過激派，說他自己屬改良派）

因爲提到杜蒙，話題就轉到他和邊沁的關係[5]，歌德發表了如下的意見：「像杜蒙那樣一個講理性、重實際的溫和人，居然成了邊沁那個瘋子的門徒和忠誠的宣揚者，我覺得這倒是一個有趣的問題。」

我回答說：「在一定程度上邊沁應該被看作一個具有雙重性格的人物。我把作爲天才的邊沁和作爲熱情人的邊沁區別開來。作爲天才，他創立了杜蒙加以宣揚和發揮的那些原則；作爲熱情人，他過分傾心於功利，竟越出了自己學說的界限，所以在政治上和宗教上都變成了過激派。」

歌德說：「不過這對我又是一個新問題：一個長壽的白髮老人怎麼會變成過激派呢？」

我設法解決這個矛盾說：「邊沁既深信他的學說和立法觀點高明，又明知不徹底變革現行制度就不可能在英國實行自己的主張，於是愈被激情沖昏了頭腦。還有一點，他和外在世界接觸太少，看不出暴力推翻的辦法的危險。」

接著我又說：「杜蒙卻不然，他的清晰理智勝過熱情，從來不贊成邊沁的過激言論，所以不致

5 邊沁（J. Bentham, 1748-1832），英國哲學家和法學家，是功利主義哲學的開山祖，對英國三權分立制度影響很大。他的忠實門徒在英國有穆勒父子，在瑞士有杜蒙（Dumont, 1759-1829）。邊沁的一些著作在英國發表之前就由杜蒙譯成法文在大陸上流傳，邊沁後來在英國出版的文集有不少是由法譯本轉譯成英文的。杜蒙是歌德的密友梭勒的舅父，和歌德也相識。

犯同樣錯誤。此外，杜蒙自己的祖國，日內瓦，由於當時的政治形勢，可以把它看成一個新興的國家，杜蒙要在那裡實施邊沁的原則，條件比較便利，所以一切都十分順利，成效卓著就證明了邊沁學說的價值。」

歌德回答說：「杜蒙確實是個溫和的自由派，一切講理性的人都應該是溫和的自由派，我自己就是一個溫和的自由派。在我的漫長的一生中，我都按照這個精神行事。

「眞正的自由派要用所能掌握的手段，盡其所能努力去做好事。但是他要小心避免用火和劍去消滅不可避免的罪惡和缺點，而只採取謹慎的步驟，盡力逐漸排除彰明較著的缺點，但不用暴力措施，免得同時把同樣多的優點也消滅掉。在這個本來不是十全十美的世界裡，我們只能滿足於還好的東西，等到有了有利的時機和條件，再去爭取更好的東西。」[6]

---

6 這篇談話充分暴露了歌德的性格和政治立場。他頌揚「溫和的自由派」（其實就是改良派）杜蒙，貶低當時號稱「過激分子」而實際上仍只是較激進的資產階級自由派的「瘋子」邊沁。他明確地站在逐步改良的立場，痛恨暴力革命。他歡迎初期法國資產階級革命而痛恨後期的雅各賓專政，是和這種態度一致的。這就證實了他那種受到恩格斯批判的德國庸俗市民的性格。

一八三〇年三月十四日（談創作經驗；文學革命的利弊；就貝朗瑞談政治詩，並為自己在普法戰爭中不寫政治詩辯護）

今晚在歌德家。他讓我看前幾天達維[7]寄來的現已排列好的那一箱珍品。前幾天我就已看到歌德忙著開箱取出這些珍品，其中有當代法國主要詩人的像徽，都已擺在桌上順序排列著。這回他又談到達維在構思和創作實踐兩方面都很偉大的非凡才能。他還讓我看到法國浪漫派一些最優秀的作家透過達維贈給他的最近作品，其中有聖伯夫、巴朗西、雨果、巴爾札克、德．維尼、幼爾．雅寧[8]等人的作品。

歌德說：「達維這批禮物夠使我度過一些快樂的日子。這整個星期我都在忙著讀這些青年詩人的作品。他們給我的新鮮印象使我獲得了一種新生命。我準備替這些很可愛的像徽和書籍各編一套目錄，在我的藝術品收藏室和圖書室裡各闢一個專欄。」

可以看出，歌德受到這些法國青年詩人的尊敬，感到非常高興。

---

7 達維（P. J. David, 1787-1866），當時法國著名的雕塑家，擁護現實主義，訪問過威瑪，替歌德作過半身雕像。透過達維，法國一些詩人和作家同歌德有了來往。

8 聖伯夫（Sainte-Beuve），當時法國最大的文學批評家，他在《地球》雜誌上陸續發表的《星期一談話》，影響很大。巴朗西（Ballanche），《社會的死後還魂》的作者。幼爾．雅寧（Jules Janin），一個平庸的批評家和小說家。

接著他取出愛米爾．德向的《研究論文》[9]看了一段。他稱讚〈柯林斯的新娘〉[10]的法譯很忠實，很成功。他還說：「我手邊還有這篇詩的義大利文譯本，不但譯出原詩的意思，還用了原詩的韻律。」

〈柯林斯的新娘〉引起歌德談到他的其他民歌體詩說：「這些詩在很大的程度上要歸功於席勒，是他慫恿我寫的，因爲他當時主編《時神》，經常要組織新稿。這些詩原來在我頭腦裡已醞釀多年了。它們占住了我的心靈，像一些悅人的形象或一種美夢，飄忽來往。我任憑想像圍繞它們徜徉遊戲，給我一種樂趣。我不願下定決心，讓這些多年眷戀的光輝形象體現於不相稱的貧乏文字，因爲我捨不得和這樣的形象告別。等到把它們寫成白紙黑字，我就不免感到某種悵惘，好像和一位摯友永別了。」

他接著說：「在其他時候我寫詩的情況卻完全不同。事先毫無印象或預感，詩意突如其來，我感到一種壓力，彷彿非馬上把它寫出來不可，這種壓力就像一種本能的夢境的衝動。在這種夢行症的狀態中，我往往面前斜放著一張稿紙而沒有注意到，等我注意到時，上面已寫滿了字，沒有空白可以再寫什麼了。我從前有許多像這樣滿紙縱橫亂塗的詩稿，可惜都已逐漸丟失了，現在無法拿出

---

9 愛米爾．德向（Emile Deschamps, 1791-1876）曾和雨果共同創辦《法國詩神》雜誌，著有《法國和外國研究論文集》，譯過歌德和席勒的一些短詩。

10 〈柯林斯的新娘〉是歌德的一篇民歌體詩。

來證明作詩有這樣沉思冥想[11]的過程。」

話題又回到法國文學和最近一些頗爲重要的作家的超浪漫主義[12]傾向。歌德認爲這種正在萌芽的文學革命對文學本身是很有利的，而對掀起這種革命的個別作家們卻是不利的。他說：「任何一種革命都不免要走極端。一場政治革命在開始時一般只希望消除一切弊端，但是沒有等到人們察覺到，人們就已陷入流血恐怖中了。就拿目前法國這場文學革命來說，起先要求的也不過是較自由的形式。可是它並不停留於此，它還要把傳統的內容跟傳統的形式一起拋棄掉。現在人們已開始宣揚凡是寫高尚情操和煊赫事蹟的作品都令人厭倦，於是試圖描寫形形色色的奸盜邪淫。他們拋棄了希臘神話中那種美好內容，而寫起魔鬼、巫婆和吸血鬼來，要古代高大英雄們讓位給一些魔術家和囚犯，說這才夠味，這才產生好效果！但是等到觀眾嘗慣了這種濃烈作料的味道，就嫌這還不夠味，永遠要求更加強烈的味道，沒有止境了。一個有才能的青年作家想收到效果，博得公眾承認，而又不夠偉大，不能走自己的道路，就只得迎合當時流行的文藝趣味，而且還要努力在描寫恐怖情節方面勝過前人。在這種追求表面效果的競賽中，一切深入研究、一切循序漸進的才能發展和內心修養，都拋到九霄雲外去了。對一個有才能的作家來說，這是最大的禍害，儘管對一般文學來說，它會從這種暫時傾向中獲得益處。」

我問：「這種毀壞個別有才能的作家的企圖怎麼能有利於一般文學呢？」

11 「沉思冥想」原文是 Vertiefung，照字面可譯「深化」，相當於心理學所說的「下意識醞釀」。

12 「超」原文是 ultra，超浪漫主義即極端或過分的浪漫主義。

歌德說：「我所指出的那些極端情況和贅疣會逐漸消失掉，最後卻有一個很大的優點保存下來，那就是，在獲得較自由的形式之外，還會獲得比從前豐富多彩的內容，人們不會再把這廣闊世界中任何題材以及多方面的生活看作不能入詩而加以排斥。我把目前這個文學時代比作一場發高燒的病症，本身雖不好，不值得希求，但它會導致增進健康的好結果。目前構成詩作全部內容的那些瘋癲材料，到將來只會作爲一種便於利用的因素而納入內容裡。還不僅此，目前暫時拋開的眞正純潔高尚的東西，到將來還會被觀眾更熱烈地追求。」[13]

我插嘴說：「我覺得很奇怪，就連您所喜愛的法國詩人梅里美在他的《弦琴集》[14]裡也用了令人恐怖的題材，走上超浪漫主義的道路。」

歌德回答說：「梅里美處理這類題材的方式卻和他的同輩詩人所用的完全不同。你提到的那些詩裡固然用了不少可怕的題材，例如墳場、深夜裡的巷道、鬼魂和吸血鬼之類，不過這類可怕的題材並不觸及詩人的內心生活，他毋寧是用一種遠距離的客觀立場和諷刺態度來處理它們的。他是以藝術家的身分進行工作的。他覺得偶爾試一試這種玩意兒也很有趣。我已說過，他完全拋開了私人的內心生活，甚至也拋開了法國人的身分，使人們在初讀《弦琴集》時竟以爲那些詩歌眞是伊利里

13 這番話表明了歌德對當時西方那種文化革命的態度，也顯出他的思想中的辯證因素。

14 梅里美的詩集《弦琴集》又名《伊利里詩歌選集》，出版於一八二七年，作者僞稱這是一個叫伊·瑪格拉諾維奇的人所蒐集的伊利里民歌。伊利里在巴爾幹半島，靠近南斯拉夫。歌德在下文中所說的客觀態度，指不流露作者自己的思想情感。

地方的民歌。他不費大力，故弄玄虛，就獲得了成功。」

歌德接著說：「梅里美確實是個人物！一般說來，對題材作客觀處理，需要比人們所想像到的更大的魄力和才能。拜倫就是一個例子。他儘管個性很強，有時卻有把自己完全拋開的魄力；例如在他的一些劇本裡，特別是在《瑪利諾．法列羅》[15]裡。人們讀這部劇本，毫不覺得它是拜倫甚至是一個英國人寫的，彷彿置身於威尼斯和情節發生的時代。劇中人物完全按照各自的性格和所處情境，說出自己的話，絲毫不流露詩人的主觀思想情感。作詩的正確方法本來就應該如此，但是這番話對於做得太過分的法國青年浪漫派作家們卻不適用。我所讀到的他們的作品，無論是詩、小說，還是戲劇，都帶著作者個人的色彩，使我忘記不了作者是巴黎人，是法國人。就連在處理外國題材時，他們還是使讀者感到自己置身於巴黎和法國，完全困在目前局面下的一切願望、希求、衝突和醞釀裡。」

我試探地問了一句：「貝朗瑞[16]是不是也只表達出偉大的法國首都的局面和他自己的內心生活？」

歌德回答說：「在這方面貝朗瑞也是個人物，他的描繪和他的內心生活都是有價值的。在他身上可以看出一個重要性格的內容意蘊。他是一個資稟頂好的人，堅定地依靠自己，全靠自己發展自己，自己和自己總是諧和的。他從來不問『什麼才合時宜？什麼才產生效果？怎樣才會討人喜歡？

15 《瑪利諾．法列羅》一劇寫十四世紀威尼斯行政長官陰謀推翻憲法，失敗後被判處死刑的故事。

16 參看一八二七年一月四日和二十九日以及同年五月四日關於貝朗瑞的多次談話。

別人在幹什麼？』之類問題，然後相機行事。他總是按照本性獨行其是，不操心去揣摩群眾期待什麼，或這派那派期待什麼。在某些危機時期，他固然也傾聽人民的心情、願望和需要，不過這樣做只是堅定了他依靠自己的信心，因爲他的內心活動和人民的內心活動總是一致的。他從來不說違心的話。

「我一般不愛好所謂政治詩，這是你知道的。不過貝朗瑞的政治詩我卻很欣賞。他那裡沒有什麼空中樓閣，沒有純粹出自虛構或想像的旨趣，他從來不無的放矢，他的主題總是十分明確而且有重要意義的。他對拿破崙的愛戴推尊以及對其豐功偉績的追念，對當時受壓迫的法國人民來說是一種安慰。此外，他還痛恨僧侶統治，怕耶穌會那派教徒重新得勢，有把法國推回到黑暗時代的危險。我們對這類主題不能不感到衷心同情。而且他每次的處理方式多麼高明老練！看他是怎樣先在心裡把題材想妥帖，然後才把它表達出來！一切都已醞釀成熟了，等到寫作，哪一步不表現出高妙的才華、諷刺和譏笑，而又一往情深、天眞雅致啊！他的詩歌每年都要給幾百萬人帶來歡樂。就連對工人階級來說，他的詩歌也是唱起來非常順口的，而同時又超出尋常的水準。這就使人民大眾經常接觸到這種爽朗歡暢的精神，自己耳濡目染，在思想方面也勢必比以前更美好、更高尚了。這還不夠嗎？對一個詩人，還能有比這更好的頌揚嗎？」

我回答說：「貝朗瑞是個卓越的詩人，這是毫無疑問的。我多年來一直愛好他的詩，這也是您知道的。不過如果要問我比較喜愛他的哪一類詩，我就應回答說，我喜愛他的情詩勝過喜愛他的政治詩，因爲我對他的政治詩所涉及的和暗指的事情總是不大清楚。」

歌德說：「那是你的情況，那些政治詩並不是爲你寫的。你該問問法國人，他們會告訴你那些政治詩究竟好在哪裡。一般說來，在最好的情況下，政治詩應該看作一國人民的喉舌，而在多數情況下，它只是某一黨派的喉舌。如果寫得好，那一國人民或那個黨派就會熱情地接受它們。此外，政治詩只應看作當時某種社會情況的產物，這種社會情況隨時消逝，政治詩在題材方面的價值也就隨之消逝。至於貝朗瑞，他卻占了一種便宜。巴黎就是法國。他的偉大祖國的一切重要的旨趣都集中在首都，都在首都獲得生命和反響。他的大部分政治詩不應只看作某一黨派的喉舌，他所反對的那些東西大半都有普遍的全國性的意義，所以他這位詩人是作爲發出民族聲音的喉舌而被傾聽的。在我們德國這裡，這一點卻辦不到。我們沒有一個都城，甚至沒有一塊國土，可以讓我們明確地說：這就是德國！如果我在維也納問這是哪一國，回答是：這是奧地利！如果在柏林提這個問題，回答是：這是普魯士！僅僅十六年前，我們正想擺脫法國人，當時到處都是德國。當時如果有一位政治詩人，他就會起普遍的影響。可是當時並不需要他的影響。普遍的窮困和普遍的恥辱感，像精靈鬼怪一樣把全國都抓在手掌中。詩人所能點燃的精神烈火到處都在自發地燃燒。不過我也不否認阿恩特、克爾納爾和呂克特當時發生過一點影響。」[17]

我無心向歌德說：「人們都責怪您，說您當時沒有拿起武器，至少是沒有以詩人的身分去參加鬥爭。」

歌德回答說：「我的好朋友，我們不談這一點吧！這個世界很荒謬，它不知道自己需要的是什

17 阿恩特（Arndt, 1769-1860）、克爾納爾（Körner, 1791-1813）、呂克特（F. Rückert, 1788-1886）三位德國詩人在英、俄和普魯士等國聯盟反擊拿破崙時都寫過鼓動民族解放的政治詩。

麼，也不知道在哪些事上應讓人自便，不必過問。我心裡沒有仇恨，怎麼能拿起武器？我當時已不是青年，心裡怎麼能燃起仇恨？如果我在二十歲時碰上那次事件[18]，我絕不居人後，可是當時我已年過六十啦。

「此外，我們為祖國服務，也不能都採用同一方式，每個人應該按照資稟，各盡所能。我辛苦了半個世紀，也夠累了。我敢說，自然分配給我的那份工作[19]，我都夜以繼日地在幹，從來不肯休息或懈怠，總是努力做研究，盡可能多做而且做好。如果每個人都可以對自己這樣說，一切事情也就會很好了。」

我用安慰的口吻回答說：「聽到那種責怪，您根本不必生氣，而且應該引以為榮。旁人責怪您，也不過表明對您重視，看到您為祖國文化所做的事比任何人都多，於是就希望什麼事最後都要歸您做了。」

歌德回答說：「我不願把自己想到的話說出來。那些責怪我的話裡所含的惡意，比你所能想像到的要多。我覺得這是使人們多年來迫害我和中傷我的那種舊仇恨的新形式。我知道得很清楚，我是許多人的眼中釘，他們很想把我拔掉。他們無法剝奪我的才能，於是就想把我的人格抹黑，時而說我驕傲，時而說我自私，時而說我妒忌有才能的青年作家，時而說我不信基督教，現在又說我不愛祖國和同胞。你認識我已多年了，總該認識到這些話有多大價值。不過如果你想了解我這方面所

18 指拿破崙攻克柏林，占領德國後，德國各地自發的解放鬥爭。

19 詩歌。

受的痛苦，請讀一讀我的《諷刺詩集》[20]，你就會從我的回擊中看出人們時常在設法使我傷心。

「一個德國作家就是一個德國殉道者啊！就是這樣，我的好朋友，你不會發現情況不是這樣。我也不能替自己埋怨，旁的作家們的遭遇也並不比我好，有些人還比我更糟。在英國和法國，情況也和我們德國一樣。莫里哀什麼冤屈沒有受過，盧梭和伏爾泰什麼冤屈沒有受過！拜倫叫流言蜚語中傷，被趕出英國，要不是早死使他擺脫了庸俗市儈們及其仇恨，他還會逃到天涯海角去哩。

「如果只有心地窄狹的群眾才迫害高尚的人物，那還算好！可是事實不然，有才能的文人往往互相傾軋。例如普拉頓和海涅就互相毀謗，互相設法把對方弄成可恨的壞人[21]，而實際上，這個廣闊的世界有足夠的地方讓自己生活也讓旁人生活，大家大可和平相處，而且每個人在自己才能範圍裡都有一個夠使他感到麻煩的敵人。[22]

「彷彿我的任務就是坐在書房裡寫戰歌！如果住在營房裡終夜聽到敵哨陣地的戰馬嘶鳴，寫戰歌倒還湊合。不過這並不是我的生活和任務，這是克爾納爾的生活和任務。他有完全適合寫戰歌的條件。至於我，生性並不好戰，也沒有戰鬥的情感，戰歌就會成為和我這副面孔不相稱的假面具。

「我寫詩向來不弄虛作假。凡是我沒有經歷過的東西，沒有迫使我非寫詩不可的東西，我從來

---

20 這部諷刺短詩是歌德對他的批評者的回擊。

21 普拉頓和海涅都是當時比較年輕的詩人。普拉頓發表過〈浪漫派的伊底帕斯〉一文譏誚海涅，海涅也出版《旅行記》一書進行反擊。

22 意謂每個詩人都有夠大的困難要克服。

就不用寫詩來表達它。我也只在戀愛中才寫情詩。本來沒有仇恨，怎麼能寫表達仇恨的詩歌呢？還可以向你說句知心話，我並不仇恨法國人，儘管在德國擺脫了法國人統治時，我向上帝表示過衷心的感謝。對我來說，只有文明和野蠻之分才重要，法國人在世界上是最有文化教養的，我自己的文化教養大半要歸功於法國人，對這樣一個民族我怎麼恨得起來呢？」

歌德接著說：「一般說來，民族仇恨有些奇怪。你會發現在文化水準最低的地方，民族仇恨最強烈。但是也有一種文化水準，其中民族仇恨會消失，人民在某種程度上站在超民族的地位，把鄰國人民的哀樂看成自己的哀樂。這種文化水準正適合我的性格。我在六十歲之前，就早已堅定地站在這種文化水準上面了。」[23]

[23] 繼一八二四年一月四日的談話之後，這篇談話是理解歌德的世界觀、政治觀點和文藝觀點的最重要的材料。他從自己的創作經驗談起，說明文藝創作有長期苦心經營和詩思一旦突然出現兩種情況。接著他就以最近法國文藝動態爲例，說明文學革命對一般文學發展有促進作用，儘管對個別作家不免起不利影響。然後他又從貝朗瑞的政治詩和情詩孰優孰劣問題談到政治詩有兩種，一種是作爲全民族的喉舌，一種是作爲某一黨派的喉舌，他肯定前者，貶低後者。在德國人民起來反對拿破崙的占領和統治時，歌德沒有用詩歌爲民族解放鬥爭服務，遭到人們責怪。他在這裡爲自己辯護，提出所謂超民族的文化水準。這種文化水準將來是要到來的，在當時歷史情況下卻只能是幻想。歌德的基本立場還是「爲文藝而文藝」。

一八三〇年三月十七日（再次反對邊沁過激，主張改良；對英國主教罵《維特》不道德的反擊：現實生活比書本的教育影響更大）

晚上在歌德家待了兩個鐘頭。我奉大公爵夫人之命，把博恩豪澤的一部悲劇[24]帶還給他。我把我認為的這部劇本的優點也告訴了他。歌德回答說：「我每逢看到一部有獨創性的、顯出才能的作品，總感到高興。」接著他用雙手捧著這部劇本，斜著眼看了一下，說：「不過每逢看到一位劇作家把劇本寫得太長，而且要照樣上演，我總以為不妥。這個缺點就打消了我的樂趣的一半。你只看看這部劇本竟有這樣厚！」

我回答說：「席勒在這一點上也不見得就好得多，可是他還是一個偉大的劇作家呀。」

歌德說：「席勒的確有這個缺點，特別是他的早期劇本。當時他正年輕力壯，寫起來總是沒完沒了，他心裡要說的話太多超出了他的控制力。後來他察覺到這個缺點，盡力透過學習和鑽研來克服它，可是沒有完全成功。對題材加以適當的控制，不被它纏住，把全副精力集中到絕對必要的東西上去，這套功夫比一般人所想像的要難些，要有很大的詩才才辦得到。」

這時僕人把里默爾[25]引進來了。我準備告辭，因為我知道今晚歌德要和里默爾在一起工作。

---

24 博恩豪澤（T. Bornhauser, 1799-1856），當時一位不知名的瑞士劇作家，提到的劇本叫《藝術精華》，內容不詳。

25 見第六十五頁註六。

歌德叫我留下，我欣然聽命，因此聽到了歌德的一次縱情暢談，其中充滿著諷刺和梅菲斯特式的幽默。

歌德開頭說：「索莫林[26]就這樣死啦，還不到區區七十五歲哩。多麼傻，就沒有勇氣多活幾年！在這一點上，我佩服我的朋友邊沁那個過激派瘋子。他保養得好，比我還大幾個星期哩。」

我插嘴說：「還可以補充一點，邊沁還有一點可以和您媲美，他現在做工作還和青年人一樣起勁。」

歌德說：「那倒是，可是我和邊沁處在一條鏈子上的相反的兩極端：他要把房子推翻，我寧願把它撐起。在他那樣高齡還要當過激派，眞是瘋狂透頂。」

我反駁說：「我認爲有兩種過激主義，應該區分開。一種過激主義爲著建設未來，首先要掃清場地，把一切都推翻打爛；另一種過激主義卻滿足於指出現行制度的缺點和錯誤，希望不用暴力就可以獲得所想望的好處。假如您生在英國，您不會反對這第二種過激主義。」

歌德於是擺出他的梅菲斯特式的面孔和聲調問我：「你拿我當什麼人？我在英國就會利用那些弊端過活，你以爲我會去搜查和揭露那些弊端嗎？假如我生在英國，我會成爲擁有巨資的公爵，或者還更好一點，成爲領三萬鎊年俸的主教。」

我說：「那倒頂美。不過您抽到的如果不是頭彩，而是一張空白票，怎麼辦？空白票是數不盡

---

26 索莫林（S. T. Sommering, 1755-1830），威瑪的醫生，歌德的朋友。

的。」

歌德回答說：「我的老好人呀，不是每個人都生下來就有資格中頭彩。你認為我那樣傻，只能抽到空白票嗎？我會擁護三十九條，特別是那第九條[27]，我對它會特別重視，特別虔誠地遵守，從各方面隨時隨地宣揚這三十九條。我會扮演偽君子，無論是在詩裡還是在散文裡，都盡力去撒謊欺騙，免得使三萬鎊年俸脫了手。我一旦爬上這樣的高位，就會不顧一切，把它保持住。我特別要想盡方法，使蒙昧無知產生的黑暗變得更加黑暗。哼，我會哄騙頭腦簡單的群眾，訓練可愛的青少年學生，使他們察覺不到我是靠最醜惡的欺騙爬上高位的，縱使察覺到，也不敢說出來。」

我說：「就您來說，我們想到您是憑才能而得到崇高地位，這至少是可以欣慰的。但是在英國，正是最昏庸無能的人才享受到最高的塵世榮華富貴。他們不是憑自己的才能，而是憑恩寵，碰運氣，特別是憑家庭出身。」

歌德說：「一個人獲得塵世榮華富貴，無論是憑自己的才能，還是憑繼承權，事實上都是一樣。享有這種權利的頭一代人一般都還是有才能的人，有足夠的本領去利用旁人的愚昧和弱點來使自己占便宜。這個世界裡充滿著頭腦糊塗的人和瘋人，用不著到瘋人院去找。這令我想起一件事：已故的大公爵，知道我討厭瘋人院，有一次想把我突然帶到瘋人院裡去看一看。但是我及時地察覺

27 三十九條是英國國會通過的關於英國教會的法規。第九條是關於原始罪孽（人類自從亞當和夏娃偷食了禁果就犯了原始罪孽），它對僧侶特別重要，因為僧侶據說是幫助人贖罪、拯救靈魂的上帝代表。歌德不信原始罪孽。

到他的意圖，就告訴他說：『我沒有感到有必要去看關起來的瘋人，在世間自由行走的瘋人我已經看夠了。』我說：『我寧願跟殿下下地獄，也不願進瘋人院。』

「哼！要是我能用我自己的方式來處理一下那三十九條，讓頭腦單純的群眾大吃一驚，我會感到多麼開心喲！」

我說：「縱使您不當主教，還是可以開這個玩笑。」

歌德回答說：「不然，那我要一聲不響。要我欺騙，就要給我很高的報酬，如果沒有希望當拿三萬鎊年俸的主教，要我去欺騙，我就不幹。」

……………

歌德接著用同樣毒辣的諷刺口吻重新談到英國高級僧侶的高薪俸，還追述了他和英國德比郡主教勃里斯托勛爵[28]的一次遭遇。

他說：「勃里斯托勛爵路過耶拿，想和我結識，邀我在一天晚上去見他。他這人有時愛要點粗野，但是你如果用同樣的粗野回敬他，他就馴良起來了。在談話中他就《少年維特》向我說起教來，想刺痛我的良心，說我不該讓人走向自殺。他罵《維特》是一部極不道德的該受天譴的書。我高聲對他說：『住嘴！你對我的可憐的《維特》竟說出這樣的話來。那麼我問你，世間有些大人物用大筆一揮就把十萬人送到戰場，其中就有八萬人斷送了性命，要他們互相慫恿殺人放火和劫掠。

28 歌德和勃里斯托勛爵（1730-1803）在耶拿會見，是在一七九七年。歌德對這次奇遇很得意，在書信和日記裡都敘述過。

你對這種大人物該怎麼說呢？在看到這些殘暴行爲之後，你卻感謝上帝，唱起《頌聖詩》來。你還用地獄懲罰的恐怖來說教，把你的教區裡孱弱可憐的人們折磨到精神失常，終於關進瘋人院去過一輩子愁慘生活！還不僅此，你還用你們的違反理性的傳統教義，在你的基督教聽眾靈魂裡播下懷疑種子來毒害他們，迫使這些搖擺不定的靈魂墮入迷途，除了死以外找不到出路！對於這一切，你對自己該怎麼說，你該受什麼懲罰呢？現在你卻把一個作家拖來盤問，想對一部被某些心地褊狹的人曲解了的作品橫加斥責，而這部作品至多也不過使這個世界甩脫十來個毫無用處的蠢人，他們沒有更好的事可做，只好自己吹熄生命的殘焰。[29]我自以爲這是替人類立了一個大功，值得你感謝。現在你竟想把這點戰功說成是罪行，而你們這批王公僧侶老爺卻容許自己犯那樣嚴重的罪行！』

「這場反攻對那位主教產生了頂好的效果。他變得像綿羊一樣馴良，從此在談話中就對我彬彬有禮，聲調也和藹起來了。當晚我和他處得很好。勃里斯托勛爵儘管粗野，畢竟是個通達世故人情的人，知道在什麼場合說什麼話。等到告別時，他送我走了幾步路，又讓他的修道院院長繼續送我。走到大街上，這位院長大聲向我說：『啊！歌德先生，您說得多妙，叫勛爵多高興啊！您懂得叫他歡喜的妙訣。要是您說得稍微委婉一點，軟弱一點，您回家時就不會對這次訪問這樣滿意了。』」

我接著說：「爲了《維特》那部作品，您可眞惹了不少麻煩。您和勃里斯托的會見令我想起您

---

29 《少年維特》出版後，歐洲有一些青年模仿維特，自殺成風。歌德針對這種情況爲自己辯護。

和拿破崙關於《維特》的談話。當時塔列朗也在場，是不是？」30

歌德說：「他也在場。不過對於拿破崙，我沒有什麼可埋怨的。他對我極友好，他談論《維特》這個題目的方式，也是人們可以期待於他這位具有偉大精神的人物的。」

話題由《維特》轉到一般小說和劇本及其對聽眾道德影響的好壞。歌德說：「如果一部書比生活本身所產生的道德影響更壞，這種情況就一定很糟，生活本身裡每天出現的極醜惡的場面太多了，要是看不見，也可以聽見，就連對於兒童，人們也毋須過分擔心一部書或劇本對兒童的影響。我已說過，日常生活比一部最有影響的書所起的教育作用更大。」

我說：「不過當著兒童的面說話還是要當心些，不要使他們聽到他們不該聽的話。」

歌德回答說：「你提的辦法倒很好，我也是那麼辦。不過我畢竟認爲這種警戒是無用的。兒童的嗅覺和狗的嗅覺一樣靈敏，什麼東西都聞得出來，特別是壞東西……。」31

30 參看第二二二頁。塔列朗是拿破崙時代的外交家，在他的《回憶錄》裡約略提到過一八〇八年拿破崙和歌德在埃爾福特的會晤。

31 這篇談話顯出歌德的幽默。他對英國教會的諷刺是尖銳的。最後，他提出一種觀點，即：書本的影響不能比實際生活的影響更壞。

一八三〇年三月二十一日（「古典的」和「浪漫的」：這個區別的起源和意義）

……………

接著我們談到身體的疾病狀態以及身體與心靈的相互影響。

歌德說：「心靈可以起支持身體的作用，這是不易置信的。我經常患胃病，但是心靈的意志和上半身的精力卻把我支持住了。不能讓心靈屈服於身體！我在溫度高時比在溫度低時的工作效果好。知道了這一點，我每逢溫度低時，就盡力使勁，來抵消低溫度的壞影響。我發現這辦法行得通。

「不過詩藝方面有些東西卻不能勉強，我們須等待好時機來做單憑心靈的意志所不能做到的事。例如我目前在寫〈巫婆集會之夜〉，寫得比較慢，因爲我想使全幕顯出應有的魄力和美妙風味。我已寫得不少了，希望在你出國[32]之前寫完。

「我把這一幕中關鍵性的東西和一些個別對象區別開來，使它具有普遍意義，這樣就使讀者雖有用作比喻的對象而不了解它究竟何所指。我力圖使一切在古典意義上具有鮮明的輪廓，絲毫沒有符合浪漫派創作方法的那種曖昧模糊的東西。

「古典詩和浪漫詩的概念現已傳遍全世界，引起許多爭執和分歧。這個概念起源於席勒和我兩人。我主張詩應採取從客觀世界出發的原則，認爲只有這種創作方法才可取。但是席勒卻用完全

32 當時愛克曼將陪歌德的長子去義大利旅行，後來這位長子患病死在途中。

主觀的方法去寫作，認爲只有他那種創作方法才是正確的。爲了針對我來爲他自己辯護，席勒寫了一篇論文，題爲〈論素樸的詩和感傷的詩〉[33]。他想向我證明：我違反了自己的意志，實在是浪漫的，說我的《伊菲革涅亞》由於情感占優勢，並不是古典的或符合古代精神的，如某些人所相信的那樣。施萊格爾弟兄抓住這個看法把它加以發揮，因此它就在世界傳遍了，目前人人都在談古典主義和浪漫主義，這是五十年前沒有人想得到的區別。」[34]

一八三〇年八月二日（歌德對法國七月革命很冷淡，而更關心一次科學辯論：科學上分析法與綜合法的對立）

已掀起的七月革命[35]的消息今天傳到威瑪，人們都爲之轟動。午後我去看歌德，一進門他就大

33 這是席勒的一篇重要的美學論文，從人與自然的關係討論古典詩（即素樸詩）與浪漫詩（即感傷詩）的分別。席勒認爲古典時代人與自然一體，共處相安，這就是詩的素樸狀態；近代人已與自然脫節，卻又想「回到自然」，眷戀人類童年的素樸狀態，而這又是不可能的，所以心情是感傷的，這就是浪漫詩的特徵。

34 這篇談話指出古典主義與浪漫主義的區別。歌德所理解的古典主義實際上就是現實主義。高爾基以前，西方文學史家一般把古典主義和浪漫主義當作文藝的主要流派。實際上這類標籤的用處有它的限度。

35 法王查理十世於一八三〇年七月頒布敕令，進一步限制人民自由，剝奪資產階級選舉權，引起巴黎工人和群

聲問我：「你對這次偉大事件是怎麼想的？火山終於爆發啦，一切都在燃燒，從此再不會有關著門談判的情況啦！」

我回答說：「這是個可怕的事件！不過盡人皆知的情況既是那樣糟，而法國政府又那樣腐敗，除了王室終於被趕掉以外，我們還能指望什麼呢？」

歌德說：「我的好朋友，你和我說的像是牛頭不對馬嘴呀，我說的不是那夥人而是完全另一回事。我說的是，喬弗列與居維葉之間對科學極爲重要的爭論在法國科學院已公開化啦。」[36]

歌德的話是我完全沒有預料到的，我不知說什麼好，躊躇了幾秒鐘。

歌德說：「這件事是極重要的。我聽到七月十九日會議[37]的消息時心情多麼激動，是你無法想到的。我們現在發現，喬弗列．聖希萊爾長久以來就是我們的一位有力的同盟者。我可以看出法國科學界對這次會議多麼關心，因爲儘管有這次可怕的政治騷動，七月十九日會議還是座無虛席。但是最重要的一點還是，喬弗列介紹給法國的那種研究自然的綜合法今後再也不會被拋棄掉了。經過科學院這次自由討論，這件事就已向廣大群眾公開，不再可能只是提交祕密委員會，關起門來把它

眾武裝起義，於同月二十九日攻占王宮，波旁王朝被推翻，史稱七月革命。

36 居維葉（Cuvier, 1769-1832）和喬弗列．聖希萊爾（Geoffroy de Saint-Hilaire, 1772-1840）兩人都是法國著名的解剖學家，而且前者是後者提拔起來的科學院同事。他們爭論的具體問題不詳。從歌德的談話看，居維葉用的是分析法，喬弗列用的是綜合法，歌德本人一向主張用綜合法，所以歡呼喬弗列的勝利。

37 指法國科學院會議。

作弄掉或扼殺掉了。今後在法國自然科學研究中，精神會駕馭物質了。我們由此可以窺測出神工鬼斧創造這個世界的一些規律了！如果用分析法，我們就只研究物質的一些個別組成部分，而感覺不到有一種精神氣息在規定每一組成部分的發展方向，憑一種內在規律去限制或制裁每一種（對既定方向的）背離，如果不是這樣，那還有什麼和自然打交道的基礎呢！

「五十年來我一直在努力解決這個大問題。起初我是孤立無援的，後來才得到一些支持，現在終於看到志同道合的人們在這方面走到我前面去了，所以感到欣喜。……現在喬弗列・聖希萊爾肯定地站在我這一邊，和他合作的還有一些學生和追隨者。這對我有難以置信的價值。我有理由歡慶我畢生獻身的、主要由我創始的事業最後得到普遍的勝利。」[38]

---

38 這篇談話有兩點值得注意。第一點是，歌德對法國七月革命似無動於衷，不像愛克曼那樣激動，卻慶幸法國科學院把一個有爭論的科學問題公開化。他顯然把學術看得重於政治。實際上，他對於七月革命的冷漠，恰恰表現出他對雅各賓專政以後法國革命運動的厭恨。他把參加那次革命的叫做「那夥人」，這又一次表現了「政治上的侏儒」的一面。

另一點是，歌德在科學上反對分析法而宣揚綜合法。這是十八、十九世紀西方科學界乃至一般思想界的一個重大分歧，也可以說是一個重大轉變，後來一般人把這個轉變稱爲機械觀到有機觀的轉變。機械觀把事物整體分析爲一些個別的、獨立的因素，而不注意整體中各部分互相依存的關係。有機觀則重視事物的有機性和完整性，以及各部分互相依存和相反相成的內在規律。前者屬於形上學，後者屬於樸素的辯證法。歌德強調綜合法和事物的內在關係和內在規律，他的思想有些辯證因素，所以他反對機械論的代表牛頓。不過

……………

一八三〇年十月二十日（歌德同聖西門相反，主張社會集體幸福應該以個人幸福為前提）

歌德問我對聖西門一派人的意見如何。我回答說：「他們學說的要點像是主張個人應爲社會整體的幸福而工作，並且認爲社會整體的幸福是個人幸福的不可缺少的條件。」

歌德說：「我卻認爲每個人應該先從他自己開始，先獲得他自己的幸福，這就會導致社會整體的幸福。我看聖西門派的學說是不實際的、行不通的。因爲它違反了自然[39]，也違反了一切經驗和數千年來的整個歷史進程。如果每個人只作爲個人而盡他的職責，在他本人那一行業裡表現得既正直而又能幹勝任，社會整體的幸福當然就隨之而來了。作爲一個作家，我在自己的這一行業裡從來不追問群眾需要什麼，不追問我怎樣寫作才對社會整體有利。我一向先努力增進自己的見識和能力，提高自己的人格，然後把我認爲是善的和眞的東西表達出來。我當然不否認，這樣工作會在廣大人群中發生作用，產生有益的影響，不過我不把這看作目的，它是必然的結果，本來一切自然力量的運用都會產生結果。作爲作家，我如果把廣大人群的願望當作我的目的，儘量滿足他們的願

他似乎受到康德的目的論的影響，認爲事物的內在關係彷彿是上帝爲著某種目的而預先安排的。可是後來在一八三一年二月二十日談話裡，歌德又明確主張在自然科學領域裡排除目的論，可見他在這個問題上仍在猶疑不定。較後的看法是正確的。

39 人性。

望，那麼，我就得像已故的劇作家科策布那樣，向他們講故事，開玩笑，讓他們取樂了。」

我說：「您這番話是無可反駁的。不過，有我作為個人的幸福，也有我作為公民和廣大社會中一成員的幸福，這二者究竟不同。如果不把達到全民族的最大幸福定為原則，憑什麼基礎來制定法律呢？」

歌德說：「如果你要說的就是這一點，我當然沒有什麼可反對的。不過在這種情況下，也只有極少數優選人物才能應用你那條原則。那只是為君主和立法者們開的方劑。不過就連對於他們來說，我也認為法律的用意毋寧是減少弊病的總和，而不是增加幸福的總和。」

我反駁說：「這兩件事大致上畢竟是一回事。舉例來說，道路壞，我看就是一個大弊病。如果當權的人把全國通到窮鄉僻壤的道路都修得平坦整潔，他就不僅消除了一個大弊病，而且同時也給人民帶來了一項大幸福。再如司法程序的拖沓也是一個大弊病，如果掌權的人制定出一套司法程序，公布之後又加口頭宣傳，保證一切案件得到迅速處理，他就不僅消除了一個大弊病，而且也帶來一項大幸福。」

歌德打斷我的話說：「按你唱的這個調門，我可以唱出另一些歌來。不過我們最好把還沒有指出的一些弊病留下，讓人類還有機會去施展他們的能力吧。我的基本教義暫時歸結為這幾句話：做父親的要照管好他的家，做手藝的要照管好他的顧客，僧侶們要照管好人們互相友愛，警察們不要擾亂我們的安樂。」[40]

40 聖西門（C. H. Saint Simon, 1760-1825），法國貴族，參加過北美獨立戰爭，《日內瓦書簡》和《新基督教》的作者，近代三大空想社會主義者之一。恩格斯在《反杜林論》裡對他的學說做過極精當的簡介和評價。

歌德不喜歡愛克曼對聖西門派的景仰，提出了他的個人好社會就好，立法只應減少社會弊端的片面論斷。他還認爲詩人不應考慮社會需要和社會效果，這表現了他對群眾的藐視。在政治上歌德和聖西門都是反對暴力革命的改良主義者，不過歌德比聖西門落後得很遠。聖西門嚮往社會主義，儘管是空想社會主義；而歌德卻嚮往開明君主，在這裡仍是爲資產階級個人主義說教。

一八三一年

一八三一年一月十七日（評《紅與黑》）

……………

我們談到《紅與黑》，歌德認爲這是斯湯達爾的最好作品。

他補充說：「不過我不能否認他的一些女角色浪漫氣息太重。儘管如此，她們顯示出作者的周密觀察和對心理方面的深刻見解，所以我們對作者在細節方面偶有不近情理之處是可以寬恕的。」

一八三一年二月十三日（《浮士德》下卷寫作過程：文藝須顯出偉大人格和魄力，近代文藝通病在纖弱）

在歌德家吃晚飯。他告訴我他正在寫《浮士德》下卷第四幕，開始很順利，像他原來所希望的那樣。他說：「關於寫**什麼**題材，我早就想好了，這是你知道的，只是關於**怎樣**寫，我總是不大滿意。今天想到了一些好主意，所以很高興。現在我要設法把第三幕〈海倫后〉和先已寫好的第五幕之間的整片空隙填補起來，先寫下詳細計畫，以便今後從容不迫地而且有把握地寫下去。對哪些部分興致比較好，就先寫。這第四幕的性質有些特殊，它像一個獨立的小世界，和其餘部分不相關。它和全劇只藉著對前因後果略掛上一點鉤而聯繫在一起。[1]

1　《浮士德》下卷在結構上是個大膽的嘗試，寫作程序也很特別。歌德先只擬好綱要，先寫一幕、二幕和五

我說：「這樣辦，第四幕和其他部分在性格上還是融貫一致的。幕中各景也都自成一個獨立的小世界，儘管彼此有呼應，而又互不相關。對於詩人來說，他所要表達的是一個豐富多彩的世界。他運用一位有名的英雄人物的故事時只把它作爲一根線索，在這上面他愛串上什麼就串上什麼。這也正是《奧德賽》和《吉爾・布拉斯》[2]都採用過的辦法。」

歌德說：「你說得完全正確。這種作品只有一個要點：個別部分都應鮮明而有重要意義，而整體則是不可以尋常尺度去測量的，像一個沒有解決的問題，永遠耐人鑽研和尋思。」[3]

……

飯後我們在一起翻看最近一些畫家的作品。特別是風景畫的鐫刻複製品，高興地看到其中沒有什麼毛病。歌德說：「許多世紀以來畫家們在世界上已做出許多好作品，它們發生了影響，又產生了一些好作品，這是不足爲奇的。」

幕，第三幕是用久已寫好的〈海倫后〉這篇獨立的詩插進來充數的，第四幕最後寫成。

2 荷馬的《奧德賽》寫希臘東征將領之一奧德修斯回國迷航在海上十年和最後還鄉的各種奇遇。《吉爾・布拉斯》是十八世紀法國小說家勒薩日（Lesage）的著名諷刺小說，寫一個西班牙流浪漢的種種奇遇。

3 這段談話對於理解《浮士德》下卷的結構頗有幫助。它是以**人爲綱**而不是以**事爲綱**。同一人物的不同遭遇雖彼此獨立，卻仍可以顯出他的性格。這種寫法在傳記體小說中是常用的。至於戲劇，則一般多用以事爲綱的寫法，順著一個情節的前因後果的線索寫下去，較易緊湊。作爲戲劇，《浮士德》下卷用以人爲綱的寫法，讀起來略嫌鬆散，所以說它是個大膽的嘗試。它便於閱讀，上演就有困難。

我說：「不幸的是錯誤的教條太多，使有才能的青年人無所適從。」

歌德說：「你這話確有實證，我們見過整代的人被錯誤的教條損害了，毀掉了，我們自己也受過害。[4]此外，在我們的時代，錯誤的言論很容易透過印刷品而廣泛流傳。一個文藝批評家經過一些年的閱歷會在思想上有所改進，能把後來較正確的信念傳播給群眾，但是他從前的錯誤教條同時也還在發生影響，像毒草在蔓延，把好草的地位侵占了。我感到的唯一安慰是，眞正偉大的作家是不會誤入歧途，遭到毀壞的。」

我們繼續研究這些複製的畫。歌德說：「這倒是些眞正的好畫。你面臨的確實是些頗有才能的畫家，他們學習到不少東西，獲得了一定程度的藝術鑑賞力和藝術技巧，只是所有這些畫似乎都缺乏了什麼，缺乏的就是男子漢的魄力，請注意『男子漢』[5]這個詞，並加上著重符號。這些畫缺乏打動人的力量。這種力量在過去一些世紀裡到處都表現出來，現在卻看不到了。這種情況並不限於繪畫，其他各種藝術也有同病。我們這一代人的通病是軟弱，原因很難說，不知道是由於遺傳還是

---

4 似指十七世紀法國新古典主義理論家布瓦洛的《詩藝》裡的一些教條；到了十八世紀，英國的波普和德國的高士德都受到它的不良影響。後來的浪漫運動的反抗對象就是這一派的陳腐教條。歌德對這種反抗貢獻也頗大。

5 原文是 Das Männliche，英譯作 manly，法譯作 virite，都有「男子漢的強健氣魄」的意思。文藝要強健不要軟弱，這是歌德多次談到的一個基本信條。用過去中國文論家的術語來說，歌德是推尊「陽剛」而貶低「陰柔」的。這是上升的資產階級精神狀態的反映。

由於貧乏的教育和營養。」

我說：「由此可以看出偉大人格在藝術裡多麼重要，在過去一些世紀裡，偉大人格是常見的。記得我們在威尼斯時站在提香和維羅涅斯的作品前，立刻就感到這些畫師的雄健精神，無論是在最初題材構思方面，還是在最後創作實踐方面。他們的雄偉力量滲透到全幅畫的每一部分。在欣賞時藝術家人格的這種雄偉力量開闊了我們的心胸，把我們提升到從來沒有過的高度。您所說的那種男子漢的魄力，在魯本斯的風景畫裡特別可以感覺到。[6]儘管他畫的只是些樹木、土壤、水、岩石和雲彩，這些形狀都顯示出他的雄偉力量。所以我們所看到的雖只是熟識的自然景物，它們卻滲透了藝術家的雄偉力量，而且是按照藝術家的觀點再現出來的。」

歌德說：「在藝術和詩裡，人格確實就是一切。但是最近文藝批評家和理論家由於自己本來就虛弱，卻不承認這一點，他們認爲在文藝作品裡，偉大人格不過是微不足道的多餘的因素。

「當然，一個人必須自己是個人物，才會感覺到一種偉大人格而且尊敬它。凡是不肯承認尤里比底斯崇高的人，不是自己夠不上認識這種崇高的可憐蟲，就是無恥的冒充內行的騙子，想在庸人眼裡抬高自己的身價，而實際上也居然顯得比他原有的身價高些。」[7]

---

6 提香（Tizian, 1474-1576）和維羅涅斯（Veronese, 1528-1588）都是威尼斯派名畫家。魯本斯也在威尼斯工作很久，關於他的風景畫，參看一八二七年四月十一日的談話。愛克曼陪歌德的長子遊義大利時見過這些大師的畫。

7 在這篇談話中，歌德強調在文藝裡偉大人格的重要性，而偉大人格主要表現於雄強的魄力。他還慨嘆當時人是一代軟弱的人，指的主要是消極浪漫派作家和理論家。

一八三一年二月十四日（天才的體質基礎：天才最早出現於音樂）

陪歌德吃晚飯。他剛讀過拉普將軍的《回憶錄》[8]，因此我們就談起拿破崙來，談到他母親生下一大家強健的兒女，她對此會有什麼樣的心情。她生下第二個兒子拿破崙時才十八歲，她丈夫才二十三歲，所以拿破崙出世時正當父母都身強力壯，這對他的體格很有好處。在生拿破崙之後，他母親又生了三個兒子，天資都很高，在世務方面很能幹，都精力充沛，而且都有一定的詩才。生下四個兒子之後，她又生了三個女兒，傑羅姆最小，在兄弟姊妹之中，天資似乎也是最差的。

歌德說：「才能當然不是天生的，不過要有一種適當的身體基礎，一個人是頭胎生的還是晚胎生的，是父母年輕力壯時生的還是父母衰弱時生的，並不一樣。」

我說：「值得注意的是，各種才能之中，音樂才能在很幼小的年齡就露頭角。例如莫札特在五歲，貝多芬在八歲，胡梅爾在九歲，就以音樂演奏和作曲博得親鄰們驚贊了。」

歌德說：「音樂才能很可以出現最早，因爲音樂完全是天生的，表達內心情感的，用不著從外界吸收多少營養或從生活中吸取多少經驗。不過像莫札特那樣一種現象實在永遠是個無法解釋的奇蹟。是不是老天爺到處找機會創造奇蹟，有時也憑依個別的非凡的凡人，使我們看到徒感驚奇，而不知道這是從何而來的呢？」[9]

---

8 拉普（J. Rapp, 1771-1821）是拿破崙的副官，參加過很多戰役，立過戰功。他的《回憶錄》出版於一八二三年。

9 這篇簡短的談話涉及一些理論上的重要問題，例如，什麼是天才？音樂是否只涉及生理，只表現情感而不表現思想？歌德自己似乎也還在摸索中，所以前後不免自相矛盾。

一八三一年二月十七日（作者在不同的發展階段看事物的角度不同，須如實反映；《浮士德》下卷的進度和程序以及與上卷的基本區別）

陪歌德吃晚飯。我把我在上午剛編輯過的他寫的《一八〇七年在卡爾斯巴德居住日記》帶給他。我們談到其中逐日作爲感想記下來的一些美妙的段落。歌德笑著說：「人們總以爲人到老才會聰明，實際上人愈老就愈不易像過去一樣聰明。一個人在生命過程中會變成一個另樣的人，但是很難說他會變成一個較高明的人。在某些問題上，他在二十歲時的看法可能就已和在六十歲時的看法一樣正確。

「當然，我們對這個世界，從平原上去看是一個樣子，從海岬的高處去看另是一個樣子，從原始山峰的冰川上去看樣子又不同。從一個立足點比從另一個立足點所看到的一片地界可能廣闊些，不過如此而已，但是不能說，從這個立足點上看到的就比從另一個立足點上看到的更正確些。由此可見，如果一個作家要在他生平各個階段上都留下紀念坊，主要的條件是他要有天生的基礎和善良意願，在每個階段所見所感都既眞實而又清楚，然後就專心致志地按照心中想過的樣子把它老老實實地說出來。這樣，他的作品只要正確地反映當時那個階段，就會永遠是正確的，儘管他後來可能有所發展和改變。」

我對這番高見表示完全贊成。歌德接著說：「我最近碰到一張舊紙，拿起來看了一下，就自言自語地說：『呃，這上面寫的不算壞，我自己也只能這樣想，這樣寫呀！』可是仔細一看，才看出這正是我自己作品中一個片段。因爲我老是拚命寫下去，就把已寫出的東西忘記了，不久自己的作品就顯得生疏了。」

我問到《浮士德》近來進度如何。

歌德回答說：「它不會再讓我放下手了，我每天都在想著怎樣寫下去。我已經把第二部的手稿裝訂成冊，讓它作爲一個可捉摸的整體擺在眼前。還待寫的第四幕所應占的地位，我用空白稿紙夾在本子裡去標明。已寫成的部分當然會促使我去完成那個尚待完成的部分。這種物質的東西[10]比人們通常所猜想的更爲重要。我們應該用各種辦法促進精神活動。」

他叫人把裝訂好的《浮士德》稿本拿來。我看到他已寫了那麼多，很驚訝，面前擺著厚厚的一大本哩。

我說：「我來威瑪已六年。[11]這些手稿都是在這六年中寫的。您有那麼多的事務，能在這部作品上花的功夫實在很少。由此可見，日積月累，積少就可以成多。」

歌德說：「人愈老，愈深信你這句話中的眞理，而年輕人卻以爲一切都可以在一天之內完成。如果運氣好，我的健康情況如常，我希望到明年春天，第四幕就可以寫得差不多了。你知道，這第四幕我早就想好了，但是在寫作過程中，這剩下來的部分擴展得很多，以致原來的計畫中只有綱要現在還可利用。我得重新構思，使新插進的段落可以和其他部分融貫一致。」

我說：「《浮士德》下卷所展現的世界遠比上卷豐富多彩。」

10 指裝訂成冊的手稿。

11 愛克曼一八二三年到威瑪，目前是一八三一年，應爲八年。

歌德說：「我也是這樣想。上卷幾乎完全是主觀的，全從一個焦躁的熱情人生發出來的，這個人的半蒙昧狀態也許會令人喜愛。至於下卷，卻幾乎完全沒有主觀的東西，所顯現的是一種較高、較廣闊、較明朗肅穆的世界。誰要是沒有四面探索過，沒有一些人生經驗，他對下卷就無法理解。」

我說：「讀下卷須用一些思考，有時也需要一些學問。我很高興，我讀過謝林關於卡比里的小冊子[12]，才懂得您為什麼在〈古典的巫婆集會之夜〉那一景中的有名段落裡援用它。」

歌德笑著說：「我經常發現，有點知識還是有用的。」[13]

---

12 謝林（Schelling, 1775-1854），繼費希特和黑格爾之後德國有代表性的唯心主義哲學家。他在古代神話方面也下過功夫，寫過一部《希臘莎摩特勒斯島上的一些神》，其中提到卡比里神的祕密宗教儀式。歌德在《浮士德》下卷裡引用過它。歌德和謝林本相識。

13 歌德寫《浮士德》下卷花了七年，臨死前才完成。單是最後寫成的第四幕就花了一年。他對寫作過程的敘述以及對上下卷區別的評價，對研究《浮士德》的人們是很有用的，一般作家也可以從中看出周密思考的重要性。

一八三一年二月二十日（歌德主張在自然科學領域裡排除目的論）

……

接著歌德對我講到一位青年自然科學家寫的一部書，讚賞他寫得很清楚，但對他的目的論傾向要加以審查。

他說：「人有一種想法是很自然的，就是把自己看成造物的目的，把其他一切事物都聯繫到人來看，看成只是為人服務和由人利用的。人把植物界和動物界都據為己有，把人以外的一切物作為自己的適當的營養品。他為這些好處感謝他的上帝對他慈父般的愛護。他從牛取奶，從蜂取蜜，從羊取毛。他既然認為一切物都有供人利用的目的，於是就認為一切物都是為他而創造出來的。他甚至想不到就連一棵小草也不是為他而設的。儘管他現在還沒有認識到這種小草對他的功用，他卻仍然相信將來有朝一日終會發現它的功用。

「人對一般怎樣想，他對特殊也就怎樣想，所以不禁把他的習慣看法從生活中移用到科學裡去，也對有機物的個別部分追問它的目的和功用。

「這種辦法暫時也許行得通，暫時可以用在科學領域裡，但是不久就會發現一些現象，從這種窄狹觀點很難把它們解釋得通；如果不站在一種較高的立場上，不久就會陷入明顯的矛盾。

「這些目的論者說，牛有角，是用來保護自己的。但是我要問，羊為什麼沒有角？就是有，為什麼形狀蜷曲，長在耳邊，使得它對羊毫無用處呢？

「我的看法卻不同，我認為牛用角來保護自己，是因為它本來有角。

「一件事物具有什麼目的的問題，即爲何（Warum）的問題，是完全不科學的，提出如何（Wie）的問題就可以深入一點。因爲我要追問牛是如何長起角時，就不得不研究牛的全身構造，這樣同時也會懂得獅子何以不長角而且不能長角。

「再如人的頭蓋骨還有兩個未塡滿的空洞。如果追問爲何有這兩個空洞，這問題就無法解決；但是如果追問這兩個空洞是如何形成的，這就會使我們懂得，這兩個空洞是動物的頭蓋骨空洞的遺跡，在較低級動物的頭蓋骨上，這兩個空洞還要大些，在人頭上也還沒有塡滿，儘管人是最高級的動物。

「功用論者[14]彷彿認爲，他們所崇拜的那一位如果不曾使牛生角來保護自己，他們就會失去他們的上帝了。但是我希望還可以崇拜我的上帝，這個上帝在創造這華嚴世界時顯出那樣偉大，在創造出千千萬萬種植物之後，還創造出一種包羅一切植物（屬性）的植物；在創造出千千萬萬種動物之後，還創造出一種包羅一切動物（屬性）的動物，這就是人。

「讓人們仍舊崇拜給牛造草料、給人造飲食、任他們盡情享受的那一位吧。至於我呢，我所崇拜的那一位放進世界裡的生產力只要在生活中用上百萬分之一，就足以使世界上芸芸眾生蕃衍繁殖，無論是戰爭和瘟疫，還是水和火，都不能把這一切殺盡滅絕。這就是我的上帝！」[15]

---

14 功用論實際上就是目的論。

15 這是理解歌德的世界觀和思想方法的一篇極重要的談話。原始宗教一般都認定世界萬物是由一神或多神創造的，神對所造物各定有一種目的或功用。目的可以是爲物自身的，也可以是爲人的。這就叫做目的論。西方

一八三一年三月二日（Daemon〔精靈〕的意義）

今晚在歌德家吃晚飯，不久話題又回到精靈。他提出以下看法來把這個詞的意義說得更明確些。[16]

他說：「精靈是知解力和理性都無法解釋的。我的本性中並沒有精靈，但是要受制於精靈。」

從亞里士多德到康德，很多哲學家都相信這種目的論。目的論的基礎是有神論。歌德是泛神論者，泛神論認為大自然本身就是神，神不是在世界之外遙控世界的。所以他是一個不澈底的無神論者。

歌德在科學方法上主張排除目的論，不追究事物為什麼目的發生，只追究事物以什麼方式發生，側重事物的內外因和內在規律，這自然否定了創世說或「天意安排」說，對辯證思想的發展是很重要的。他所說的綜合法也就指此。

在達爾文之前，歌德的科學思想中已有進化論的萌芽，他對人的頭蓋骨中兩個空洞的解釋就是明證；話不多，在科學史上卻極為重要。恩格斯肯定歌德對進化論的貢獻，見《馬克思恩格斯選集》第四卷。

16 歌德在《談話錄》裡和較早的《詩與真》裡多次談到精靈，這個問題可以說明他沒有澈底拋棄「天才論」，因選譯這篇和下篇談話為例。古希臘人除製造多種大神之外，還製造過一些小神小鬼，叫做 Daemon。這個詞在現代西文中通常指惡神惡鬼。歌德不承認《浮士德》裡的惡魔是「精靈」，他顯然只取這個詞的積極意義，指施展好影響的小神。他舉拿破崙為「天才」的例，也舉他為「精靈」的例，可見精靈與天才有關。歌德既認為精靈不是知解力和理性所能解釋，而又屢次加以解釋，這就自相矛盾了。

我說：「拿破崙像是一個具有精靈的人物。」

歌德說：「對，他完全是具有最高度精靈的人物，沒有旁人能比得上他。我們已故的大公爵也是個精靈人物。他有無限的活動力，活動從不止息，他的公國對他實在太小了，最偉大的東西在他眼裡也太渺小。古希臘人曾把這種精靈看作半神。」

我問：「一般發生的事件裡是否也顯出精靈呢？」

歌德回答：「顯得特別突出，尤其是在一切不是知解力和理性所能解釋的事件裡。在整個有形的和無形的自然界，精靈有多種多樣的顯現方式。許多自然物通體是精靈，也有些只有一部分是精靈。」

我問：「《浮士德》裡的惡魔有沒有精靈的特徵？」

歌德說：「那個惡魔太消極了，不能具有精靈，精靈只顯現於完全積極的行動中。」

接著他又說：「在藝術家之中，音樂家的精靈較多，畫家的精靈較少。帕格尼尼[17]顯出了高度精靈，所以產生頂大的效果。」

……

17 帕格尼尼（Paganini, 1784-1840），義大利音樂家，擅長小提琴。

一八三一年三月八日（再談「精靈」）

今天陪歌德吃晚飯。他首先告訴我，他正在讀史考特的《艾凡赫》[18]。他說：「史考特是個才能很大的作家，目前還沒有人比得上他，難怪他在讀者群眾中發生了非常大的影響。他觸動我想了很多，我發現他那種藝術是嶄新的，其中有它自己的規律。」

我們談到歌德的自傳[19]第四卷，我們無意中又碰到精靈問題。

歌德說：「精靈在詩裡到處都顯現，特別是在無意識狀態中，這時一切知解力和理性都失去了作用，因此它超越一切概念而起作用。

「音樂裡顯出最高度的精靈，高到非知解力所可追攀，它所產生的影響可以壓倒一切而且無法解釋。所以宗教儀式離不開音樂，音樂是使人驚奇的首要手段。[20]

「精靈常在一些重要人物身上起作用，特別是身居高位的人，例如弗里德里希大帝和彼得大帝之類。」

…………

18 舊譯《撒克遜劫後英雄略》。

19 即《詩與眞》，愛克曼正在幫他編輯第四卷。

20 「精靈」既不是知解力和理性所能解釋而是下意識活動，那就是心理學家所說的「本能」。說「音樂裡顯出最高度的精靈」，就無異於說音樂的作用只是生理上本能的作用。這是「純音樂論」的一種理論根據，其根本錯誤在於否定了藝術家的意識形態作用。

「精靈在拜倫身上大概是高度活躍的，所以他對廣大群眾有很大的吸引力，特別是能使婦女們一見傾倒。」

我探問他：「這種強大的力量，即我們所說的精靈，是否可以納入我們所了解的『神』的概念裡去呢？」

歌德說：「親愛的孩子，你懂得什麼是神呢？憑我們的窄狹概念，對最高存在能說出什麼呢？如果像土耳其人那樣，我用一百個名字來稱呼他，還遠遠不夠，比起他的無限屬性來，還是沒有說出什麼啊！」[21]

一八三一年三月二十一日（法國青年政治運動；法國文學發展與伏爾泰的影響）

我們談到政治問題、還在發展的巴黎騷動以及青年要參與國家大事的幻想。

我說：「前幾年英國大學生也向當局請願，要求有機會能在對天主教這樣重大問題做出決策時起作用。可是人們只報以譏笑，就不再理睬了。」

歌德說：「拿破崙的榜樣，特別使那批在他統治時期成長起來的法國青年養成了唯我主義。他們不會安定下來，除非等到他們中間又出現一個偉大的專制君主，使他們自己所想望做到的那種人

---

21 歌德不敢公開拋棄神，只以「我不知道神是什麼」了之，這就更把「神」神祕化起來了。

做到登峰造極的地步。不幸的是，像拿破崙那樣的人是不會很快出世的。我有點擔心，大概還要犧牲幾十萬人，然後世界才有太平的希望。

「在若干年之內還談不上文學的作用。人們現在絲毫不能有所作爲，只有悄悄地爲較平靜的未來預備一些好作品。」[22]

…………

我們談到德文 Geist[23]和法文 ésprit[24]在意義上的區別。

歌德說：「法文 ésprit 近似德文的 Witz[25]。法國人大概要用 ésprit 和 âme[26]兩個詞來表達德文 Geist 這一個詞，Geist 包括『創造性』的意思，法文 ésprit 卻沒有這個意思。」

我說：「不過伏爾泰仍具有我們所說的 Geist。ésprit 既然不夠，法國人用什麼詞呢？」

歌德說：「用在伏爾泰那樣高明人身上時，法國人就用 génie[27]這個詞。」

22 由此可見歌德不贊成青年政治運動，而且認爲革命不利於文藝創作。

23 精神。

24 心智；聰穎。

25 巧智。

26 靈魂；心靈。

27 génie 這個詞一般譯作「天才」，起初原有「天生」和「神賜」之類宗教迷信色彩，在近代英、德、法各國語言中大半已失去迷信色彩，只泛指「卓越才能」和「特性」。

我說：「我現在正讀狄德羅的一部著作，他的非凡才能使我驚異。多麼淵博的知識！多麼有力的語言！我們所看到的是個生動活潑的廣闊世界，其中一環扣著一環，心智和性格都在不斷地運用，使二者都必然顯得靈活而又堅強。我看前一個世紀法國人在文學領域裡出了些我認爲非凡的人物，我只窺測一下就不得不感到驚奇。」

歌德說：「那是長達百年之久的演變的結果。這種演變從路易十四時代就開始蒸蒸日上，現在才達到繁榮期。但是激發狄德羅、達蘭貝爾和博馬舍[28]等人的心智的是伏爾泰，因爲要追趕到能勉強和伏爾泰比肩，就須具有很多條件，還須孜孜不輟地努力才行。」……

一八三一年三月二十七日（劇本在頂點前須有介紹情節的預備階段）

…………

我告訴歌德，我已開始陪公子[29]讀《明娜・馮・巴爾赫姆》[30]，我覺得這部劇本很好。我說：

---

28 達蘭貝爾（D'Alembert, 1717-1783）是百科全書派（即啟蒙派）的領袖之一。博馬舍是狄德羅的市民劇理論的信徒，其代表作爲《費加洛的婚禮》。

29 愛克曼當時兼任威瑪宮廷的教師。

30 萊辛的代表作之一，見第一一四頁正文和註六。

「人們說萊辛是個頭腦冷靜的人，不過我從這部劇本看到，作者是個爽朗新穎而活潑的人，具有人們所想望的熱烈心腸、深摯情感，可愛的自然本色以及廣闊的世界文化教養。」

歌德說：「這部劇本最初出現在那個黑暗時期，對我們那一代青年人產生過多大影響，你也許想像得到。它眞是一顆光芒四射的流星，使我們看到還有一種遠比當時平庸文學所能想像的更高的境界。這部劇本的頭兩幕眞是情節介紹的模範，人們已從此學得很多東西，它是永遠値得學習的。

「現在沒有哪個作家還理會什麼情節介紹。過去一般人期待到第三幕才發生的那種效果[31]現在在第一幕就要產生了。他們不懂得作詩正如航海，先須推船下海，在海裡航行一定路程之後，才揚滿帆前駛。」……

一八三一年五月二日（歌德反對文藝為黨派服務，讚揚貝朗瑞的「獨立」品格）

歌德告訴我，他最近快要把《浮士德》下卷第五幕中尚待補寫的部分寫完了，我聽到很高興。

他說：「補寫的這幾場的意思在我心中已醞釀三十多年之久了，因爲意義很重要，我對它們一

---

31 西方劇本中情節發展的頂點一般在第三幕，所以第三幕對觀眾所產生的效果也是頂點。參看第一一三頁註四。

直沒有失掉興趣；但是寫起來又很難，所以我一直怕動筆。近來透過各種辦法，我又動起筆來了，如果運氣好，我接著就要把第四幕寫完。」

接著歌德提到某個有名的作家[32]說：「他這位有才能的作家利用黨派仇恨作爲同盟力量，假如不靠黨派仇恨，他就不會起什麼作用。在文學裡我們常看到這樣的例子，仇恨代替了才能，平凡的才能因爲成了黨派的喉舌，也就顯得很重要。在實際生活裡，情況也是這樣，我們看到大批人沒有足夠的獨立品格，就投靠到某一黨派，因此自己腰桿就硬些，而且出了風頭。

「貝朗瑞可不是這樣。他這位有才能的作家憑自己的本領就夠了，所以他從來不替哪個黨派服務。他從自己內心生活就感到充分的滿足，不需要世人給他什麼或是讓世人從他那裡取走什麼。」[33]

一八三一年五月十五日（歌德立遺囑，指定愛克曼編輯遺著）

陪歌德在他的書房裡吃晚飯，就一些問題進行愉快的談論之後，他終於把話題移到私事上。他

---

32 據法譯注，大概指路德維希·別爾內（Ludwig Bürner）。按，別爾內在當時是反對政府、鼓吹革命的進步作家，七月革命後移居法國，寫了著名的《巴黎來信》。

33 貝朗瑞在當時是明顯的左派，同情法國革命。歌德對別爾內和貝朗瑞都進行了歪曲，因爲他自己愈來愈成了政治上的右派。

站起來，從書桌上取了一張已寫好的字據。

他說：「像我這樣年過八十的人，幾乎沒有再活下去的權利了，每天都要準備長辭人世，安排好家務。我已告訴過你，我在遺囑裡指定你編輯我的遺著。今天上午我預備了一張合同，一張小字據。現在請你和我一起來簽字。」說完他就把字據擺在我面前。我看到其中把已完成和未完成的著作都開列出來，預備在他死後出版，還載明了具體安排和條件。我們雙方就簽了字。

這套材料是我早已隨時編輯過的，我估計大約有十五卷。我們商談了一些尚未完全決定的細節。

歌德說：「有一種情況可能發生，出版商可能不願超過規定的頁數，那麼，材料中有些部分就得刪去。在這種情況下，你可以把《顏色學》中爭論部分刪去。我所特有的主張都在此書理論部分，歷史部分卻帶有爭論的性質，因為牛頓的顏色說的主要錯誤都是在這部分討論的，有關的爭論差不多就夠了。我絕不是要放棄對牛頓律的尖銳解剖，這在當時是必要的，而且在將來也還會有價值。不過我生性不愛爭論，對爭論沒有多大興趣。」

我們談得比較詳細的第二個問題，是附在《威廉·麥斯特的漫遊時代》第二卷和第三卷末尾的〈箴言和感想〉如何處理。……

我們商定，我應把凡是談藝術的語錄集成一卷，作為討論藝術問題部分；凡是涉及自然界的語錄集成一卷，作為討論一般自然科學部分；至於談倫理問題和文學問題的感想，則另集成一卷。

一八三一年五月二十五日（歌德對席勒的《華倫斯坦》的協助）

我們談到《華倫斯坦》中〈陣營〉[34]那一幕。我過去常聽說歌德參加過這部劇本的寫作，特別是托缽僧的布道詞是他的手筆。今天吃飯時，我就向歌德提出這個問題。

歌德回答說：「那基本上是席勒自己的作品。不過當時我們生活在一起，關係很親密，席勒不僅把那部劇本的計畫告訴過我，和我討論過，而且在寫作過程中把每天新寫的部分都告訴了我，聽取而且利用了我的意見，所以也可以說我對這部劇本出了一點力。他寫到托缽僧的布道詞之前，我曾把聖克拉拉修道院的亞伯拉罕的布道詞集[35]送給他，他發揮了很大的才智，馬上利用這部布道詞集把托缽僧的布道詞寫出來了。

「至於說某些詩句是我寫的，我已記不清楚，只記得兩句：

『被另一軍官刺死的那位軍官
曾遺留給我那對有好兆頭的骰子。』

因爲我想把農民獲得那對骰子的來由交代清楚，所以親手在原稿上添了這兩句。席勒沒有想到

---

34 參看第一一四頁註五。

35 這位 Abraham a Sankta Clara 是十七世紀奧古斯丁派的僧侶，他的布道詞集在天主教僧侶中有些影響。

這一點，就大膽地讓農民獲得那對骰子而不追問來由。我已說過，席勒對劇中情節的來龍去脈素來不大仔細考慮，也許就是因爲這個緣故，他的劇本上演，效果反而更好。」

一八三一年六月六日（《浮士德》下卷脫稿；歌德說明借助宗教觀念的理由）

歌德今天把原來缺著而現已補寫的《浮士德》第五幕的開頭部分拿給我看。我讀到菲勒蒙和包喀斯的茅廬失火，浮士德黑夜站在宮殿走廊裡聞到微風吹來的煙火味那一段，就說：「菲勒蒙和包喀斯這兩個人名把我帶到弗里基亞海岸，令我想起古希臘那兩位老夫婦的有名的傳說。不過本劇第一幕的場面是近代的，是基督教世界中的風景。」[36]

歌德說：「我的菲勒蒙和包喀斯同那兩位古代的老夫婦及其傳說都毫不相干。我借用了他們的名字，用意不過藉此提高劇中人物性格。劇中兩位老夫婦及其相互關係和古代傳說中的有些類似，所以宜於用同樣的名字。」

---

36 菲勒蒙和包喀斯是希臘傳說中住在小亞細亞海岸的一對老夫婦。天神和交通神喬裝凡人，遊到他們的小茅廬時，他們盛情招待了這兩位神。天神就把這小茅廬變成一座大廟，叫他們老夫婦當司祭。天神還答應他們想同時死去的要求，使他們變成兩棵交枝樹。中國也有類似的傳說。《浮士德》下卷第五幕一開場就寫了這對傳說中的老夫婦。

接著我們談到，浮士德到了老年，還沒有喪失他得自遺傳的那部分性格，即貪得無厭，儘管他已擁有全世界的財富和他自己建造的王國，但他看到有兩棵菩提樹、一座鐘和一間茅屋還不屬於他自己，他就感到不舒服。他像以色列國王亞哈那樣，認為除非拿伯的葡萄園也歸他所有，他就彷彿一無所有。37

歌德又說：「按我的本意，浮士德在第五幕中出現時應該是整整一百歲了，我還拿不定是否應在某個地方點明一下比較好些。」

接著我們又談到全劇的收尾部分，歌德叫我注意以下幾行：

「精神界這個生靈
已從孽海中超生。
誰肯不倦地奮鬥，
我們就使他得救。
上界的愛也向他照臨，
翩翩飛舞的仙童

37 亞哈大約是公元前十世紀的以色列國王，很貪婪，因為貪圖侵占拿伯的葡萄園，就把拿伯殺了。詳見《舊約·列王紀上》第二十一章。從這段談話看，浮士德貪求無厭，正表現出近代資產階級的階級本質。

結隊對他熱烈歡迎。」[38]

歌德說：「浮士德得救的祕訣就在這幾行詩裡。浮士德身上有一種活力，使他日益高尚化和純潔化，到臨死，他就獲得了上界永恆之愛的拯救。這完全符合我們的宗教觀念，因爲根據這種宗教觀念，我們單靠自己的努力還不能沐神福，還要加上神的恩寵才行。

「此外，你會承認，得救的靈魂升天這個結局是很難處理的。碰上這種超自然的事情，我頭腦裡連一點兒影子都沒有；除非借助於基督教一些輪廓鮮明的圖景和意象，來使我的詩意獲得適當的、結實的具體形式，我就不免容易陷到一片迷茫裡去了。」[39]

在此後數週中，歌德把所缺的第四幕也寫完了。到八月，《浮士德》下卷的全部手稿就裝訂成冊，算是完工了。長久奮鬥的目標終於達到，歌德感到非常快活。他說：「我這一生的今後歲月可以看作一種無償的贈品，我是否還工作或做什麼工作，事實上都無關宏旨了。」

---

38 這段詩是在浮士德死後天使們抬著他的屍體上天時唱的。見原作第一一九三四行以下數行。

39 從希臘時代起，西方文藝家一直在利用現成的民族神話。歌德對基督教本來是陽奉陰違的，在《浮士德》上下卷裡都用基督教的犯罪、贖罪、神恩、靈魂升天之類神話做基礎，其用意有二，一是沿襲文藝利用神話的舊傳統，一是投合絕大多數都信基督教的讀者群眾。不過他的《浮士德》下卷的基本思想，是人須在爲人民造福的實際行動中才獲得拯救，這和基督教的懺悔和祈禱神恩的迷信是不同的。

一八三一年六月二十日（論傳統的語言不足以表達新生事物和新的思想認識）

今天午後在歌德家待了半個鐘頭，他還在吃飯。我們談到一些自然科學的問題，特別談到語言的不完善和不完備造成了錯誤和謬誤觀點的廣泛流傳，後來要克服這些錯誤和謬誤觀點就不大容易。

歌德說：「問題本來很簡單。一切語言都起於切近的人類需要、人類工作活動以及一般人類思想情感。如果高明人一旦窺見自然界活動和力量的祕密，用傳統的語言來表達這種遠離尋常人事的對象就不夠了。他要有一種精神的語言才足以表達出他所特有的那種知覺。但是現在還找不到這種語言，所以他不得不用人們常用的表達手段來表達他所窺測到的那種不尋常的自然關係，這對他總是不完全稱心如意的，他只得對他的對象『削足就履』，甚至歪曲或損毀了它。」

我說：「這話由您說出來，當然有道理；因爲您觀察事物一向很周密，而且您深恨陳詞濫調，您對事物的眞知灼見，一向總是能找到最恰當的表達方式。不過我總認爲在這方面我們德國人一般還是可以滿意的。我們的語言非常豐富、完美，而且可以向前發展，所以我們儘管偶爾也不得不使用陳詞濫調，總還可以做到距恰當的表達方式相差不遠。法國人在這方面就不如我們這樣便利。他們往往利用技藝方面的陳詞濫調來表達一種新觀察到的、較高深的自然關係，結果不免偏於形骸和庸俗，不能表達出那較高深的見解。」

歌德說：「從我新近知道的居維葉和喬弗列·聖希萊爾兩人之間的爭論中，我可以看出你這番話多麼正確。喬弗列的確是個人物，他對自然界精神的統治和活動確實有一種高明見解，但是他不得不用傳統的表達手段，他的法文往往使他束手無策。這不僅是對祕奧的精神對象，就連對完全可以眼見的有形的對象也是如此。他要是想表達一種有機物的個別部分，除掉表達物質形體的詞彙之外，他就想不出恰當的詞，例如他要想表達各種骨骼作爲形成胳臂這種有機整體的同質部分，只得用表達木板、石塊構造房子時所用的那一類語言。」

歌德接著又說：「法國人用 Komposition[40]來表達自然界的產品，也不恰當。我用一些零件來構成一部機器，對這樣一種活動及其結果，我當然可以用 Komposition 這個詞。但是如果我想到的是一個活的東西，它有一種共同的靈魂[41]貫串到各個部分，是一種有機整體，那麼我就不能用 Komposition 這個詞了。」

我說：「我認爲對於眞正的藝術和詩藝的產品，用 Komposition 這個詞也不恰當，而且降低了這種產品的價值。」

歌德說：「這是我們從法文移植過來的一個很壞的字，我們應該儘快廢掉不用。怎麼能說莫札特 compose[42]他的樂曲《唐璜》呢？哼，構成！彷彿這部樂曲像一塊糕點餅乾，用雞蛋、麵粉和糖摻和起來一攪就成了！它是一件精神創作，其中部分和整體都是從同一個精神熔爐中熔鑄出來的，

---

40 原義是「把不同部分擺在一起，來構成一個整體」。作家作文、音樂家作曲、畫家作畫之類文藝創作活動往往都用這個詞。參看第十二頁。

41 生命。

42 構成。

是由一種生命氣息吹噓過的。所以它的作者並不是在拼湊三合板，不是只憑偶然的幻想，而是由他的精靈去控制，聽它的命令行事。」[43]

---

43 這篇簡短的談話涉及兩個意義重大的問題：

第一，從語言學的角度來看，它顯示出語言和思想以及現實生活的緊密聯繫。生活不斷發展，思想和語言亦必隨之發展。過去的語言有變成陳詞濫調的可能，不足以反映新生事物，包括新的思想見解。這就有了不斷變革、不斷更新的必要性。這裡也涉及語言和思想的關係，語言必須和思想一致，即所謂「意內而言外」，但從發展過程看，思想認識卻先於語言，正如客觀存在先於思想認識。思想認識和客觀存在不一致，或語言和思想認識不一致，便是促成事物不斷前進的矛盾。哲學、文藝乃至一切生產實踐的共同難題就在克服這種矛盾。

其次，從思想方法的角度來看，這篇談話涉及十八、十九世紀西方科學界和哲學界由機械觀轉到有機觀過程中的重大爭論。近代西方科學和哲學大部分是從機械觀出發的，特別是在化學、物理這些科學裡。這種機械觀把事物整體只看成是一些零星部分的拼湊，盡全力去分析各個孤立部分。其結果是「只見樹木，不見森林」，只見死的，不見活的。在啟蒙運動中，機械觀引起有機觀的強烈反抗。有機觀從生物學開始，強調事物的整體和其中各個部分互相依存的有機聯繫。所以這場爭論實質上還是形上學與辯證法之爭的繼續。歌德把它叫做「分析法」和「綜合法」之爭（參看第二五九至二六〇頁註三十八），他是擁護綜合法的，用Komposition（構成）這個詞來說明他的理由。

一八三一年六月二十七日（反對雨果在小說中寫醜惡和恐怖）

我們談到雨果。歌德說：「他有很好的才能，但是完全陷入當時邪惡的浪漫派傾向，因而除美的事物之外，他還描繪了一些最醜惡不堪的事物。我最近讀了他的《巴黎聖母院》，眞要有很大的耐心才忍受得住我在閱讀中所感到的恐怖。沒有什麼書能比這部小說更可惡了！即使對人的本性和人物性格的忠實描繪可能使人感到一點樂趣，那也不足以彌補讀者所受的苦痛。何況這部書是完全違反自然本性，毫不眞實的！他寫的所謂劇中角色都不是有血有肉的活人，而是一些由他任意擺布的木偶。他讓這些木偶做出種種醜臉怪相，來達到所指望的效果。這個時代不僅產生這樣的壞書，讓它出版，而且人們還覺得它不壞，讀得津津有味，這究竟是一個什麼樣的時代啊！」[44]

一八三一年十二月一日（評雨果的多產和粗製濫造）

接著我們談到雨果，認爲他過度多產，對他的才能起了損害作用。

歌德說：「他那樣大膽，在一年之內居然寫出兩部悲劇和一部小說，這怎麼能不愈寫愈壞，糟蹋了他那很好的才能呢！而且他像是爲掙得大批錢而工作。我並不責怪他想發財和貪圖眼前的名聲，不過他如果指望將來長享盛名，就得少寫些，多做些工作才行。」

---

44 歌德反對寫醜惡和生活的陰暗面，亦即反對揭露性文藝，這就是從根本上反對批判現實主義。

歌德接著就分析《瑪利安・德洛姆》[45]，讓我明白所用的題材只夠寫一幕眞正好的悲劇性的臺詞，但是作者出於某種次要的考慮，竟錯誤地把它拉成冗長的五幕。歌德說：「在這種情況下，我們只能看出一個優點，就是作者對描繪細節很擅長，這當然還是一種不應小看的成就。」[46]

45 《瑪利安・德洛姆》，雨果在一八三一年出版的一部頗享盛名的劇本，上文提到的《巴黎聖母院》也是同年寫的。歌德沒有來得及看到雨果的《悲慘世界》和《九三年》。

46 歌德對雨果屢次表示不滿，可能是由於雨果在當時所代表的算是進步的民主傾向不合歌德的口味。至於雨果在描繪細節上花了過多的功夫，行文不夠簡練，這確實是他的毛病。

一八三二年

一八三二年二月十七日（歌德以米拉波和他自己為例，說明偉大人物的卓越成就都不是靠天才而是靠群眾）

我把一座在英國雕刻的杜蒙半身像送給歌德看，他像是很感興趣。

我們接著就談論杜蒙[1]，特別談到他的《米拉波回憶錄》[2]。在這部書裡，杜蒙揭露了米拉波設法採用種種方便法門並且煽動和利用一些有才能的人來達到他自己的目的。歌德說：「我還沒有見過一部比這本回憶錄更富於教益的書。我們從這部書中可以洞察到當時最幽祕的角落，感到米拉波這個奇蹟其實也很自然，而這並不降低他的偉大。不過最近法國報刊上有一些評論家卻對這個看法持異議，他們認爲杜蒙有意要給他們的米拉波抹黑，因爲他揭穿了米拉波的超人的活動才能，而且讓當時其他人物也分享到向來由米拉波獨占的那份功勛。

「法國人把米拉波看成他們自己的赫拉克勒斯。他們本來很對，但是忘記了就連一座巨像也要由許多部分構成。古代赫拉克勒斯也是個集體性人物，既代表他自己的功績，也代表許多人的功績。

1 杜蒙，見第二三八頁註五。

2 杜蒙寫的《米拉波回憶錄》本年才出版，歌德是透過梭勒借來手稿閱讀的。米拉波（Mirabeau, 1749-1791）在法國大革命初期以自由派貴族身分，被第三等級選爲代表參加三級會議，是制憲議會中的積極活動家，但暗中和宮廷勾結，是個兩面派人物。杜蒙當時在巴黎，成了米拉波的親信，所以對米拉波的陰謀詭計知道得很清楚。

「事實上我們全都是些集體性人物，不管我們願意把自己擺在什麼地位。嚴格地說，可以看成我們自己所特有的東西是微乎其微的，就像我們個人是微乎其微的一樣。我們全都要從前輩和同輩學習到一些東西。就連最大的天才，如果想單憑他所特有的內在自我去對付一切，他也絕不會有多大成就。可是有許多本來很高明的人卻不懂這個道理。他們醉心於獨創性這種空想，在昏暗中摸索，虛度了半生光陰。我認識過一些藝術家，都自誇沒有依傍什麼名師，一切都要歸功於自己的天才。這班人眞蠢！好像世間竟有這種可能似的！好像他們不是在每走一步時都由世界推動著他們，而且儘管他們愚蠢，還是把他們造就成了這樣或那樣的人物！對，我敢說，這樣的藝術家如果巡視這間房子的牆壁，瀏覽一下我在牆壁上掛的那些大畫家的素描，只要他眞有一點天才，他離開這間房子時就必然已成了另一個人，一個較高明的人了。

「一般說來，我們身上有什麼眞正的好東西呢？無非是一種要把外界資源吸收進來、爲自己的高尙目的服務的能力和志願！我可以談談自己，儘量謙虛地把自己的體會說出來。在我的漫長的一生中我確實做了很多工作，獲得了我可以自豪的成就。但是說句老實話，我有什麼眞正要歸功於我自己的呢？我只不過有一種能力和志願，去看去聽，去區分和選擇，用自己的心智灌注生命於所見所聞，然後以適當的技巧把它再現出來，如此而已。我不應把我的作品全歸功於自己的智慧，還應歸功於我以外向我提供素材的成千成萬的事情和人物。我所接觸的人之中有蠢人也有聰明人，有胸懷開朗的人也有心地狹隘的人，有兒童，有青年，也有成年人，他們都把他們的情感和思想、生活方式和工作方式以及所積累的經驗告訴了我。我要做的事，不過是伸手去收割旁人替我播種的莊稼而已。

「如果追問某人的某種成就是得力於自己還是得力於旁人，他是全憑自己工作還是利用旁人工作，這實在是個愚蠢的問題。關鍵在於要有堅強的意志、卓越的能力以及堅持要達到目的的恆心，此外都是細節。所以米拉波儘量利用外在世界的各種力量，是完全做得對的。他具有識別才能的才能，有才能的人被他那種雄強性格的魔力吸引住，願意聽從他的指揮和受他領導。所以他有一大批既有卓越才能又有勢力的人圍繞在他的身邊，爲他的熱情所鼓舞，被他動員起來爲他的高尙目的服務。他懂得怎樣和旁人合作，怎樣利用旁人去替他工作；這就是他的天才，這就是他的獨創性，這也就是他的偉大處。」3

3 歌德臨死前一個月的這篇談話提出一個極重要的論點：偉大人物的偉大成就不應歸功於他個人的所謂「天才」，而應歸功於當時社會動態和他接觸到的前輩和同輩的教益，他只不過是伸手去收割旁人替他播種的莊稼。在這個意義上，每個人都是個「集體性人物」，都代表當時社會中的群眾和文化教養。這個觀點在兩點上很重要：

第一，歌德在「天才」問題上向來是有矛盾的。他有時似乎很相信天才，特別是他多次認眞地談論過「精靈」。但他有時又似乎懷疑天才，把學習和工作實踐看得比自然資稟更重要，這篇談話便是明證。他是摸索了很久到臨死時才把問題弄清楚的。

其次，歌德一向輕視群眾，這篇談話卻把個人看成「集體性人物」，不能是脫離社會、脫離群眾的人，這在認識上也大大前進了一步。不過他在政治上持保守立場，因而同人民群眾相結合的問題在他就不可能得到澈底解決。

一八三二年三月十一日（歌德對《聖經》和基督教會的批判）

今晚在歌德家待了個把鐘頭，就各種問題談得很暢快。我近來買到一部英文版《聖經》，裡面找不到「經外書」，我感到遺憾。「經外書」沒有收入，據說是僞書，並非來自上帝。我想看到而看不到的有托比阿斯（Tobias）這個過著極高尚的虔誠生活的模範人物、《所羅門的箴言》和《西拉克之子耶穌的箴言》，這些書都有其他各經很少能比得上的高度宗教倫理意義。我向歌德表明了我的遺憾，認爲不應該從狹隘觀點出發，把《舊約》中某些書看作直接來自上帝，其他同樣好的書則不是上帝的：彷彿以爲任何高尚偉大的東西竟然有可能不來自上帝，或不是上帝影響的果實。4

歌德回答說：「我完全贊成你的意見，不過理解《聖經》的問題有兩種不同的觀點。一種是原始宗教的觀點，也就是來自上帝的完全符合自然和理性的觀點。只要得到上帝恩寵的生靈還存在，這種觀點就永遠存在，永遠有效。但是這種觀點太高尚尊貴，只有少數優選者才會有，不易普遍流行。此外還有教會的一種比較平易近人的觀點；它是脆弱的，可以變更而且在永遠變更中存在，只要世間還有脆弱的人們。未經汙染的上帝啟示的光輝太純潔太強烈，對這些可憐的脆弱人是不適合而且不能忍受的。於是教會就作爲中間和事佬插足進來，把這種純潔的光輝沖淡一些，弄暗一些，使一切人都獲得幫助，使不少人獲得利益。透過基督教會作爲基督繼承人能解除人類罪孽這種信仰，基督教會獲得了巨大權力。基督教僧侶的主要目的就是要維持這種權力，來鞏固基督教會的結構。

4 猶太教的《舊約》各書包括在《聖經》裡，天主教和新教不一致，而同屬新教的英、德也不一致。

「所以基督教會很少追問《聖經》中這部經或那部經是否大有助於啟發人類心靈，是否含有關於高尚倫理和尊嚴人性方面的教義，而是更多地著眼於摩西五經[5]中突出人類犯罪的故事[6]以及要有贖罪者[7]來臨的必要性；接著在『先知書』中要突出所期待的贖罪者終於會來臨的多次預兆；最後在幾部『福音書』中就只把耶穌降臨人世、在十字架上釘死看成是爲人類贖罪。[8]你看，抱著這樣的目的，從這種角度看問題，無論是高尚的托比阿斯，還是所羅門和西拉克的箴言，都不很重要了。

「此外，關於《聖經》中各書孰眞孰僞的問題提得很奇怪。什麼是眞經，無非是眞正好、符合自然和理性，而在今天還能促進人類最高度發展的！什麼是僞經，無非是荒謬空洞愚蠢、不能產生結果，至少不能產生好結果的！如果單憑留傳下來的書是否有某些眞理這樣一個標準，來斷定《聖經》中某一部經的眞僞，我們就有很多理由懷疑某些『福音』是否是眞經。因爲《馬可福音》和

---

5 《聖經》中頭五篇即《創世記》、《出埃及記》、《利未記》、《民數記》、《申命記》，統稱「摩西五經」。

6 「人類犯罪」或「人類罪孽」指《創世記》中所記的「原始罪孽」，據說人類世世代代要爲它受苦，直到基督犧牲自己爲人類贖罪之後，再臨人世做最後審判爲止。

7 贖罪者就是耶穌基督，亦稱「救世主」。

8 《舊約》是猶太的民族史，猶太教的「聖書」；《新約》才是基督教的歷史和教義，與《舊約》本不相干。基督教會把《舊約》也收在《聖經》裡，因爲第一，它認爲有了《舊約》中的犯罪，才有《新約》中的贖罪；其次，它捏造了《舊約》中一些預報耶穌來臨的徵兆。這一切神話都是要抬高教會的身價。

《路加福音》都不是根據親身經驗，而是許久以後根據口頭傳說寫出來的，最後一部『福音』即青年約翰的『福音』也只是到他垂暮之年才寫出來的。[9]儘管如此，我還認為四『福音書』完全是眞經，因爲其中反映了基督的人格偉大，世上過去從來沒有見過那樣神聖的品質。如果你問我，按我的本性，是否對基督表示虔敬，我就回答說，當然，我對他無限虔敬！在他面前我鞠躬俯首，把他看作最高道德的神聖體現。如果你問我，按我的本性，對太陽是否表示崇敬，我也回答說，當然，我對太陽無限崇敬！因爲太陽也是最高存在的體現，是我們這些凡人所能認識到的最強大的威力。我崇拜太陽的光和神聖的生育力。靠太陽我們才能生活，才能活動，才能存在；不但我們，植物和動物也都是如此。但是如果你問我，我對著使徒彼得和保羅的手指骨[10]是否也要鞠躬，我就回答說，請饒了我吧，讓那些迷信玩意兒去見鬼吧！

「使徒說過：『切莫熄滅精神！』[11]

9　四部「福音」之中只有《馬太福音》不在懷疑之列。約翰在使徒中最年輕，他的「福音」是到晚年根據回憶寫成的。

10　彼得和保羅是基督的兩大傳教的使徒，據近代學者研究，《新約》大半是保羅僞造的。天主教會用所謂「聖蹟」惑眾聚財，如同佛廟中的「舍利」和「佛牙」。

11　「使徒」指保羅。引文見《新約．帖撒羅尼迦前書》第五章第十九段。過去「官話」本《聖經》譯作「不要消滅聖靈的感動」，查英、法譯文均作「切莫熄滅精神」，似較正確。因爲歌德引此文，意在斥責基督教會的愚民政策。

「教會規章中有許多是荒謬的。但是教會要想統治，就要有一批目光短淺的群眾向它鞠躬，甘心受它統治。擁有巨資的高級僧侶最害怕的莫過於讓下層大眾受到啟蒙，他們長久禁止人民大眾親自閱讀《聖經》；能禁止多久，就禁止多久。[12]可憐的教眾面對擁有巨資的大主教們會怎樣想，如果他們從『福音書』中看到基督那樣窮困，他和他的門徒們都是步行，態度極謙卑，而高級僧侶們卻乘六匹馬的轎車，招搖過市，神氣十足？」

歌德接著說：「我們還沒有認識到路德和一般宗教改革給我們帶來的一切好處。我們從捆得緊緊的精神枷鎖中解放出來，由於日益進展的文化教養，我們已能夠探本求源，從基督教原來的純潔形式去理解基督教了，我們又有勇氣把腳跟牢牢地站在上帝的大地上，感覺到自己擁有上帝賦予的人的性格了。無論精神文化教養怎樣不斷向前邁進，自然科學在廣度和深度上怎樣不斷進展，人類心靈怎樣儘量擴張，它也不會超越『福音書』中所閃耀的那種基督教的崇高和道德修養！

「我們新教徒向高尚的目標進展，天主教徒也會很快地跟上我們。他們一旦受到現時代日益擴展的偉大啟蒙運動的影響，勢必要跟上來，不管他們願不願，直到有朝一日天主教和新教終於合而為一。

「不幸的新教派系紛爭將會停止，父與子以及兄弟和姊妹之間的仇恨和敵對也將會隨之停止。因為等到人們一旦按其本來眞相去理解並且實行基督的純潔教義和博愛，他們就會認識到自己

12 天主教會一向只重僧侶布道宣講，反對教眾親自閱讀《聖經》；《聖經》只有希臘文和拉丁文的譯本，也只有僧侶才能閱讀。到了馬丁．路德反抗天主教而創新教，《聖經》才開始譯成近代各民族語言。

偉大而自由，不再特別重視這一派或那一派的宗教儀式的浮文末節了。那時我們都會從一種只講文字信條的基督教逐漸轉到一種重情感思想和行動的基督教了。」

話題轉到基督以前生活在中國、印度、波斯和希臘的一些偉大人物，提到神力在他們身上起作用，也正如在舊約時代某些偉大猶太人物身上起作用一樣。於是又轉到在我們生活其中的今日世界裡，神力對偉大人物所起的作用如何。

歌德說：「聽到一般人的言論，我們幾乎會相信：從遠古以來，上帝早已退位，寂然無聲了，人們現在彷彿都要立在自己的腳跟上，要考慮自己在上帝寂然無聲的情況下如何生活下去了。在宗教和道德的領域裡，也許還承認神的某種作用；但是在科學和藝術的領域裡，人們都相信這裡完全是塵世間事，一切都只是人力的果實。

「讓每個人都憑人的意志和力量，去創造比得上用莫札特、拉斐爾和莎士比亞來題名的那種作品吧！我知道得很清楚，這三位高明人物並不是世間所僅有的。就拿藝術領域來說，還有無數卓越人物做出了可以和這三個人媲美的作品。但是他們如果和這三個人一樣偉大，他們也就和這三個人一樣超越尋常人的自然資稟，一樣具有上帝的特賜。

「歸根到底，這事情本來是怎樣，又應該是怎樣的呢？——上帝自從人所共知的、憑空虛構的六天創世工作之後，並不曾退隱去休息，而是一直和開始一樣在繼續起作用。用一些單純元素來建造這個笨重的世界，讓它年復一年地在陽光裡運轉，這對上帝也許並沒有多大意思，如果他不是按預定計畫還要在這種物質基礎上替精神世界建造一個苗圃的話。所以上帝現在仍繼續不斷地在一些較高明的人物身上起作用，以便引導較落後的人跟上來。」

歌德說完就默默無語了。我把這番教導銘刻在心中。13

13 歌德死於一八三二年三月二十二日，享年八十三歲。這是他臨死前十天的談話，是他對基督教、特別對基督教會的批判。這種批判現在看來是羞羞答答、很不澈底的，而在當時歷史情況下卻具有進步意義。基督教在西方流行近兩千年，它起源於奴隸社會，後來滲透到封建社會和資本主義社會的各個領域裡，引起了一些重大歷史事變，可以說，不懂得基督教和基督教會的產生和演變，就很難了解西方文化各個方面乃至整個歷史。馬克思主義創始人在他們的終生不懈的革命理論建設中，曾費過很大的力量對宗教、特別對基督教進行深刻批判，樹立了這方面的批判的準繩，有待我們深入學習和發揚。

基督教本來是奴隸的宗教，起初是反對猶太舊教和羅馬帝國政權的一種奴隸革命運動。它在歷史上有功也有過，但過大於功。功在於它配合奴隸起義，顛覆了羅馬帝國奴隸主政權及其所代表的舊文化，在歐洲民族大遷徙時期（所謂「黑暗時期」）形成了政治上的統一力量，開化了新興民族（所謂「蠻族」）。資產階級上臺時它提供了自由、平等、博愛這些反封建的思想武器，具體地體現在法國資產階級革命的《人權宣言》裡。但是它的功掩蓋不了它的過。它的政治機構是基督教會。在封建時代，天主教會對人民是最大、最殘酷的剝削者和壓迫者，是當時反動統治的幫兇。像一切宗教一樣，基督教也是「人民的鴉片」（見《馬克思恩格斯選集》第一卷），它麻痺人民的革命鬥志，所以一切反動統治都利用它來推行愚民政策。近代帝國主義在進行文化侵略和殖民統治時，總是利用基督教陪著炮艦打先鋒。目前在蘇修反動統治之下，基督教還有繁榮的市場，除了施行愚民政策以外，還有藉此勾結羅馬教廷和西方帝國主義來狼狽為奸的罪惡目的。馬克思主義者是最澈底的無神論者，所以絕不宣揚宗教，但也不因此就不研究宗教。研究它就是為著更澈底地批判它，拋棄它。

歌德這篇談話對這種研究和批判可能有些幫助。歌德是近代西方資產階級文化高峰中一個卓越的代表人物，從他這篇自白中可以看出，當時知識分子怎樣仍須在基督教問題上絞腦汁，他們的矛盾何在，以及基督教在近代走向瓦解的情況。

歌德和席勒都是繼承文藝復興的餘緒，竭力宣揚回到希臘古典文化，也就是回到與基督教對立的異教文化。歌德實際上是個「異教徒」。當時自然科學日趨繁榮，啟蒙運動使唯物主義和無神論日占上風；另一方面，喀爾文和馬丁．路德所掀起的宗教改革對羅馬教廷和天主教給了沉重的打擊。於是流行一千幾百年之久的基督教開始瓦解。路德的新教是妥協的、改良主義的（參看恩格斯的《德國農民戰爭》第二部分，《馬克思恩格斯全集》第七卷）。作為一個德國公民，歌德是站在路德一邊的。但這不等於說他就是一個新教徒；他只是在表面上敷衍妥協，實際上是不信基督教的。愛克曼和歌德相處九年之久，對他的日常活動和言論都記載得很詳細，可是在這九年之中不曾記載過他進禮拜堂做禮拜。他的文學作品中違反基督教義的很多。所以他的《少年維特》遭到舊教和新教兩面夾攻，義大利天主教僧侶用收買全部義大利文譯本的詭計來防止其流行，英國新教的一位主教又當他的面罵它是「一部極不道德的該受天譴的書」（本書第二五三頁）。

但是歌德如果完全拋棄基督教，也不會寫出他的許多傑作，特別是他的最大的代表作《浮士德》上下卷。靈魂和惡魔、犯罪和贖罪之類迷信都是從基督教來的。歌德自己也承認浮士德「獲得了上界永恆之愛的拯救。這完全符合我們的宗教觀念」。（第二八六頁）但是他又解釋說，靈魂升天不易處理，借助於基督教

幾天以後[14]（歌德談近代以政治代替了希臘人的命運觀；他竭力反對詩人過問政治）

我們談到希臘人的悲劇命運觀。

歌德說：「這類觀點已陳舊過時，不符合我們今天的思想方式，和我們的宗教觀念也是互相矛的神話和形象，才較易避免抽象。可見基督教在他手裡成為一種材料和方便法門，正如希臘文藝借助於希臘神話一樣。這種神話是家喻戶曉的、一般聽眾較易接受的。

這篇談話除公開懷疑《舊約》和《新約》的眞僞並揭露基督教僧侶的愚民政策之外，特別值得注意的是，歌德心目中的「上帝」並不是基督教的上帝，而是最高道德準則的體現，理性和自然的化身。從啟蒙運動以後，把上帝加以理性化是西方思想界的一般傾向，萊布尼茲、康德和黑格爾等人都是如此。歌德作為一個多方面都有獨創的自然科學家，於「理性」之外又加上「自然」作為上帝的本質。這就應從根本上否定基督教所宣揚的「超自然」的上帝。但是歌德並沒有認識到除自然的必然性之外，「理性」並不存在。他和近代一般西方哲學家所理解的「理性」都是先驗的、先天的、神所賦予的，只有自然的必然性或規律才是客觀存在的，憑實踐經驗來認識的。「自然」外加超自然的「理性」這個基本矛盾，說明了歌德以及許多西方近代哲學家何以沒有完全擺脫有神論、人性論、唯心論、天才論和人道主義之類宗教迷信的遺跡。馬克思主義以前的資產階級思想家們哪怕是最進步的，也終於是妥協的、改良主義的、不能眞正解決矛盾的，歌德就是個典型的例證。

14 未譯的前一篇標明「三月早期」，這篇標明「幾天以後」，在這篇後面，愛克曼就記下歌德的死和他去瞻仰遺容的哀痛。

盾的。近代詩人如果把這種舊觀念用在劇本裡，那就顯得裝腔作勢了。那就像古羅馬人的寬袍那樣久已不時髦的服裝，不能吻稱我們的身材了。

「我們現在最好贊成拿破崙的話：『政治就是命運』，但是不應贊同最近某些文人所說的政治就是詩，認爲政治是詩人的恰當題材。英國詩人湯姆遜[15]用一年四季爲題寫過一篇好詩，但是他寫的〈自由〉卻是一篇壞詩，這並不是因爲詩人沒有詩才，而是因爲這個題目沒有詩意。

「一個詩人如果想要搞政治活動，他就必須加入一個政黨；一旦加入政黨，他就失其爲詩人了，就必須同他的自由精神和公正見解告別，把偏狹和盲目仇恨這頂帽子拉下來蒙住耳朵了。

「作爲一個人和一個公民，詩人會愛他的祖國；但他在其中發揮詩的才能和效用的祖國，卻是不限於某個特殊地區或國度的那種善、高尚和美。無論在哪裡遇到這種品質，他都要把它們先掌握住，然後描繪出來。他像一隻凌空巡視全境的老鷹，見野兔就抓，不管野兔奔跑的地方是普魯士還是薩克森。

「還有一點，什麼叫做愛國，什麼才是愛國行動呢？一個詩人只要能畢生和有害的偏見進行鬥爭，排斥狹隘觀點，啟發人民的心智，使他們有純潔的鑑賞力和高尚的思想情感，此外他還能做出什麼更好的事嗎？還有比這更好的愛國行動嗎？向一位詩人提出這樣白費力的不恰當的要求，正像要求一個軍團的統帥爲著眞正愛國，就要放棄他的專門職責，去捲入政治糾紛。一個統帥的祖國

15 湯姆遜（J. Thomson, 1700-1748），英國早期浪漫派詩人，〈四季〉和〈自由〉都是他的較著名的作品。

就是他所統率的那個軍團。他只要管直接與他那個軍團有關的政治，此外一切都不管，專心致志地去領導他那個軍團，訓練士兵養成良好的秩序和紀律，以便在祖國處於危險時成爲英勇的戰士，那麼，他就是一個卓越的愛國者了。

「我把一切馬虎敷衍的作風，特別是政治方面的，當作罪孽來痛恨，因爲政治方面的馬虎敷衍會造成千百萬人的災難。

「你知道我從來不大關心旁人寫了什麼關於我的話，不過有些話畢竟傳到我耳裡來，使我清楚地認識到，儘管我辛辛苦苦地工作了一生，某些人還是把我的全部勞動成果看得一文不值，就因爲我不屑和政黨糾纏在一起。如果我要討好這批人，我就得參加一個雅各賓俱樂部，宣傳屠殺和流血。且不談這個討厭的問題吧，免得在對無理性的東西做鬥爭中我自己也變成無理性的。」

歌德以同樣的口氣指責旁人大加讚賞的烏蘭德[16]的政治傾向。他說：「請你注意看，作爲政治家的烏蘭德終會把作爲詩人的烏蘭德吞噬掉。當議會議員，整天在爭吵和激動中過活，這對詩人的溫柔性格是不相宜的。他的歌聲將會停止，而這是很可惜的。施瓦本那個地區有足夠的受過良好教育、心腸好、又能幹又會說話的人去當議員，但是那裡高明的詩人只有烏蘭德一個。」[17]

---

16 烏蘭德（J. L. Uhland, 1787-1862），比歌德後起的德國重要詩人，曾以自由派的身分參加符騰堡的邦議會。他是德國施瓦本地區人，是施瓦本派詩人的領袖。

17 這是歌德生前最後一篇談話，像前兩篇談話一樣，所談的都是歌德畢生關心、至死不忘的大問題。這篇的主旨是要把文藝和政治割裂開來，宣揚在西方資產階級中流行的「爲文藝而文藝」的錯誤觀點。他之所以堅持這種錯誤觀點，畢竟還是要爲資產階級政治服務。在政治上他本來是保守的、妥協的、反對暴力革命的，所以他和資產階級當權者一樣，生怕文藝變成宣傳革命的武器。況且他大半生都在忙威瑪小朝廷的政治，從他的談話和許多作品看，他對當時歐洲政治動態也十分關心。可見他的話不但錯誤，而且是虛僞的。他所欽佩的同時代詩人，在法國是貝朗瑞，在英國是拜倫，在義大利是曼佐尼。這幾位詩人都有明顯的進步政治傾向。難道在這幾位詩人身上，政治家身分都已「呑噬」了詩人品質嗎？從這篇談話也可以看出，當時德國文藝界的政治鬥爭已相當激烈了。歌德因政治上保守而爲當時進步人士所冷落甚至抨擊，他到臨死前還耿耿於懷。這也體現了偉大詩人和德國庸俗市民這兩重性格的矛盾。

附錄

附錄一　愛克曼的自我介紹

愛克曼（J. P. Eckermann, 1792-1854）發表《歌德談話錄》時，曾在卷首附了長篇自我介紹，現在撮譯大意如下：

愛克曼出生在德國紐倫堡和漢堡之間的荒原上一個貧農家庭。家裡只有一間小茅棚、一塊小菜園和一頭奶牛。父親是個背著籮筐、奔走城鄉做點小買賣的貨郎，母親做些針線活，他自己幼時幫著拾糞、拾柴和看牛，偶爾也跟著父親當貨郎。家庭就靠此為生，極貧苦，他當然受不到正式教育，到了十四歲還不會看書寫字。一天，他看見父親的菸葉荷包的商標上畫著一匹馬，很感興趣。旁人在燈下談天，他卻試著用鉛筆臨摹下一張馬的素描，臨得很像，自己很高興，親鄰都大為讚賞。從此他就借來一本畫冊，有空就臨摹。他臨摹的素描傳來傳去，傳到當地一位要人手裡。這位要人看他很有才能，就資助他上學，學了一點德文、拉丁文和音樂。但是他同時還要在當地法院裡做些抄寫和記錄的工作來糊口。

到了一八一三年，德國各地民間紛紛組織反對法軍占領的志願軍，愛克曼也報名參加，隨軍在家鄉附近打游擊。後來又隨軍跨過萊茵河，轉到荷蘭。這對他影響很大。用他自己的話來說：

「看到一些偉大的荷蘭畫，一個新世界在我眼前展開了。我整天在教堂[1]和畫館裡度過一些日子。這是我生平第一次看到的畫。」他又開始臨摹。一八一四年志願軍解散，他捨不得丟開畫藝，就在寒冬臘月步行一百幾十里路到漢堡去，求教於當地一位小有名氣的畫家蘭貝格[2]。蘭貝格教他從素描的基本功學起。由於貧病交加，到了第二年暑天，他不得不放棄畫藝，在軍服部門謀得一個小差事來糊口。他還同蘭貝格門下一位同學往來很密。這位同學介紹他讀了溫克爾曼論古代藝術的著作以及當代一些文學作品，其中有克洛普斯托克、席勒和歌德。他特別愛讀歌德的短詩。他說：「我好像才覺醒過來，……像我前此連自己也沒有認識到的最深刻的靈魂在這些詩歌裡反映出來了。」從此他沉浸在詩藝裡，讀了歌德談到的莎士比亞和古希臘悲劇詩人的主要作品，自己也嘗試寫了一些詩。他感到有學文化的必要，於是又回到過去半工半讀的生活，在一八二一年進哥廷根大學學法律，把法律看作一種「飯碗學科」。但他對法律毫不感興趣，聽課時偷著寫劇本。離開大學後，他寫了一部詩論，題爲《論詩，特別引歌德爲證》。他把這本稿子和一些詩寄給歌德，想要這位已享盛名的詩人替他寫信介紹給出版商。他接著於一八二三年夏到威瑪去拜訪歌德。

愛克曼的自我介紹到此爲止。到了威瑪，歌德留他住下。從一八二三年六月到一八三二年三月這九年裡，除了陪歌德的長子到義大利作短期旅遊以外，他經常到歌德家去請教。每逢聽到值得注意的歌德談話，他就記錄下來，後來才根據筆記編輯成書。第一部和第二部於一八三六年出版於萊

1 西方許多名畫都與基督教有關，陳列在教堂裡。

2 見第四十三頁正文和註二十七。

比錫。由於大受讀者歡迎，他又根據自己的和歌德好友瑞士人梭勒的筆記，編了第三部作爲補編。

愛克曼在威瑪的生活還是半工半讀。他從歌德那裡學到不少的東西，也給歌德做了不少的編輯工作，並且有時還提了有益的意見。從他的提問和反駁看，他這位參加過解放鬥爭的青年，在思想上比歌德進步。他還抽空給旅遊威瑪的英國青年教德文，自己也從他們那裡學會了英文。由於歌德的介紹，他當上了威瑪大公爵的家庭教師和大公爵夫人的圖書館員。歌德死前曾立遺囑請愛克曼編輯他的遺著。愛克曼在德國和在世界聞名，全靠《歌德談話錄》這一部書；他的詩和詩論雖已出版，卻沒有引人注意。

附錄二　第一、二兩部[3]的作者原序（摘譯）

這一輯歌德談話錄大半起源於我所固有的一種自然衝動，要把我覺得有價值和值得注意的生活經歷記錄下來，使它成爲自己的東西。

自從我初次和這位非凡人物會見，以後又和他在一起生活過幾年，我一直都想從他那裡得到教益，所以樂意把他的談話內容掌握住，記下來，以備將來終生受用。

可是想到歌德的談話多麼豐富多彩，在和他相處的九年之中我感到多麼幸福，而我所記錄下來的卻只是一鱗半爪，就自覺彷彿一個小孩，伸著兩個巴掌去接使人神怡氣爽的春雨，雨水卻多半從手指縫中漏掉了。

……

我認爲這些談話不僅就生活、藝術和科學做了大量闡明，而且這種根據實際生活的直接素描，特別有助於使人們從閱讀歌德的許多作品中所形成的歌德其人的形象更爲完備。

不過我也遠不認爲這些談話已描繪出歌德的全部內心生活。這位非凡人物及其精神可以比作一

3　一八二三年六月至一八二七年底爲第一部，一八二八年至一八三二年三月歌德去世時爲第二部，兩部合成一卷出版。

個多稜形的金剛石，每轉一個方向就現出一種不同的色彩。歌德在不同的情境對不同的人所顯現的形象也是不同的，所以就我這方面來說，我只能謙遜地說，這裡所顯現的是我的歌德。

這句話不僅適用於歌德怎樣把自己顯現給我看的方式，而且也適用於我怎樣了解他和再現他的方式。這裡呈現出來的是個經過反映的形象，一個人的形象透過另一個人反映出來，總不免要丟掉某些特徵，摻進某些外來因素。替歌德造像的有勞赫、施蒂勒和達維。[4]他們的作品都極眞實，但也多少都顯出作者本人的個性。體形既然如此，變化多端、不易捉摸的精神形象就更是如此了。不過，不管我個人在這一點上表現如何，我希望凡是憑精神力量能了解歌德，或是與歌德有直接來往，而且有能力在這方面做出判斷的人，都不會看不出我在力求做到儘量忠實。

…………

4 勞赫（Rauch, 1777-1857），德國雕塑家，名作有弗里德里希大帝、布呂歇爾、歌德、席勒諸人的雕像。歌德的像是全身坐像，在法蘭克福的歌德紀念坊。施蒂勒（Stieler, 1781-1858），德國畫家，替歌德畫過像。達維，見第二四〇頁註七。歌德的雕像和畫像很多，不止這裡所提的三種。

附錄三　第三部[5]的作者原序（摘譯）

我終於看到我的《歌德談話錄》第三部編完了，心裡感到戰勝巨大困難後的快慰。

我的任務是很艱巨的。好像行船還沒有遇到順風，今天風還在吹，但是要遇到過去年代那樣的順風，還得耐心等待好幾個星期甚至好幾個月。當初我寫頭兩部時，我幸好是順風揚帆，因爲剛談過的話還在耳裡響著，和那位偉大人物的親切交往也使我受到鼓舞，所以我感到彷彿是振翼飛到目的地似的。

但是歌德音沉響絕已經多年，過去和他親切晤談的樂趣也如過眼雲煙了。今天要想受到必要的鼓舞，只有，當有便在內心中沉思默想時，才會使過去的經歷仍然帶著新鮮色彩活躍在目前。這時歌德的偉大思想和偉大性格特徵才復現在面前，好像一個山峰，雖然在遠處，但在白天的陽光照耀下，輪廓仍是鮮明的。

這時來自歡欣的鼓舞就復活了，思想過程和語言表情的細節歷歷在目，就像我昨天才經歷過似的。活的歌德又顯現在目前，他所特有的無與倫比的可愛的聲音又在我耳裡震響了。我又在晚間在他的明亮的書房裡看到他，穿著佩上勛章的黑色服裝，雜在座客之中談笑風生。在其他的風和景明

5 即「補編」部分。

的日子裡，我陪他乘馬車出遊，他穿著棕色上衣，戴著藍布帽，把淺灰大衣鋪在膝蓋上。他的面孔曬成棕色，顯得健康，藹如清風。他的雋妙語言的聲音流播原野，比車輪滾滾聲還更洪亮。有時我又回想起他坐在書齋的書桌旁，在燭光下看到他穿著白法蘭絨外衣，過了一天好日子，心情顯得和藹。我們談著一些偉大的和美好的事物。他向我展示出他性格中最高貴的品質，他的精神點燃了我的精神。兩人心心相印，他伸手到桌子這邊來給我握。我就舉起放在身旁的滿滿一杯酒向他祝福，默然無語，只是我的眼光透過酒杯盯住他的眼睛。

這樣我就完全回到他還在世時那種生活，他的話音也和過去一樣在我耳裡震響起來了。

…………

譯後記

關於本書的性質

愛克曼的《歌德談話錄》流行很廣，它記錄了歌德晚年有關文藝、美學、哲學、自然科學、政治、宗教以及一般文化的言論和活動，在圖書目錄裡通常列入傳記類，也有時列入文學類。愛讀這部書的人不只有文藝史家和文藝批評家、自然科學家、哲學家和文化史家，還有關心一般文化的普通讀者。一般愛好者多半把它作爲傳記來看。歌德這個人是值得注意和研究的。他是近代資產階級文化高峰時期的一個典型代表，在西方發生過深廣的影響，《談話錄》對他這個人作了細緻親切而大體忠實的描繪。讀了這部書，對於恩格斯屢次評論過的「偉大的詩人」和德國「庸俗市民」的兩面性格可以有較具體的認識。對於文藝、自然科學和哲學的專門學者來說，《談話錄》是研究歌德的重要的第一手資料，特別是在文藝方面，它記錄了歌德晚年的最成熟的思想和實踐經驗。《談話錄》時期正是歌德最大的劇作《浮士德》第二部的完成時期，歌德自己多次談過他關於這部劇本苦心經營的情況，對於理解這部劇本本身乃至一般文藝創作問題都是富於啟發性的。

歌德時代的德國文化背景

在歌德時代，德國作爲統一的國家還不存在，存在的只是一些封建割據的小邦，工商業還未發達，政治和經濟都很落後。拿破崙戰爭中德國被占領，諸小邦各自獨立、互相傾軋的局面才受到衝擊，爲將來的統一開闢了道路。但是拿破崙失敗後，一八一五年維也納分贓會議，把德國三十幾個小邦組織成爲鬆散的「德意志聯邦」，歸奧地利帝國控制，在政治上是一次倒退。後來德國各小邦以普魯士爲中心形成一個自主的統一的國家是在十九世紀六十年代，當時歌德逝世已三十多年了。歌德時代的德國是個多災多難的地方。恩格斯爲英國刊物《北極星報》撰寫的〈德國狀況〉一文中曾做過簡明扼要的論述。在描述政治經濟落後之後，恩格斯還說到當時德國文學的繁榮：

「只有在我國的文學中才能看出美好的未來。這個時代在政治和社會方面是可恥的，但是在德國文學方面卻是偉大的。一七五〇年左右，德國所有的偉大思想家——詩人歌德和席勒、哲學家康德和費希特都誕生了；過了不到二十年，最近的一個偉大的德國形上學家[1]黑格爾誕生了。這個時代的每一部傑作都滲透了反抗當時德國社會的叛逆的精神。歌德寫了《葛茲・馮・伯利欣根》，他在這本書裡透過戲劇的形式向一個叛逆者表示哀悼和敬意。席勒寫了《強盜》一書，他在這本書中歌頌一個向全社會公開宣戰的豪俠的青年。但是，這些都是他們青年時代的作品。他們年紀一大，便喪失了一切希望。……」[2]

在另一篇描述當時德國狀況的文章裡，恩格斯又說：

---

1 形上學一詞在這裡是指研究經驗以外的問題的哲學。——原編者注。

2 《馬克思恩格斯全集》第二卷。

「這個最屈辱的對外依賴時期，正是文學和哲學領域最輝煌的時期，是以貝多芬為代表的音樂最興盛的時期。」[3]

這種情況正是馬克思在《〈政治經濟學批判〉導言》裡所提到的文藝發展和社會物質基礎的不平衡，馬克思舉了古希臘爲例。[4]歌德時代的德國是一個近代的例子。

怎樣解釋這種不平衡呢？這是馬克思主義文藝理論中一個長久爭論的重大問題。社會經濟基礎決定上層建築，其中包括文藝和哲學之類意識形態，這是歷史唯物主義的基本原則。上述發展不平衡是否就要推翻這個基本原則呢？絕不能推翻。歌德的例子最便於說明這個問題。恩格斯在上引〈德國狀況〉中那段文字的末尾，提到歌德和席勒到晚年都喪失了早年的叛逆精神。在〈詩歌和散文中的德國社會主義〉一文第二部分〈卡爾·格律恩的《從人的觀點論歌德》〉中，恩格斯對歌德的兩面性做了最精闢的批判：

「在他心中經常進行著天才詩人和法蘭克福市議員的謹慎的兒子、可敬的威瑪的樞密顧問之間的鬥爭；前者厭惡周圍環境的鄙俗氣，而後者卻不得不對這種鄙俗氣妥協，遷就。因此，歌德有時非常偉大，有時極為渺小；有時是叛逆的、愛嘲笑的、鄙視世界的

3 《馬克思恩格斯論文藝》德文本第二卷。
4 見《馬克思恩格斯選集》第二卷。

天才，有時則是謹小慎微、事事知足、胸襟狹隘的庸人。[5]……他的氣質、他的精力、他的全部精神意向都把他推向實際生活，而他所接觸的實際生活卻是很可憐的。……我們並不像伯恩和門采爾那樣責備歌德不是自由主義者，我們是嫌他有時居然是個庸人[6]；我們並不是責備他沒有熱心爭取德國的自由，而是嫌他由於對當代一切偉大的歷史浪潮所產生的庸人[7]的恐懼心理而犧牲了自己有時從心底出現的較正確的美感；我們並不是責備他做過宮臣，而是嫌他在拿破崙清掃德國這個龐大的奧吉亞斯的牛圈的時候，竟能鄭重其事地替德意志的一個微不足道的小宮廷做些毫無意義的事情和尋找 menus Plaisirs。[8]……」[9]

---

5 「庸人」，德文原文是 Philister。這個詞原是古代猶太教徒對異教人的鄙稱。在德文中最早是大學生對沒有文化的市民的鄙稱，後來指一般文化低、見解窄狹、唯利是圖的庸俗市民。所以這個詞標誌一定階層人物的一定性格。過去在中譯中有時是「市儈」，嫌稍重；有時是「庸人」，嫌太泛；應改爲「庸俗市民」。

6 7 這兩個「庸人」，德文原文是 Bürgerlicher，與上文 Philister 較近，但貶義較輕，應直譯爲「市民」，表明階級地位。「市民」在歐洲是資產階級的胚胎。

8 這一句中譯與原文小有出入，原意是：「竟能認眞賣力，替一個德國小朝廷在最微不足道的場合尋找一些無聊的歡樂。」

9 《馬克思恩格斯全集》第四卷。

接著恩格斯舉歌德的一些名著爲例，駁斥了格律恩讚揚歌德代表「眞正的人」的說法。「眞正的人」指的是「人道主義者」，實即德國小市民思想意識的體現者。恩格斯在寫此文之前曾於一八四七年一月十五日寫信給馬克思說：

> 「……格律恩把歌德的一切庸俗市民習氣看作人道的而加以讚揚，他把作為法蘭克福市民和官吏的歌德稱為『真正的人』，而把歌德的全部巨大天才方面都忽略了或玷汙了。結果這部書就以最明顯的方式證明了人＝德國小市民。」10

由此可見，歌德的兩面性格中德國「庸俗市民」的一面，正反映出當時封建割據的德國各小邦的社會經濟基礎和歌德作爲小朝廷臣僚的政治地位，所以適足以證明意識形態反映經濟基礎這個馬克思主義的基本原則。

德國庸俗市民何以竟能成爲偉大詩人呢？對這個問題單從社會經濟基礎本身的範圍來看還不夠，還要從意識形態的影響來看。考察意識形態與社會經濟基礎的關係，也絕不應只著眼於同一社會中某個孤立的地區，還要著眼到這一地區與其他互相往來和互相依存的各個地區的總的局勢，在世界市場已形成的資本主義時代尤其如此。《共產黨宣言》裡有一段話，是研究文化史的人必須牢

10 《馬克思恩格斯論文藝》德文本第二卷。

記在心的：

「……過去那種地方的和民族的自給自足和閉關自守狀態，被各民族的各方面的互相往來和各方面的互相依賴所代替了。物質的生產是如此，精神的生產也是如此。各民族的精神產品成了公共的財產。民族的片面性和侷限性日益成為不可能，於是由許多種民族的和地方的文學形成了一種世界的文學。」[11]

因此，歌德所反映的社會經濟基礎，絕不應單從德國乃至其中一個小邦來看，還應從與德國有密切來往的歐洲各國整體來看。歌德時代是近代歐洲大變革、大動盪的時代。歌德親眼看到一七八九年開始的法國資產階級革命的全部過程。對這次資產階級反封建的大搏鬥，歌德像當時許多著名的資產階級知識分子代表一樣，先是熱情歡迎，到了雅各賓專政時代，就產生了恩格斯所說的對「當代一切偉大的歷史浪潮」的庸俗市民的「恐懼心理」，階級本性決定了他們厭惡暴力革命。但是法國革命這樣一場大變革畢竟使歌德不由自主地受到了深刻影響。這場大變革在歐洲經濟基礎方面促進了生產方式的改革，具體地說，即產業革命；而在文藝乃至一般文化上所產生的總的影響則是浪漫運動，歌德本人就是德國浪漫運動的主要推動者。從早期標誌「狂飆突進」的《葛

---

11 《馬克思恩格斯選集》第一卷。「文學」一詞，原文是 Literatur，這裡取廣義，指「文獻」，包括科學、哲學和歷史，也包括文學和藝術。

茲·馮·伯利欣根》，中經《威廉·麥斯特》，到臨死前才完成的《浮士德》第二部，無一不貫串著浪漫運動的基本精神。恩格斯所說的歌德的叛逆性和對環境鄙俗氣的厭惡這個進步的一面，不能不歸功於法國革命。[12]

接著法國革命便是震動全歐的拿破崙戰爭。拿破崙占領了德國，德國受到外國的統治和掠奪。當時一般德國人出於愛國熱誠，掀起了愛克曼也參加過的一八一三至一八一五年的「光榮的解放戰爭」。歌德不但沒有寫過反對法國侵略者的詩歌，而且始終把拿破崙當作一個偉大英雄來崇拜，在埃爾富特和威瑪兩次受到拿破崙的接見。他經常津津樂道拿破崙在遠征埃及時攜帶的書籍之中有他的《少年維特》，並以此為榮。當時德國人對歌德這種態度極為不滿，連愛克曼也有微詞。歌德在《談話錄》裡進行過多次自辯，說他身受法國文化的薰陶，對法國人恨不起來。我們對歌德的這種態度應該如何評價呢？恩格斯在〈德國狀況〉裡對拿破崙也有所肯定，因為拿破崙「在德國是革命的代表，是革命原理的傳播者，是舊的封建社會的摧毀人」，他「摧毀了神聖羅馬帝國，並以並小邦為大邦的辦法減少了德國的小邦的數目」，還「把他的法典帶到被他征服的國家裡」。[13]恩格斯是就對歷史發展的效果來看本來具有侵略性的拿破崙戰爭，肯定它對推動歐洲革命的功績的。歌德當然不可能站在恩格斯的高度來看歷史發展。他崇拜拿破崙，毋寧說是像當時法國大詩人

12　參看一八二四年一月四日的歌德談話。

13　《馬克思恩格斯全集》第二卷。

貝朗瑞一樣[14]，希望有一個強有力的鐵腕人物來澄清當時混亂的政治局面。所以他特別推崇拿破崙活力旺盛，當機立斷，一個行動接著一個行動，從不停止或休息。

法國革命和拿破崙戰爭的巨大騷動在歌德身上孕育了崇尚實踐和行動的種子，造成了由《浮士德》第一部到第二部的轉變，即由「太初有文詞」到「太初有行動」[15]的轉變，由苦思冥索、向惡魔出賣靈魂的學究到開墾海濱荒灘爲人類謀幸福的領導者的轉變。[16]這種從造福人類的實踐活動中得到靈魂解放的思想，在當時社會情況下還是值得稱道的。

其次，歌德作爲偉大詩人的發展和形成也顯然得力於對文化遺產的批判繼承。在一般資產階級文化史家以及修正主義文化史家之中，流行過意識形態在歷史上有獨立發展線索即「純思想」線索的說法。考茨基是個顯著的代表。[17]這種說法當然是違反歷史唯物主義基本原則的。不過只用社會經濟基礎來說明意識形態的發展而諱言文化遺產的作用，也並不符合馬克思主義。恩格斯在給梅林的信裡說得很明白：

「與此有關的還有思想家們的一個荒謬觀念，這就是：因為我們否認在歷史上起作用的

---

14 參看一八三〇年三月十四日談話中關於貝朗瑞的部分。

15 參看《浮士德》第一部原文。

16 參看《浮士德》第二部最後一幕。

17 參看《馬克思恩格斯論文藝》法文本一九五四年版序言。

> 各種思想領域有獨立的歷史發展，所以我們也否認它們[18]對歷史有任何影響。這是由於把原因和結果刻板地、非辯證地看作永恆對立的兩極，完全忽略了相互作用。……」[19]

馬克思主義者並不否認意識形態的製造須利用過去已有的「思想材料」。馬克思主義創始人在《德意志意識形態》、《社會主義從空想到科學的發展》和《費爾巴哈和德國古典哲學的終結》一系列經典著作中，都仔細追溯各種思想的歷史淵源和發展線索，儘管在這些事例中他們都強調：「**歸根到底**是經濟的原因造成的」。[20]毛澤東在一系列關於文化的指示中都強調「古爲今用，洋爲中用」；「我們必須繼承一切優秀的文學藝術遺產」，「絕不能割斷歷史」，「尊重歷史的辯證發展」，這也給我們研究文藝史的人指出了正確的馬克思主義的觀點。

從這個觀點來看歌德作爲偉大詩人的形成和發展，我們就必須充分估計到各時代、各民族文化遺產對歌德的影響。在文化思想方面，歌德是文藝復興的繼承者和啓蒙運動的直接參加者。作爲文藝復興的繼承者，他特別推崇希臘古典以及表現出文藝復興時代精神的莎士比亞。作爲啓蒙運動的直接參加者，他和他的前輩萊辛和赫德一樣，受到英國和法國一些啓蒙運動領袖的深刻影響。從英國經驗主義哲學那裡，歌德接受了重視感性經驗的基本原則。法國百科全書派（即法國啓蒙運動

18 指「各種思想」。

19 《馬克思恩格斯選集》第四卷。

20 《馬克思恩格斯選集》第四卷。重點爲引用者所加。

的領袖們）中有不少的科學家是傾向唯物主義和無神論的。在他們影響之下，歌德以一個詩人而畢生致力於自然科學，這就使他的世界觀頗接近唯物主義和無神論，文藝觀側重現實主義，這一點我們在下文還要談到。在文藝觀點方面，他特別推尊百科全書派領袖狄德羅，親自譯出狄德羅的《畫論》、《談演劇》和《拉摩的侄兒》。在德國啟蒙運動的前輩中，歌德特別推尊萊辛和赫德，這兩人幫助他展開視野，使他接觸到德國乃至東方的民間文學，尤其是繼狄德羅之後萊辛所提倡的市民劇。由於歌德對古代希臘悲劇和莎士比亞有深湛的研究，知道眞正的古典主義是怎麼回事，他對十七世紀法國的所謂古典主義（亦稱「新古典主義」或「假古典主義」）不大重視，對十八世紀它的德國追隨者高士德派更是鄙視，罵他們是「學究派」，因爲他們雖掛著「古典主義」的招牌，而實際上內容淺薄，矯揉造作，是與眞正的古典主義背道而馳的。不過法國古典主義三大劇作家之中，喜劇家莫里哀卻是歌德十分佩服，畢生鑽研不休的，這是因爲莫里哀是從現實出發的，他的作品頗有些市民劇色彩。歌德特別推尊希臘古典、莎士比亞和莫里哀，其用意就是針對學究派的新古典主義，提出一個補偏救弊的方劑。

歌德尊崇希臘，「厚古」是事實，卻不因此就「薄今」。而且他明確地反對復辟倒退，他鄙視學究派的新古典主義，就是一個明證。從《談話錄》可以看出，歌德對當時歐洲文藝動態是經常密切注視的。一部值得注意的剛出版的新書他往往立即閱讀，有時還沒有出版他就托人借得原稿來閱讀，例如杜蒙的《回憶錄》和英國功利主義開山祖邊沁的著作就是這樣到達他手裡的。他不僅多次高度評價和他同年輩的席勒、法國詩人貝朗瑞、英國詩人拜倫和小說家史考特以及義大利詩人曼佐尼，而且還注意到年輩較晚的法國作家梅里美、斯湯達爾、巴爾扎克和雨果，以及德國青年詩人海涅和普拉頓之間的論爭。這裡還沒有談到他同樣關心的哲學、科學、建築、繪畫、音樂等方面；也沒有談到他對印度、波斯和中國這些東方國家文藝的嚮往。例如他的《西東胡床集》就曾受到波斯詩人哈菲茲的啟發。

總之，歌德的文化教養來源是極廣泛的。他不只是個威瑪市民，也不只是個德國人，他主要是資產階級上升時期的一個歐洲人。他之所以成爲偉大詩人，也正因爲他從多方面反映出資產階級上升時期的歐洲文化。

歌德《談話錄》中一些基本的主題思想

恩格斯所指出的偉大詩人和德國庸俗市民的矛盾是歌德性格中的基本矛盾，這一矛盾反映在《談話錄》中一些多次出現的基本主題思想上面。現在撮要介紹如下：

世界觀和思想方法

歌德深受英國經驗派哲學和法國百科全書派的思想影響，除文藝之外，他還畢生孜孜不輟地鑽研各種自然科學，從生物學到物理學、地質學、天文學和氣象學。在達爾文之前，他根據頭蓋骨空隙的研究，提出了生物由低級演變到高級的進化論。所以他的世界觀基本上是唯物主義的。但是他也受到當時德國古典哲學的唯心主義的影響。他很推尊康德的《純粹理性批判》，承認有先驗的和超驗的純理性，單憑感性經驗的知解力不能窺透自然界的祕奧。但是他又認爲康德之後，德國哲學還有一件大事要做，這就是「感覺和人類知解力的批判」，其實這正是英、法啟蒙運動中洛克、休謨、霍爾巴赫之類唯物主義傾向較明顯的學者們所已做了的事，他們都是反對超驗理性的。一方面肯定超驗理性，另一方面又強調要研究根據感性經驗的知解力，歌德始終沒有解決這個基本矛盾。從他堅持文藝要從具體客觀現實出發，反對從理念或抽象觀念出發來看，他的唯物主義傾向的比重顯然較大。

歌德關心思想方法，首先從自然科學出發。他反對當時流行的以牛頓爲代表的「分析法」，即把整體看成是由其中各部分因素拼湊成的機械觀，而提出他所說的「綜合法」來代替，綜合法就是根據「有機觀」，不去孤立地分析個別因素，而要考察全體中各個因素互相依存的關係。這實際上就是辯證法。根據這種辯證法，他見出文藝與自然（即客觀現實）的對立統一的關係，反對將Komposition（構成）這個詞用在文藝創作上。提起辯證法，不免要想到黑格爾。歌德和黑格爾有些私人來往，在威瑪接待過他。歌德讚揚黑格爾作爲批判者的判斷，卻反對他從理念出發的辯證法和應用這種辯證法的悲劇理論。（參看一八二七年十月十八日歌德和黑格爾的談話）

歌德對宗教的看法是和他的世界觀分不開的。我們在一八三二年三月十一日談話的總注裡已詳細說明他並不相信超自然而主宰自然的神，他仇視基督教會特別是天主教會，他的泛神論（即自然中到處有神，沒有在自然之外的神）正如黑格爾把最高理念看成神一樣，實際上是一種羞羞答答的不澈底的無神論。我們這種看法可能會引起異議：歌德最大的詩劇《浮士德》第一部和第二部的主題，不正是基督教中靈魂、天堂、地獄、天使、惡魔、犯罪、贖罪之類迷信觀念嗎？歌德曾在一八三一年六月六日的談話裡對這一問題進行辯護，他說運用基督教神話的具體形象，只是作爲一種避免抽象的方便法門。希臘文藝，像馬克思所指出的，植根於希臘神話。此後西方文藝運用神話和傳說有過長久的傳統，因爲神話和傳說有深廣的民族基礎，是人民所喜見樂聞的。中國詩「用典」，也包括神話和傳說。從屈原、李白到毛澤東，都是運用神話和傳說的輝煌的範例。文藝要用想像或形象思維，不能根據某個詩人或藝術家運用過神話，就斷定他是個有神論者。就歌德來說，科學的訓練使他明確地主張在科學領域裡排除目的論（即神造一切事物時都有一個預先安排的目的），這也是他反對有神論的一個證據。但這並不等於說歌德就已是一個澈底的無神論者。

天才論

歌德並不是一個澈底的無神論者，這特別表現在他對天才問題搖擺不定的態度上。「天才」在西方浪漫運動中是個普遍流行的信念。康德肯定了天才，他說，「在一切藝術之中占首位的是詩，詩的根源完全在於天才」，又說，「天才是一種天生的心理功能，透過它，自然替藝術制定法律。」[21]歌德在《談話錄》裡也多次肯定了天才，特別在一八二八年三月十一日談話裡。他把天才看作超自然的天生的才能，舉拿破崙和一些著名的詩人和藝術家爲例來論證這個觀點說：

「每種最高級的創造、每種重要的發明、每種產生後果的偉大思想，都不是人力所能達

21 分別見康德《判斷力批判》第五十三節、四十六節。

到的，都是超越一切塵世力量之上的。人應該把它看作來自上界、出乎望外的禮物，看作純是上帝的嬰兒……它接近精靈或護神，能任意操縱人，使人不自覺地聽它指使，而同時卻自以為在憑自己的動機行事。……」

這是天才論的全部要義，可以證明歌德沒有割掉有神論的尾巴。

不過歌德對於天才也有許多自相矛盾的說法，例如說發揮天才要有健康身體的基礎和令人心曠神怡的環境氛圍，甚至不完全排除酒的刺激力。他教導青年，一般不強調天才而強調勤學苦練。特別值得注意的是他在一八三二年二月十七日臨死前不久的一次談話，他舉法國革命中著名的政治家米拉波和他自己爲例，說明憑個人的天才不能成就大事業，要成就大事業，必須靠集體，靠虛心向群眾學習。他說：

「事實上我們全都是些集體性人物，不管我們願意把自己擺在什麼地位。嚴格地說，可以看成我們自己所特有的東西是微乎其微的，就像我們個人是微乎其微的一樣。我們全都要從前輩和同輩學習到一些東西。就連最大的天才，如果想單憑他所特有的內在自我去對付一切，他也絕不會有多大成就。……說句老實話，我有什麼真正希望要歸功於我自己的呢？……我不應把我的作品全歸功於自己的智慧，還應歸功於我以外向我提供素材的成千成萬的事情和人物。我所接觸的人之中有蠢人也有聰明人，有胸懷開朗的人也有心地狹隘的人，有兒童、有青年，也有成年人，他們都把他們的情感和思想、生活方式和工作方式以及所積累的經驗告訴了我。我要做的事，不過是伸手去收割旁人替我播種的莊稼而已。」

歌德在這段話裡對天才論作了當時所能做出的最中肯的批判，他多少認識到一個人「所特有的內在自我」（才能和內心生活）是不足憑的，認識到個人智慧的最後根源是群眾智慧而不是天或神。在這個意義上他說每個人都是「集體性人物」，也就是社會生活的產物。這實際上不但否定了天才論，也否定了有神論。

「天才」這個詞在德文中是 Genie（英文 genius），在起源時指人、地方或職業的護神，確實帶有宗教迷信性質。不過語言在發展中往往逐漸失去了某些詞彙的原始的、帶有宗教迷信性質的意義，而只表達近代流行的意義，例證甚多，Genie 便是其中之一，它在近代流行的意義上已不是「天賦」或「神賜」的才能，而只是「卓越的才能」。歌德有時用原始意義（例如在一八二八年三月十一日談話裡），到後來卻側重流行的意義（例如在一八三二年二月十七日談話裡）。由此也可見這個詞的演變痕跡。

文藝觀

一般人對歌德《談話錄》最感興趣的是其中關於文藝創作實踐和理論的部分。譯者過去在《西方美學史》下卷第十三章專論歌德的部分曾試圖根據歌德的幾種文藝論著，做出比較概括的總結；這裡為幫助讀者理解《談話錄》起見，只舉出幾個要點。

歌德的文藝觀中最基本的一條就是：文藝須從客觀現實出發。愛克曼初到威瑪第一年（一八二三年），歌德就根據這個基本原則向他進行了多次懇切的忠告，勸他不要學席勒那樣從抽象理念出發，而要先抓住親身經歷的具體個別的客觀現實事物的特徵。特別是在一八二三年九月十八日的談話裡，他說：

「世界是那樣廣闊豐富，生活是那樣豐富多彩，你不會缺乏作詩的動因。但是寫出來的必須全是應景即興的詩，也就是說，現實生活必須既提供詩的機緣，又提供詩的材料。一個特殊具體的情境透過詩人的處理，就變成帶有普遍性和詩意的東西。我的全部詩都是應景即興的詩，來自現實生活，從現實生活中獲得堅實的基礎。我一向瞧不起空中樓閣的詩。

不要說現實生活沒有詩意。詩人的本領，正在於他有足夠的智慧，能從慣見的平凡事物中見出引人入勝的一個側面。必須由現實生活提供作詩的動機，這就是要表現的要點，也就是詩的真正核心：但是據此來熔鑄成一個優美的、生氣灌注的整體，這卻是詩人的事了。」

趁便說一句，德文的「詩人」（Dichter）指一般文學創作者，不限於詩歌作者。這段引文除強調文藝應從客觀現實出發這個基本原則之外，還提出了兩個要點：

首先是特殊與一般的辯證統一。一個特殊具體事物經過詩人的處理就帶有普遍性，普遍性就是事物的特徵或本質。歌德經常強調「特徵」這個概念。他在編輯他和席勒的通信集時曾寫出一段感想：「詩人究竟是爲一般而尋找特殊，還是爲了在特殊中顯出一般，這中間有一個很大的分別。」[22]他還指出這就是席勒和他自己的分別所在，席勒從「一般」出發，創作出來的是寓意詩，其中「特殊」只是用來作爲「一般」的一種例證；而他自己的詩則是從「特殊」入手，在「特殊」中顯出「一般」，他認爲這種程序才「符合詩的本質」。一八二五年六月十一日他對愛克曼也說：「詩人應該抓住特殊，如果其中有些健康的因素，他就會從這特殊中表現出一般。」這「一般」就是普遍性，也就是「特徵」或本質。在「特殊中表現出一般」這個原則後來經過黑格爾發揮，在馬克思、恩格斯著作裡，就發展成爲「典型」的基本理論。馬克思寫信給拉薩爾說：「這樣，你就得更加莎士比亞化，而我認爲，你的最大缺點就是席勒式地把個人變成時代精神的單純的傳聲筒。」[23]這裡強調的也正是歌德所指出的分別。

其次是文藝與自然的辯證統一。歌德認爲詩人的任務是根據自然「來熔鑄成一個優美的、生氣灌注的整體」（即藝術作品），所以文藝對自然不應無所剪裁和熔鑄，流於自然主義。歌德在一八二七年四月十八日談話裡說得最透闢。他根據對魯本斯一幅貌似違反自然的風景畫的分析，得出如下的結論：

---

22 重點是引用者所加。

23 《馬克思恩格斯選集》第四卷。

「藝術家對於自然有著雙重關係：他既是自然的主宰，又是自然的奴隸。他是自然的奴隸，因為他必須用人世間的材料來進行工作，才能使人理解；同時他又是自然的主宰，因為他使這種人世間的材料服從他的較高的意旨，並且為這較高的意旨服務。」

這裡有兩點值得注意。首先是經過詩人對自然材料加工而「熔鑄成一個優美的、生氣灌注的整體」，這是生糙的自然原來所沒有的，所以歌德有時把藝術作品稱爲「第二自然」。其次，更重要的是詩人須有「較高的意旨，並且爲這較高的意旨服務」，這就戳穿了「爲文藝而文藝」的荒謬觀點。我們說文藝應爲政治服務，歌德反對這一點，他所說的「較高的意旨」當然只能指詩人的理想，即他要從特殊中顯出的一般、世界觀和人生觀。他還說，「藝術應該是自然事物的道德的表現」，要求藝術所處理的自然「在道德上使人喜愛」。因此，他經常強調詩人和藝術家應具有偉大的、健全的人格和魄力，認爲近代文藝的通病在軟弱，其根源在於作家缺乏偉大的人格（一八三一年二月十三日談話）。由此可見，藝術不但要反映客觀現實，而且要反映作者的主觀世界或內心生活，這二者還必須融會統一起來，成爲「優美的、生氣灌注的整體」。歌德在上引一八二七年四月十八日的一段談話之後又說：

「藝術要透過一種完整體向世界說話。但這種完整體不是他在自然中所能找到的，而是他自己的心智的果實。」

這種「心智」正是作者內心生活的一個組成部分。他具有這種心智，才關心到「較高的意旨」，才能使藝術成爲「自然事物的道德的表現」。歌德所說的「道德的」（Sittlich）指人與人的倫理關係，實際上還是「政治」範圍裡的事，但他所了解的「政治」是狹義的，即官僚政客們所幹的勾當，因此他鄙視「政治」而重視「道德」，這是西方資產階級知識分子中相當普遍的傾向。根據他的道德觀點，他要求美與善的統一，主張文藝所表現的應該限於健全的、光明的、對人類有益的東西，反對寫消極的、軟弱的、陰暗的方面，他反對雨果，就因爲雨果愛寫社會中的醜惡現象。這就抹殺了揭露性文藝推動變革的積極作用，對於資產階級社會來說，就是歪曲現實，粉飾太平。不過他側重健全、剛強、能鼓舞人心、振奮精神的文藝這個基本主張卻是值得讚揚的。

古典主義、浪漫主義和現實主義

這三種文藝創作方法的關係和區別是近三百年來經常爭論的問題。作爲歷史上的流派，這三者是順序出現的，而後一種總是對前一種的反抗和變革。作爲創作方法的實質，三者既有分別而又互相關聯，單純地、生硬地採用其中任何一種都不免有流弊，所以給文藝作品貼上一個簡單的標籤總是不妥的。歌德和席勒是首先提出古典主義與浪漫主義這兩種創作方法的區別的。歌德在一八三〇年三月二十一日談話裡說過下面一段很重要的話：

「古典詩和浪漫詩的概念現已傳遍全世界，引起許多爭執和分歧。這個概念起源於席勒和我兩人。我主張詩應採取從客觀世界出發的原則，認為只有這種創作方法才可取。但是席勒卻用完全主觀的方法去寫作，認為只有他那種創作方法才是正確的。為了針對我來為他自己辯護，席勒寫了一篇論文，題為〈論素樸的詩和感傷的詩〉。他想向我證明：我違反了自己的意志，實在是浪漫的，說我的《伊菲革涅亞》由於情感占優勢，並不是古典的或符合古代精神的，如某些人所相信的那樣。施萊格爾弟兄抓住這個看法把它加以發揮，因此它就在世界傳遍了，目前人人都在談古典主義和浪漫主義，這是五十年前沒有人想得到的區別。」[24]

這段引文主要只提出古典主義和浪漫主義的一個基本分別，即前者從客觀世界出發，後者從主觀世界出發，席勒把前者稱爲「素樸的」，後者稱爲「感傷的」。在這段引文之前，歌德還指出古典主義著重「鮮明的輪廓」，而浪漫主義則不免「曖昧模糊」。在一八二九年四月二日的談話裡，歌德又指出一些分別：

「……我把『古典的』叫做『健康的』，把『浪漫的』叫做『病態的』。這樣看，《尼伯龍根之歌》就和荷馬史詩一樣是古典的，因為這兩部詩都是健康的、有生命力的。最近一些作品之所以是浪漫的，並不是因為新，而是因為病態、軟弱；古代作品之所以是古

---

24 耶拿派浪漫派文藝理論家和文學史家施萊格爾弟兄先把這個區別在德國傳開來，後傳到英、法、北歐和俄國。拿這種標籤來標誌文藝時代和流派，遂成爲一時風氣。

典的，也並不是因為古老，而是因為強壯、新鮮、愉快、健康。如果我們按照這些品質來區分古典的和浪漫的，就會知所適從了。」

這裡所說的「健康的」和「病態的」，其實就是我們現在所說的「積極的」和「消極的」的分別，這種分別在任何文藝流派中都是存在的。值得注意的是，歌德在這裡專就實質來談古典和浪漫的分別，指出這與時代的古今無關。

如論時代古今，西方文藝流派的演變確實是從古典主義轉到浪漫主義，又轉到現實主義。在歌德時代，「現實主義」這個名稱才初露頭角。實際上，歌德所推尊的從客觀現實出發的古典主義就是現實主義。歸根到底，文藝上基本區分只有從客觀現實出發和從作者主觀內心生活出發這兩種。歌德認爲這種區分與時代無關，這是不正確的。文藝只能反映一定時代的社會生活。浪漫運動在西方是資產階級在上升時期強烈要求個性自由、以自我爲中心馳騁熱情幻想的產物，它有鮮明的時代性和階級性。歌德把自己擺在古典主義一邊；席勒則說他不是古典的而是浪漫的，這個論斷是正確的。例如他反對文藝從主觀世界出發，而他的一些主要作品，從《葛茲》、《威廉·麥斯特》到《浮士德》，差不多全是利用書中人物來寫精神方面的自傳，所以基本上還是從主觀世界出發的。再如他反對「病態的」和「軟弱的」而推尊「健康的」和「有生命力的」，這是考慮到文藝的教育作用，在認識上他是正確的；可是在實踐上並沒有做到，他的《少年維特》就是「軟弱」、「感傷」和「病態」的典型代表。在當時詩人中，歌德特別讚賞拜倫，可以說是同病相憐。西方資產階級在上升時期就已開始暴露弱點和病態。在多數詩人心中悲觀失望很突出，頹廢主義已在萌芽。浪漫主義在德國初出現，很快就轉變為消極的、病態的。耶拿派詩人和理論家便是明證。我們還應記起頹廢派祖師爺霍夫曼就是歌德的同時人。上文已提到的施萊格爾還公開宣揚滑稽玩世，把一切看成兒戲。歌德對這種消極的浪漫主義是深惡痛疾的，所以他提出健康的、從客觀世界出發的古典藝術作為一種補偏救弊的方劑，用心是可嘉的，儘管他自己沒有完全做到。文藝必須從客觀世界出發，也必須滲透著作者的思想情感，這就是現實主義（歌德所說的「古典主義」）和浪漫主義應該結合起來。歌德在《浮士德》第二部讓浮士德（代表浪漫主義）和海倫后（代表古典主義）結了婚，就暗示著這種結合。

關於選、譯、注

關於選：《談話錄》全書有四十萬字左右，這裡選譯的不到全書的一半。選的標準是內容比較健康，易為我國一般讀者所理解，足資參考和借鑑。原書有許多關於應酬、遊覽和個人戀愛之類家常瑣事，也有些涉及連譯者自己也不甚了然的專門知識，例如關於顏色、植物變形、地質、氣象之類自然科學方面的爭論以及一般人不常讀的歌德自己作品和旁人作品的評論。凡此種種，都只略選少數樣品，其餘就只得割愛了。譯者個人的知識和見解在選擇中也起了作用，所以涉及哲學、美學、文藝創作實踐和文藝理論乃至當時歐洲一般文化動態的就選得比較多些。譯者把這項翻譯工作當作自己的一種學習和研究。這部書原屬傳記類，所選的部分應有助於了解歌德其人的精神面貌。歌德的活動是多方面的，思想上也有很多矛盾。選擇中譯者力求忠實，在歌德臉上不貼金也不抹黑，儘量還他偉大詩人和德國庸俗市民的本來面目。

關於譯：這部書是譯者譯完黑格爾的全部《美學》之後開始譯的。所以接受這項任務，也有一部分是因爲黑格爾在《美學》裡經常提到歌德的文藝創作實踐和理論，由此譯者認識到歌德對近代美學和文藝思潮所起的重要作用。從譯黑格爾轉到譯歌德，對於譯者來說，是從九霄雲霧中轉到腳踏實地，呼吸著塵世間的新鮮空氣，是一種樂趣和精神上的大解脫。歌德在思想上和語言表達上都是親切具體、平易近人的，所以譯他比譯黑格爾遠爲容易。這不是說，譯者在工作中沒有遇到困難。困難首先在於歌德學識淵博，思想上有多方面的聯繫，譯者經常感到知識有限，不能完全掌握。語言倒不像黑格爾的那樣抽象，但因爲是當時實際談話的紀錄，雖然經過愛克曼的潤色，有些地方用的還是口語，譯者在這方面對德文的掌握更差。譯者根據的德文本有兩種，一種是一九一八年漢斯・克洛博（Hans T. Kroeber）編輯的，一種是弗朗茲・達伯爾（Franz Deibel）編輯的。前者附有插圖，正編和補編分成兩冊，後者合成一冊，附有詳細引得，閱讀較爲方便；翻譯時主要是根據後者。此書在西方各國大半都有譯本，有時還不止一種。譯者遇到語言上的困難時，參考了約翰・奧克生福德（John Oxenford）一八五〇年的英譯本和尙・秀茲維伊（Jean Chuzevill）的法譯本。這兩種譯本都流暢易讀而有時不盡忠實於原文。譯者所懸的目標只有兩條，一是忠實於原文，一是流暢易讀。實際做到的當然和理想還有些差距。

關於注：原文版沒有注，英、法文版只偶有簡注，書尾附有詳略不同的專名和專題的引得。本譯本是選譯，不便譯引得，所以爲著一般讀者的方便，在必要時加了一些注釋。注釋有時只限於解釋正文，也有時就歌德的某些意見或傾向提出譯者個人的看法，錯誤在所不免，敬求讀者指正。

這部選譯本的部分譯文和譯後記請北京大學西語系幾位搞文學史和德文的同事校閱過，校改時吸取了他們所提的寶貴意見，趁此表示謝意。

歌德　年表

Gespräche mit Goethe, 1749-1832

年代	生平記事
一七四九年	八月二十八日，歌德誕生於德國美茵河畔法蘭克福。父親約翰．卡斯帕．歌德是皇家顧問，母親卡塔琳娜．伊麗莎白，娘家姓特斯托（Textor）。
一七五六年	普魯士王弗里德里希二世進攻薩克森，七年戰爭開始。七歲，開始學習拉丁語、義大利語、希臘語、法語、英語、希伯來語，接受鋼琴、繪畫、寫字、劍術、馬術等多方面教育。
一七六三年	在一場音樂會上見到了當時年僅七歲的莫札特。十四歲的歌德開始了初戀，對象是葛麗卿。
一七六五年	前往萊比錫，在萊比錫大學攻讀法律，私下研讀文學藝術。
一七六六年	與凱特．勛考普夫（Anna Katharina (Käthchen) Schönkopf）相識，寫出第一個詩集《安妮特》（*Annette*）和劇本《戀人的脾氣》（*Die Laune des Verliebten*）。
一七六八年	病重，返回法蘭克福父母家中養病，結識蘇珊娜．馮．克萊頓伯格（Susanne von Klettenberg）。首次研讀莎士比亞及中世紀煉丹術書籍，接觸敬虔教派（Pietismus），涉獵玄祕學及泛神論。
一七六九年	出版第一部匿名詩集《新歌集》（*Neue Lieder*）。
一七七〇年	到法國亞爾薩斯省的史特拉斯堡旅行。進入史特拉斯堡大學，繼續未完成的大學學業。與塞森海姆（Sesenheim）地方牧師的女兒弗莉德莉克．布里昂（Friederike Brion）相戀。結識約翰．戈特弗里德．赫德（Johann Gottfried Herder）。德國文壇興起狂飆運動。
一七七一年	取得法律學位，返鄉執業。完成《葛茲．馮．伯利欣根》（*Gotz von Berlichingen*）劇本，這是德國文學史上的第一部歷史劇，充分展現出莎士比亞影響，表現了「狂飆突進運動」精神。初步構思《浮士德》（*Faust*）。

年代	生平記事
一七七二年	五月，前往小鎮威茲拉爾，在帝國最高法院實習。愛上了友人未婚妻夏綠蒂・布芙（Charlotte Buff）。十月底，朋友耶路撒冷（Karl Wilhelm Jerusalem）因戀愛而自殺，此為歌德創作《少年維特的煩惱》（*Die Leiden des jungen Werthers*）之起因。
一七七三年	《葛茲・馮・伯利欣根》出版。
一七七四年	書信體小說《少年維特的煩惱》問世，獲得了巨大的成功，成為著名作家。同時完成悲劇《克拉維歌》（*Clavigo*）。與威瑪公國親王卡爾・奧古斯特在法蘭克福初次會見。
一七七五年	與安娜・伊麗莎白・舍內曼（Anna Elisabeth "Lili" Schönemann）墜入情網，四月，在雙方家長安排下訂了婚，九月又解除婚約。不久，應卡爾・奧古斯都公爵邀到威瑪宮廷。結識了夏洛蒂・馮・斯坦因。開始創作《艾格蒙特》（*Egmont*）。
一七七六年	任威瑪公國樞密參事，負責眾多政務及礦山開採工作，從事地質學、植物學等研究。愛上年長七歲的斯坦因夫人，兩人戀情維持十二年之久。
一七七七年	六月八日，妹妹科爾內莉亞（Cornelia）去世。著手寫《威廉・麥斯特的戲劇使命》（*Wilhelm Meisters theatralische Sendung*）。進行了第一次哈茲山（Harz）之旅。
一七七九年	被任命為樞密顧問。創作《伊菲革涅亞在奧利斯》（*Iphigenie auf Tauris*），在劇中飾演奧利斯特。
一七八〇年	開始寫作劇本《托夸多・塔索》（*Torquato Tasso*）。
一七八二年	五月二十五日，父親去世。在威瑪公國受封為貴族。
一七八三年	九月至十月第二次哈茲山之行。

年代	生平記事
一七八四年	三月發現了顎間骨。陪同公爵卡爾·奧古斯特去不倫瑞克。第三次哈茲山之行。開始有系統研究植物學。
一七八五年	第一次去卡爾斯巴德溫泉療養。十一月至翌年春，多次前往伊爾梅瑙和耶拿。
一七八六年	九月祕密前往義大利漫遊。
一七八七年	二月至六月前往那不勒斯和西西里。第二次在羅馬逗留，至翌年四月。
一七八八年	與克莉絲汀·烏比斯（Christiane Vulpius）相遇產生愛情，同居，一八〇六年正式結婚。完成《艾格蒙特》。開始寫作詩集《羅馬挽歌》（*Römische Elegien*）。
一七八九年	長子奧古斯都·馮·歌德（August von Goethe）誕生。完成戲劇《托夸多·塔索》（Torguato Tasso）。
一七九〇年	第二次義大利之旅。開始研究顏色學。出版《浮士德》第一部分片段和《植物變形學》（*Versuch die Metamorphose der Pflanzen zu erklären*）。
一七九一年	擔任威瑪宮廷劇院總監。寫作《大科夫塔》（*Der Groß-Cophta*）和《光學論文》（*Beiträge zur Optik*）。
一七九二年	陪同公爵卡爾·奧古斯特到法國境內的前線。參加瓦爾密戰役。
一七九三年	寫作《平民將軍》（*Der Bürgergeneral*）和《列那狐》（*Reineke Fuchs*）
一七九四年	與席勒相遇，在兩個詩人間開始了一段深厚友誼。
一七九五年	和席勒開始合作諷刺短詩。

年代	生平記事
一七九六年	完成《威廉．麥斯特的學習時代》（*Wilhelm Meisters Lehrjahre*）。寫作史詩《赫爾曼與竇綠苔》（*Hermann und Dorothea*）。
一七九七年	第三次瑞士之行。擔任威瑪的圖書館館長，直至一八三二年去世。和席勒競寫敘事謠曲。重新著手寫作《浮士德》。
一七九八年	在威瑪附近上羅斯拉（Oberroßla）購買一所莊園。威瑪宮廷劇院改建之後，十月十二日揭幕。
一七九九年	寫作《阿基里斯》（*Achilleis*）（片段），和《私生女》（*Die Natürliche Tochter*）。翻譯伏爾泰的《穆罕默德》（*Mahomet der Prophet*），和《坦克雷德》（*Tancrède*）。
一八〇三年	十二月十八日，赫德逝世。
一八〇四年	斯塔爾夫人（Madame de Staël）來訪。
一八〇五年	五月九日，席勒逝世。歌德病重，康復。
一八〇六年	拿破崙軍隊進逼中德，十月十四日耶拿戰役，法軍占領威瑪。寫〈動物變形學〉（Metamorphose der Tiere）。
一八〇七年	拜訪耶拿的出版商弗洛曼。結識米娜．赫茨利普（Minna Herzlieb）。。寫《十四行詩》（*Sonette*）。開始創作《威廉．麥斯特的漫遊時代》（*Wilhelm Meisters Wanderjahre*）。
一八〇八年	九月十三日，母親去世。《浮士德》第一部刊行。謁見拿破崙。
一八〇九年	長篇小說《情投意合》（舊譯：親和力，*Die Wahlverwandtschaften*）脫稿。
一八一〇年	完成《顏色學》（*Zur Farbenlehre*）。
一八一一年	開始寫自傳《詩與真》（*Dichtung und Wahrheit*）並完成第一部。

年代	生平記事
一八一二年	結識貝多芬。《詩與真》第二部完成。
一八一四年	《詩與真》第三卷脫稿。
一八一六年	妻子克莉絲汀去世。夏綠蒂．布芙到威瑪拜訪歌德。與邁爾合辦雜誌《論藝術和古代》（*Über Kunst und Altertum*），至一八三二年。
一八一七年	完成《義大利遊記》（*Italienische Reise*）第一、二部。創辦刊物《自然科學概論，尤論形態學》（*Zur Naturwissenschaft überhaupt, besonders zur Morphologie*），至一八二四年。
一八一八年	四月九日，歌德的孫子瓦爾特出生。
一八一九年	出版《西東胡床集》（*West-östlicher Divan*）。
一八二〇年	九月十八日，孫子沃夫岡出生。
一八二三年	J．P．愛克曼初次造訪，接著成為歌德的祕書及歌德對話的忠實記錄者。
一八二四年	準備出版《歌德與席勒通信集》。
一八二五年	二月開始寫《浮士德》第二部。三月二十一日威瑪劇院被焚毀。
一八二七年	一月六日，斯坦因夫人去世。十月二十九日，孫女阿爾瑪出生。出版《溫和的諷刺詩》（*Zahme Xenien*）。
一八三〇年	十月二十七日，兒子奧古斯特在羅馬去世。完成《詩與真》第四部。
一八三一年	完成《浮士德》第二部。
一八三二年	三月二十二日，於威瑪逝世，享年八十三歲。

人名索引

四畫

切里尼 B. Cellini 68
尤里比底斯 Euripides 73, 98, 99, 100, 267
巴朗西 Ballanche 240
巴爾札克 Balzac 240, 327
戈德史密斯 Goldsmith 57, 191, 205
牛頓 Newton 26, 51, 136, 138, 205, 259, 282, 329

五畫

卡萊爾 Thomas Carlyle 178
卡爾德隆 Calderon 39, 45, 100, 101, 107, 114, 132
史考特 Walter Scott 57, 66, 174, 175, 176, 177, 178, 276, 327
尼布爾 Niebuhr 136
布呂歇爾 Blücher 53
布里安 Bourrienne 221, 223
布赫 L. Buch 212
弗里德里希大帝 Friedrich der Große; Friedrich II 36, 51, 61, 276
弗洛曼 Frommann 5
弗勒明 Paul Fleming 123
弗勒喬 Fletcher 21
弗斯 Voss 164, 179, 180

六畫

伊夫蘭 Iffland 44, 45, 53, 112
伊菲革涅亞 Iphigenias 9, 10, 85, 132, 133, 147, 209, 257, 337
伏爾泰 Voltaire 106, 162, 234, 248, 277, 278, 279
安培爾 J. J. Ampère 160, 161, 162, 165
托比阿斯 Tobias 297, 298

米拉波 Mirabeau 294, 296, 331
西塞羅 Cicero 61

七畫

亨利克斯 W. Hinrichs 139, 140, 141, 142
伯考 Becker 38
伯恩 Börne 164, 321
伯恩斯 R. Burns 164
但丁 Dante 54, 55, 57, 58, 168, 201
克洛林 Clauren 56
克洛博 Hans T. Kroeber 340
克洛普斯托克 Klopstock 51, 52, 311
克涅伯爾 Knebel 3, 179
克爾納爾 Körner 246, 248
別爾內 Ludwig Bürner 281
呂克特 F. Rückert 246
呂斯德爾 Ruysdael 49
忒修斯 Theseus 33
李維 Titus Livius 136
杜邦 Dupin 202
杜勒 Dürer 189
杜蒙 Dumont 238, 239, 294, 327
狄德羅 Diderot 71, 121, 130, 162, 279, 327
秀茲維伊 Jean Chuzevill 340
貝朗瑞 Béranger 120, 121, 122, 129, 130, 131, 163, 165, 166, 190, 217, 218, 240, 244, 245, 246, 249, 280, 281, 307, 325, 327
里默爾 Riemer 65, 67, 69, 71, 250

八畫

尚・保羅 Jean Paul 5
居維葉 Cuvier 258, 287
帕格尼尼 Paganini 275
彼得大帝 Peter der Große; Peter the Great

190, 276
拉辛 Racine 10, 46
拉封丹 Lafontaine 46
拉馬丁 Lamartine 120
拉菲爾 Raphael 24, 89, 122, 189, 231, 301
拉普 J. Rapp 268
昂顧勒姆公爵 duc d'Angoulême 36
波普 Pope 76, 266
門采爾 Menzel 321
阿里奧斯托 Ariosto 35
阿恩特 Arndt 246
雨果 Victor Hugo 120, 240, 290, 291, 327, 336

九畫

侯瓦爾德 Houwald 72
勃蘭特 H. F. Brandt 33
哈克爾特 Hackert 225
哈根 August Hagen 6, 7
哈曼 I. G. Hamann 186, 214
哈菲茲 Hafis; Hafez 25, 129, 328
威靈頓 Wellington 53
拜倫 Byron 8, 32, 33, 36, 41, 57, 66, 72-77, 107, 108, 113, 126, 170, 171, 172, 173, 174, 176, 195, 229, 234, 244, 248, 277, 307, 327, 338
施萊格爾 Schlegel 5, 56, 102, 105, 139, 145, 146, 257, 337, 339
施蒂勒 Stieler 314
柏拉圖 Plato 205
柯尼斯堡 Königsberg 6
柯達 Cotta 3
洛克哈特 I. G. Lockhart 175, 178
洛蘭 Claude Lorrain 158, 223, 224
洪堡，亞歷山大 Alexander von Humboldt 102, 161

洪堡，威廉　W. Humboldt　15, 190, 216
科策布　Kotzebue　44, 45, 53, 112, 180, 261
胡梅爾　Hummel　222, 268
韋伯　Carl Maria von Weber　92
韋爾納　A. G. Werner　137

十畫

夏多布里昂　Chateaubriand　120
席勒　Schiller　15, 16, 17, 27, 44, 45, 46, 48, 56, 63, 67, 68, 69, 70, 71, 78, 79, 80, 81, 87, 100, 101, 102, 103, 114, 115, 116, 125, 126, 127, 128, 149, 152, 162, 166, 168, 178, 179, 180, 181, 184, 185, 204, 215, 216, 217, 241, 250, 256, 257, 283, 284, 303, 311, 319, 320, 327, 333, 334, 336, 337, 338
庫辛　V. Cousin　199
庫德雷　Coudray　219
恩格斯　Engels　29, 98, 124, 132, 133, 178, 215, 239, 262, 274, 303, 318, 319, 320, 322, 323, 324, 325, 328, 334
拿破崙　Napoleon　22, 23, 36, 45, 51, 120, 121, 148, 166, 176, 177, 178, 188, 189, 190, 191, 192, 195, 218, 221, 222, 223, 231, 245, 247, 255, 268, 274, 275, 277, 278, 305, 318, 321, 324, 325, 330
根里斯夫人　Frau von Genlis　106
格律恩　Karl Grün　29, 320, 322
海涅　Heine　248, 327
烏蘭德　J. L. Uhland　306
特普費爾　Karl Töpfer　210
索莫林　S. T. Sommering　251
索福克里斯　Sophocles　99, 100, 133, 139, 142, 143, 144, 147, 148
馬婁　Marlowe　21
馬提森　Matthisson　131

馬蒂烏斯 K. F. P. Martius 235
高乃依 Corneille 45, 46, 148

十一畫

基佐 Guizot 220, 221
康保蘭 R. Cumberland 77
康德 Kant 102, 128, 149, 151, 152, 153, 174, 213, 214, 215, 227, 260, 274, 304, 319, 328, 329, 330
強生 Ben Jonson 21
曼佐尼 Manzoni 120, 130, 132, 307, 327
梭勒 F. J. Soret 129, 211, 238, 294, 312
理查森 S. Richardson 130
畢爾格爾 G. A. Bürger 102, 164
第斯特里亞 Capo d'Istria 217, 218
荷馬 Homer 65, 98, 100, 108, 218, 265, 337
莎士比亞 Shakspeare 8, 20, 21, 31, 35, 44, 57, 65, 67, 73, 74, 76, 79, 88, 97, 101, 104, 107, 108, 114, 115, 133, 135, 149, 158, 159, 194, 205, 231, 301, 311, 326, 327, 334
莫札特 Mozart 44, 79, 116, 117, 189, 231, 237, 268, 288, 301
莫里哀 Molière 88, 97, 98, 100, 101, 112, 114, 122, 139, 144, 145, 146, 149, 162, 248, 327
許巴特 K. E. Schubarth 208
麥南德 Menander 145
麥德文 T. Medwin 72

十二畫

傅恩斯坦 Fürnstein 8
傑拉 Gerard de Nerval 234
勞赫 Rauch 314
博恩豪澤 T. Bornhauser 250

博馬舍 Beaumarchais 279
博蒙特 Beaumont 21
富蘭克林 Franklin 138
提香 Tizian 267
斯克夫拉 Scävola 104
斯特恩 Sterne 188, 205
斯湯達爾 Stendhal 264, 327
斯塔普弗 P. A. Stapfer 160, 165
斯摩萊特 Smollet 171
普尚 N. Poussin 31, 158
普拉頓 Platen 45, 248, 328
普魯塔克 Plutarch 53
湯姆遜 J. Thomson 8, 305
菲狄亞斯 Phidias 99, 118, 189
菲爾丁 Fielding 57
萊貝因 Rehbein 63, 65
萊辛 Lessing 13, 69, 100, 101, 105, 106, 114, 149, 150, 151, 152, 190, 279, 280, 326, 327
賀拉斯 Horace 129
雅寧 Jules Janin 240
黑格爾 Hegel 88, 105, 111, 139, 140, 141, 142, 146, 151, 152, 174, 185, 186, 208, 213, 214, 215, 227, 228, 304, 319, 329, 334, 340

十三畫

塔列朗 Talleyrand 255
奧克生福德 John Oxenford 340
奧肯 Oken 190
奧斯塔德 Ostade 208, 209
愛克曼 J. P. Eckermann 4, 5, 8, 12, 21, 29, 42, 43, 54, 67, 93, 129, 256, 259, 262, 267, 270, 276, 279, 281, 303, 304, 310-312, 318, 324, 333, 334, 340
溫克爾曼 Winckelmann 101, 118, 311

聖西門　C. H. Saint Simon　260, 262
聖伯夫　Sainte-Beuve　240
聖希萊爾　Geoffroy de Saint-Hilaire　258, 259, 287
蒂克　Tieck　5
路克里蒂婭　Lucretia　104
路德　M. Luther　28, 29, 51, 123, 190, 300, 303
達・芬奇　da Vinci　117, 205
達伯爾　Franz Deibel　340
達維　P. J. David　240, 314
達蘭貝爾　D'Alembert　279
瑪森格　Massinger　21

十四畫

維加　Lope de Vega　92
維羅涅斯　Veronese　267
維蘭　Wieland　69
赫拉克勒斯　Heracles　141, 294
赫歇爾　W. Herschel　137
赫倫　A. Heeren　32
赫德　Herder　51, 52, 69, 164, 326, 327

十五畫

德・維尼　Alfred de Vigny　165, 240
德向　Emile Deschamps　241
德拉維尼　Delavigne　120
慕爾將軍　Sir John Moore　77
摩爾　Moore　57
魯本斯　Rubens　149, 150, 152, 156, 157, 158, 173, 267, 334

十六畫

澤爾特　Zelter　94, 95, 96, 108, 186, 211

盧梭 Rousseau 248
霍夫曼 Hoffmann 56, 339
霍恩 Franz Horn 56
霍爾拜因 Holbein 190

十七畫

彌爾頓 Milton 237
謝林 Schelling 271
邁爾 Meyer 13, 34, 93

十九畫

羅斯 Roos 39, 40, 43
羅斯柴爾德 Rothschild 201
邊沁 J. Bentham 238, 239, 250, 251, 327

二十畫

蘭貝格 Ramberg 43, 311

經典名著文庫 210

歌德談話錄

GesprГ¤che mit Goethe

作　　者 —— 〔德〕約翰・彼得・愛克曼
譯　　者 —— 朱光潛
文庫策劃 —— 楊榮川
編輯主編 —— 蘇美嬌
特約編輯 —— 郭雲周
封面設計 —— 姚孝慈
著者繪像 —— 莊河源
出 版 者 —— 五南圖書出版股份有限公司
發 行 人 —— 楊榮川
總 經 理 —— 楊士清
總 編 輯 —— 楊秀麗
地　　址：106 臺北市大安區和平東路二段 339 號 4 樓
電　　話：02-27055066（代表號）
傳　　眞：02-27066100
劃撥帳號：01068953
戶　　名：五南圖書出版股份有限公司
網　　址：https://www.wunan.com.tw
電子郵件：wunan@wunan.com.tw
法律顧問 —— 林勝安律師
出版日期 —— 2025 年 3 月初版一刷
定　　價 —— 500 元

國家圖書館出版品預行編目資料

德談話錄 / 愛克曼 (Johann Peter Eckermann) 輯錄；朱光潛譯. -- 初版 .-- 臺北市：五南圖書出版股份有限公司，2025.03
面；　公分. 一（經典名著文庫 ： 210)
譯自：Gesprächet Goethe
ISBN 978-626-423-043-8(平裝)

1.CST: 歌德 (Goethe, Johann Wolfgang von, 1749-1832)
2.CST: 學術思想　3.CST: 傳記

784.38　　113019275